KB230676

담대하고 끈덕지게

세계 금융의 별을 꿈꾼 윤종규의 도전 50년

담대하고 끈덕지게

세계 금융의 별을 꿈꾼 윤종규의 도전 50년

Bold Decisions
Tenacious Execution

박유연 지음

내분으로 길을 잃고 만년 2등으로 추락한 KB를
한국 금융 1위, 전체 상장사 5위로 개혁하다

윤종규의 철학, 본질을 바꾸는 결정적 차이 앵프라맹스

시작은 지인의 제보였다. "요즘 KB 내부 분위기가 심상치 않다던데 취재 좀 해봐." 2014년 KB는 회장과 행장 간 알력이 심각했다. 충돌은 전산시스템 개편 방향을 놓고 폭발했고, 급기야 KB가 금융감독원에 자진해서 감사 요청을 하는 사태로 이어졌다. 자체적으로 갈등을 해결하지 못하겠으니, 금융당국이 판정을 내려달란 얘기였다. 전후 사정은 KB와 금융감독원 수뇌부 극히 일부만 알고 있었고, 금융계는 낌새를 채지 못하고 있었다.

나는 주변부 취재를 마친 후 전화로 한쪽의 입장을 듣고, 조선일보 선배의 부친상에 조문 온 다른 한쪽의 입장까지 듣고 기사를 작성했다. 삼성서울병원 장례식장 1층의 카페였다. 기사는 다음날 조선일보 경제 1면에 '집안싸움 KB, 금감원에 "우리를 조사해달라"' 제목으로 실렸다. 세상에 KB사태가 처음 모습을 드러낸 순간이었다.

워낙 이례적인 얘기니 즉각 모든 언론이 이 사실을 따라오진 않았다. 하지만 금융당국 취재 등 내 후속보도가 이어졌고, KB와 금융당국이 사실을 공식적으로 인정하면서 결국 모든 언론이 KB사태를 집중 보도하게 됐다.

윤종규를 만난 건 사태 발생 한 달 정도 지난 후였다. 세종문화회관 지하 한 식당에서 매일경제 동기 기자와 함께였다. 전에 알고 지내던 윤종규와는 사뭇 분위기가 달랐다. 적어도 기자들을 상대할 땐 언행을 조심하면서 한없이 신중했던 그가 KB 차기 회장에 대한 의지를 가감없이 드러냈다. 식사 시간 내내 그는 KB의 현재 모습에 대한 진단과 미래 비전을 얘기했고, 헤어질 땐 "박 기자, 앞으로 잘 부탁해" 당부까지 남겼다.

그를 만나고 나오면서 '쉽지 않은 상황에 저렇게까지 준비를 했나' 생각이 들었다. 차기 회장이 돋보일 수 있는 훌륭한 경쟁자가 될 수 있겠다는 생각도 했다. 그도 그럴 것이 당시 금융당국이 선호하면서 KB 내외부에서 거의 확실시되던 외부 후보가 한 명 있었기 때문이다. 그 후보 역시 실력은 차고 넘쳤고, 금융계 명망은 오히려 높았다.

하지만 차기 KB금융지주 회장은 윤종규의 몫이었다. KB 이사회 멤버들의 면접 심사에서 윤종규가 회장으로 낙점됐다. 면접으로 금융지주 회장이 된다는 것은 그때까지 상상하기 불가능했고, 앞으로도 영영 없을지 모른다. 금융지주 회장은 그만큼 정치적인 자리다.

적어도 나는 KB에 대한 윤종규의 진심과 오랜 준비가 통했다고 본다. 그 만큼 오래 KB에 대해 고민하고 수십 번 수백번 KB의 청사진을 고쳐 그렸을 사람은 없었을 것이다. 실력과 진심. 이 두 가지로 윤종규는 악명 높던 KB금융지주 이사회를 통과했고, 꿈에 그리던 KB금융지주 회장이자 KB국민은행장 자리에 올랐다.

윤종규가 KB회장이 되고 얼마 안 돼 나는 인사 이동으로 경제부를 떠나 다른 부서로 옮겼다. 이후 경력 연수와 조선일보 사내 인큐베이팅을 거쳐, 조선일보의 커머스 계열사 '비비드몰'의 대표라는 생각지도 못했던 일을 하고 있다. 그 사이 윤종규의 소식은 간간이 신문 기사로 접하는 정도였다.

2023년 10월 KB의 지인에게서 연락이 왔다. 윤종규 회장을 만나보란 얘기였다. 3연임을 거쳐 9년의 임기가 끝나기 한 달도 안 남은 때였다. 그 자리에서 윤 회장과 나는 그의 9년, 나아가 그의 금융 인생을 정리하기로 약속했다. 그의 시각이 아닌 내 시각에서. 나는 2가지 의미를 찾았다. 윤 회장이 취임할 당시 금융계 1등은 신한금융그룹이었다. 그 격차는 도저히 따라잡기 어려운 수준이었다. 하지만 9년이 지나 이제는 신한이 도저히 따라잡기 어려운 자리에 KB가 있다. 그 과정을 정리하는 일은 한국 금융 역사의 한 페이지

　　　　　　　　　　　　　　담대하고 끈덕지게

를 정리하는 의미가 있다. 금융계에서 지금 일하고 있거나 앞으로 일을 하게 될 모든 사람에게 시사점을 줄 것이다. 나아가 그의 인생 역정은 뭐가 됐건 꿈이 있는 모든 사람에게 영감을 불어넣어줄 것이다.

두 번째 의미는 내 개인적인 것이었다. 내 보도가 없었다면 어쩌면 KB사태는 금융당국의 중재 등을 통해 조용히 지나갔을지 모른다. 하지만 내 보도로 KB사태는 스포트라이트를 받게 됐고, 결국 회장 교체로까지 이어졌다. 그렇게 회장이 된 윤종규의 금융 인생을 정리하는 일은 KB사태의 처음과 끝을 내가 쓴다는 의미가 '나에겐' 있었다. 내 신변의 이슈도 있었다. 집필을 약속할 당시 나는 심적으로 매우 힘든 시기를 지나고 있었다. 맡게 된 회사가 내 미숙함으로 인해 큰 위기를 겪어 지속성이 매우 불투명했다. 성공한 CEO의 경영 노하우가 궁금했고, 누군가 조언해주기를 간절히 바라고 있었다. 그때 마침 윤종규의 얘기를 깊게 들을 기회가 생겼다.

그렇게 수 차례의 집중 인터뷰, 회장 재임 기간의 방대한 자료 정리, KB 내외부 인사들에 대한 보강 인터뷰를 통해 이 책을 썼다. 책을 쓰기 전 어렴풋하게 알고 있었던 윤 회장의 이력은 나 같은 평범한 사람은 주눅들게 한다. 야간대를 다니며 수배 생활을 했는데도 한 번에 회계사 시험에 붙고, 수험생활 6개월만의 행시 합격, 일본 파견 근무 중에 미국 회계사 시험까지 붙는 등 평범한 사람은 상상하기 어려운 일을 그는 해냈다. 그와 얘기를 하고 있으면 이토록 많은 주제에 대해 이토록 깊은 통찰력을 갖고 있는지 놀라곤 한다. 당연히 그는 '천재' 소리를 달고 다녔다. 하지만 그는 천재 소리를 가장 싫어한다. 그 어떤 사람보다 치열했던 그의 노력이 폄하되는 것 같다고 불평한다. 뒤집어 보면 그 어떤 사람보다 힙겹게 노력했고, 그게 '운 좋게' 성과로 이어졌다는 것이 그의 겸손의 변이다.

책은 그의 노력과 성과를 담고 있다. 크게 두 부분으로 구성했다. 첫째는 그가 KB맨이 된 후 회장에 올라 퇴임할 때까지 여정과 성과를 정리한 파트다. 윤 회장 재임 9년 동안 KB는 다시는 1등을 꿈꿀 수 없을 것 같았던 만신창이 조직에서 은행, 증권, 생명보험, 손해보험, 카드 등 국내 유일하게 금융의 전 영역을 아우르는 확실한 국내 1등 금융그룹으로 환골탈태한다. 시가총액은 금융계를 넘어 우리나라 전체 상장사 가운데 TOP5를 넘나들고 있으며, 아시아와 글로벌 무대에서도 존재감 있는 은행으로 거듭나고 있다.

덩치만 컸던 KB가 시장의 신뢰를 얻는 효율적인 조직으로 변신하는 과정에는 윤 회장이 평생 견지하고 발전시켜 온 경영철학이 역할을 했다. 윤 회장은 그의 조직 관리 소신에 따라 직원들에게 비전과 전략 방향을 제시했고, 인사 원칙을 정해 운영했으며, 그룹 조직과 이사회를 개혁했다. 그 결과 만들어진 게 현재 KB의 모습이다. 윤 회장의 경영철학을 중심으로 KB란 거대조직이 어떻게 변화했는지를 정리했다.

그의 경영철학은 어떻게 보면 당연한 얘기들이다. 하지만 그 당연하다는 이유로, 우리는 그 원칙들을 잊고 산다. 윤 회장의 KB 개조 과정은 이상론자의 현실 투쟁기를 떠올리기도 한다. 윤 회장의 노력은 '백 투더 베이직'이 얼마나 가치있는 행위인지 절실히 보여주는 현장 교과서다.

둘째는 유년 시절부터 은행원, 회계사 시절을 지나 KB맨이 되기 전까지 인생을 정리한 것이다. 사람의 집념과 노력으로 인생이 어떻게 변화할 수 있는지 이보다 드라마틱하게 보여주는 사례는 없을 것이다. 그는 평생 만족을 몰랐고, 늘 다음 목표를 갈구하고 굶주려 했다. 이 책의 제목이면서 평생 그를 관통했던 '담대하고 끈덕지게' 인생을 살아낸 노력을 발견할 수 있을 것이다.

사람에 대한 평가는 한결같을 수 없다. 윤종규에 대한 평가도 사람마다 다를 것이다. 최대한 많은 사람이 공통적으로 평가를 내리는 부분을 위주로 정리하려고 노력했다. 그래도 어쩔 수 없이 윤종규에게 기운 부분은 있을 것이다.

기자가 가장 두려워하는 일이 커서만 홀로 깜빡이는 하얀 화면에

첫번째 단어와 문장을 쓰는 것이다. 그게 무서워 오랜 기간 글 쓰는 일을 주저했다. 매우 오랜 만에 긴 글을 쓰면서 개인적으로 내 자신을 돌아 볼 수 있었다. 그와 깊게 대화할 기회가 좀더 빨리 있었다면, 내가 일하며 겪었던 위기를 피했을 것이란 생각도 든다. 지금은 내가 맡고 있는 회사도 위기의 터널을 지나 다시 성장 경로에 올라섰다. 이 책을 읽는 독자들도 윤종규의 인생을 통해 본인의 인생을 반추하고, 현재 어려움을 겪고 있다면 반전시킬 아이디어를 얻었으면 한다.

개인적으로 많은 책을 썼지만, 이번 책은 만나서 확인해야 할 사람과 봐야 할 자료가 많아 쉽지 않은 작업이었다. 알려지지 않은 얘기투성이라 AI의 도움도 전혀 받지 못했다. 바쁜 일정에도 정리를 도와준 가장 아끼는 후배 이연주, 보강 인터뷰에 응해준 어윤대 전 회장 등 KB 전현직 임직원, 서태식 명예회장 등 삼일회계법인 전현직 임직원들에게 지면을 빌어 감사의 인사를 전한다.

박유연

목차

4부

1부

—

Bold Decisions
Tenacious Execution

—

1장.
금융의 삼성을 꿈꾸다

발칵 뒤집힌 삼일회계법인

2002년 3월 어느 날. 삼일이 발칵 뒤집혔다. 윤종규가 사표를 내고 국민은행으로 옮긴다는 것이다. 그야말로 쇼크였다.

윤종규는 이노창 회계사를 찾아가 사의를 밝혔다. 이 회계사의 첫 반응은 "말도 안 된다"는 것이었다. 하지만 윤종규의 의지는 확고했다. 업무가 없는 토요일 서태식 회장을 찾아 재차 사의를 표명했다. 그의 나이 47세 때였다. 서 회장이 침묵 끝에 입을 열었다.

"도대체 왜 그러냐. 뭐가 불만이냐, 불만이 있으니까 이러는 것 아니냐."

"아닙니다. 불만 같은 것 없습니다."

서 회장은 '다른 데도 아니고 도대체 은행으로 간다는 걸 이해할 수 없다'고 했다. 당시 서 회장에겐 은행장 동기가 둘이 있었다. 위성복 조흥은행장, 신동혁 한일은행장이 그의 동기다.

"동기들이 모두 나를 부러워한다. 이렇게 좋은 직장이 어딨냐고. 그런데 너는 왜 은행으로 가려고 하느냐"

미래에 대한 약속도 했다. "삼일에서 네가 회장이 될 거라고 확신할 수는 없다. 하지만 가장 유력한 후보 중 한 명이고, 부회장은 사실상 확보하고 있는 것 아니냐? 정말 이해할 수 없다."

서 회장이 윤종규를 강력히 만류한 것은 윤종규 개인에 대한 애정뿐 아니라 비즈니스에 대한 고민도 작용했다. 윤종규가 맡아 오던 일본과 금융 관련 비즈니스에 구멍이 생길까 하는 우려가 있었던 것이다. 윤종규 스스로도 이 부분에 대한 인간적인 고민이 있었다.

하지만 윤종규는 결단의 순간을 더 이상 미루지 않기로 했다. 업을 바꾸는 데 47세인 당시가 움직이기에 최적의 시기라고 판단한 것이다.

사실 윤종규는 삼일의 일본 쪽 비즈니스에 큰 문제가 없도록 나름 인수인계를 해온 터였다. 업무를 넘겨받는 후배 회계사들은 그저 '업무를 나눠주는구나' 생각했지만, 알고 보면 업무에 빈틈이 없도록 인수인계를 한 것이었다.

윤종규가 입을 열었다. "김정태 행장에게서 권유 받은 지 2년이 넘었습니다. 처음엔 일본 비즈니스가 걱정돼 거절했습니다. 하지만 이후 꾸준하게 후계 준비를 했고, 지금은 살짝 아쉬운 부분은 있지만 인수인계가 가능한 상황이 됐다고 생각합니다. 당연히 제가 몸

담았던 삼일에 '폐를 끼치면 안 된다'고 생각합니다. 하지만 제가 키운 후배들 모두 짱짱합니다. 지금까지 꾸준히 훈련시켰습니다. 충분히 일을 감당할 수 있고, 이미 잘하고 있습니다."

그래도 서 회장은 허락하지 않았다. 도저히 이해가 가지 않는다면서 주말 동안 충분히 생각해 보고 월요일에 다시 보자는 말로 면담을 끝냈다.

금융계의 삼성

윤종규가 돌아가자 삼일은 비상이 걸렸다. 서 회장은 주요 경영진에게 전화를 해서 다그쳤다. "한 번도 조직에 불만을 얘기한 적 없던 윤종규가 갑자기 왜 이러냐. 뭐가 있어서 그러는 거 아니냐"며 계속해서 물었다.

이후 여러 경영진이 돌아가며 윤종규에게 전화해 옮기려는 이유를 확인했다. 윤종규는 크게 2가지 명분을 얘기했다.

첫째는 자원의 재배분이다. 삼일은 한국에서 내로라할 만한 인재가 모인 직장이다. 구성원끼리 경쟁하고 자극받으면서 더 배우고 성장할 수 있는 환경이다. 그런데 이런 직장은 소수다. 결국 이런 직장에만 인재가 몰리면서, 소수의 직장이 인재들을 싹쓸이하는 게 그때나 지금이나 한국의 변하지 않는 현실이다. 경제 내 자원 배분에 왜곡이 발생하고, 불균형 발전이 일어나고 있는 것이다. 윤종규는 좋은 직장에서 경력을 쌓은 사람들이 각지로 진출하면 경제 전체적으로 효율성을 높일 수 있다고 생각했다. 특히 한국 회계법인들은 미국이나 일본에 비해 지나치게 우수한 사람들이 몰려 있다는 게 윤종규의 평소 생각이었다. 이런 회계사들이 여러 산업에 진출해 활발하게 교류하면, 경제 전체적으로 보완 발전이 가능하다고 여겼다. 윤종규는 스스로 그 전례를 만들고, 좋은 길을 개척해야겠다고 결심했다. 결과적으로 삼일의 명성을 높이는 일도 된다고 생각했다.

둘째는 글로벌한 산업을 만들고 싶다는 개인적인 목표였다. 회계업은 제도나 언어의 차이 때문에 글로벌 산업화가 어려운 문제가 있다. 특히 한국의 회계펌들은 외국 회계펌의 그늘 아래 있다. 삼일의 경우 미국의 PWC와 제휴를 맺고 있다. 이에 따라 독자적인 글로벌 사업에 제약이 많다. 반면 금융은 글로벌화가 가능하다고 봤다. 윤종규는 은행에 들어가면 한국의 서비스 산업의 국제화에 도전할 수 있을 거라 생각했다. 소위 '금융의 삼성'을 만드는 데 뛰어드는 것이다. 국민은행과 주택은행은 2001년 통합하면서 한국에서 가장 큰 은행이 됐고, 지도부만 잘 바뀐다면 금융의 삼성은 꿈이 아닐 수 없었다. 한국 금융 산업의 변혁을 주도할 만한 곳이고, 그 도전에 동참할 기회가 열릴 수 있을 거라 생각했다.

윤종규는 전화를 걸어온 파트너와 선배들마다 2가지 명분을 차분히 설명했다. '자원의 재배분'에 대한 신념을 지키고, '금융의 삼성'에 도전하겠다는 것이다. 하지만 진심은 잘 전해지지 않았다. 파트너와 선배들은 "무슨 뜻인지는 알겠다. 그런데 굳이 네가 한다니 동의를 못하겠다"고 입을 모았다.

현실론을 얘기하는 경우도 있었다. "은행 가서 네가 행장이 된다

  담대하고 끈덕지게

는 보장이 있냐? 어차피 같은 월급쟁이인데 그런 리스크를 안아야 하는 이유가 뭐냐. 너는 삼일에선 포지션이 확실하지 않냐?"

윤종규는 결국 마음속에 있던 마지막 이유를 꺼냈다. "저는 일을 참 좋아하는 사람입니다. 늘 즐겁게 일해 왔는데, 삼일에 있으면서 회계사로서 할 수 있는 일은 거의 다 해본 것 같습니다. 다행스럽게도 회사에서 많은 기회를 주신 덕에 새로운 분야를 개척하고 기존에 없던 영역을 만드는 일을 할 수 있었던 것 같습니다. 다만 앞으로 회계사를 계속하면, 해왔던 일의 반복이 될 가능성이 큰 것 같습니다. 아무래도 예전보다 일의 재미는 덜할 것 같습니다. 이제 좀 새로운 일을 해보고 싶습니다."

최후 통첩과 서태식 회장의 허락

주말을 지나 월요일이 되자 서태식 회장이 다시 호출했다.

"주말에 고민해 봤느냐?"

"생각에 변함 없습니다."

"내가 주말 동안 여러 사람에게 물어봤는데 모두 이해가 안 간다고 한다. 너 같이 잘 나가는 파트너가 그런 선택을 한다니. 은행으로 옮기면 지금 받는 경제적 대우는 절대 못 받는다. 네 속마음에 있는 게 정말 뭐냐."

"말씀 그대로입니다. 금융의 삼성을 만들고 싶습니다. 회계법인에서 잘 훈련된 회계사가 기업 경영도 잘 할 수 있다는 성공 사례를 만들어 후배 회계사들의 선택지를 넓혀보고 싶습니다. 은행 CEO

가 돼 그 꿈을 꼭 이루고 싶습니다.”

“네가 CEO가 된다는 보장이 어디 있느냐.”

“보장이 어디 있겠습니까? 챌린지 하는 거죠. 일단 CFO로 시작하면 은행의 모든 업무에 관여해 볼 수 있습니다. 짧은 기간에 견문을 넓힐 수 있죠. 제 역량을 드러낼 기회가 충분히 있다고 생각합니다. 물론 쟁쟁한 분들과 치열한 경쟁을 해야 할 겁니다. 당연히 어떤 자리도 보장돼 있다고 생각하지 않고, 기대하지도 않습니다. 다만 저를 데려가는 사람의 마음을 믿습니다. 그 믿음에 한 번 저를 걸어볼 생각입니다.”

충분히 얘기했다고 생각했다. 하지만 그를 아끼는 마음에 서 회장은 요지부동이었다. 서 회장은 마지막으로 김정태 행장이 윤종규를 CEO감으로 데리고 가는 것인지 확인해 봐야겠다고 했다. 마침 김 행장의 대학 동기가 이노창 회계사였다. 서 회장은 이 회계사를 김정태 행장에 보냈다. 이 회계사는 답을 갖고 돌아왔다.

‘물론 보장된 것은 없습니다. 하지만 당연히 후계자 중 하나로 생각하고 데려가는 것입니다. 그런 생각이 아니면 어떻게 그런 자리에 있는 사람을 함부로 데려오겠습니까?’

이만 하면 허락할 법한데, 서 회장의 윤종규를 아끼는 마음은 여전했다. “하여간 다시 생각해봐라”는 게 마지막 메시지였다.

그러는 사이 국민은행 임원 인사 발표와 주주총회가 코앞까지 다가왔다. 더 이상 결정을 미루면 임원 인사 발표 일정에 차질이 생길 상황이었다. 김정태 행장이 윤종규에게 메시지를 보냈다. ‘당신이 올 마음만 있다면 자리를 비워두겠다.’ 당장 임원 인사 명단에 올리

  담대하고 끈덕지게

지 못하더라도, 다른 사람을 찾지 않고 CFO 자리를 비워 두겠다는 얘기였다.

다만 단서를 달았다. "당장 못 오면 할 수 없다. 이해한다. 기존 조직의 사정이 있으니, 바로 실행하지 못할 사정이 있을 수 있다는 걸 이해한다. 하지만 올 마음이 없다면 다른 방법이 없다. 다른 사람을 찾아야 한다." 곧 오겠다는 강력한 의사를 보이라는 뜻이었다. 일종의 최후 통첩. 윤종규는 "언제까지 답을 드려야 하나" 물었다. 김 행장은 "주총 이틀 전까지는 올 마음이 있는지 알려달라"고 했다.

갈등하지 않았다. 가면 가는 것이지 갈 마음이 있다는 얘기만 건네는 건 삼일과 국민은행 모두에게 도리가 아니란 생각이 들었다.

다시 서태식 회장을 찾아갔다. "대단히 죄송합니다. 서 회장님의 확실한 용인을 받아서 가고 싶습니다. 보내주십시오."

결국 서 회장은 두 손을 들었다. "네 생각이 정 그렇다면 어쩔 수 없다. 그렇게 해라. 가서 잘하라."

지난한 줄다리기 끝에 윤종규는 주총 이틀 전 김 행장에게 가겠다는 결정을 최종 전달할 수 있었다. 김 행장은 뛸 듯이 좋아했다.

그렇게 2002년 3월 22일 윤종규는 국민은행 CFO(재무전략기획본부장)가 됐다. 47세 나이에 국민은행의 NO.2 수석부행장이 된 것이다.

급여는 반토막 났지만

2000년대 초반 회계법인들은 외환위기 직후라 일감이 밀려들던 상황이었다. 윤종규 부행장은 그중에서도 탑이라 연봉도 탑이었다.

그런 윤 부행장이 은행에서 제시받은 연봉은 회계사 때 급여의 절반도 되지 않는 수준이었다.

옮기기 전 아내의 반대가 걱정이 된 것도 이런 이유였다. 다행히 돌아온 대답은 "당신 생각대로 하라"는 것이었다. 윤 부행장의 아내는 "당신이 회계법인 있으면서 다른 월급쟁이 평생 받는 정도를 벌었으니 됐다. 그 정도도 아주 훌륭하다"고 했다.

윤 부행장의 연봉에는 활동비도 포함돼 있었다. 절반 정도 세금을 내고, 접대비와 경조사비 등 활동비를 쓰고 나면, 상여금이 없는 평달 기준으로 500만 원 내외 금액이 들어왔다.

그래도 생활에 큰 불편은 없었다. 어릴 때 가난하게 살던 습관이 그대로 남아, 급여 수준이 높았던 회계사 시절에도 예전의 생활 습관을 그대로 지켰기 때문이다.

거기에 아내는 윤 부행장보다도 알뜰했다. 다만 고등학생 자녀 과외 수업 제안을 거절한 일이 있었다. 남편이 은행 부행장으로 재직 중이란 사실을 알고 지인이 아들 고액 과외 제안을 해왔는데, "저희 그 정도 안 됩니다" 하고 거절한 것이다.

연봉과 관련해 윤 부행장 입장에선 다소 억울한 대화가 오간 일이 있었다. 입사 후 6개월쯤 지나, 사업 전략 회의를 겸한 저녁 자리였다. 안건 논의를 마친 후 술이 돌았다. 떠들썩한 분위기였다. 잠깐 김정태 행장 옆자리가 비어 윤 부행장은 술을 들고 앉았다. 술 한 잔 따르자 김 행장이 물었다.

"윤 부행장. 어때요. 재미있어요?" "네. 재밌습니다." "급여도 늘어서 좋지요?" 연봉이 높은 금융계로 옮긴 것이니, 윤 부행장도 월급

 담대하고 끈덕지게

도 늘었을 것이라 생각하고 한 질문이었다.

윤 부행장은 순간 할 말을 잃고 얼버무렸다. "행장님. 급여는 말씀하지 마시죠."

다음날 오전 11시 은행장 비서실에서 전화가 왔다. "행장님께서 잠깐 뵙자고 하십니다."

자리에 앉자 김 행장이 물었다. "어제 얘기 후로 혹시 월급이 줄었나 생각이 들어 내가 알아봤어요. 이노창 회계사에 전화해 물어봤지. 윤 부행장이 회계사 시절 얼마를 받았냐고. 금액을 얘기해 주던데 그렇게 많이 받았는지 몰랐네요." "아이고. 제가 급여 때문에 회사를 옮겼겠습니까? 여러 가지로 새로운 일을 해보고 싶어서 옮긴 건데요. 절대 괘념치 마십시오."

이후 김 행장이 연봉을 올려주는 일이 생기진 않았다. 은행 내부 급여 규정 때문이었다. 윤 부행장이 이 에피소드를 한 투자자에게 전한 일이 있었다. 그러자 투자자는 "윤 부행장. 다시 봐야겠다"는 농담을 했다. "왜요?" "아니 자본주의 사회에서 그런 말도 안 되는 결정을 했어요. 지금까지 윤 부행장을 굉장히 마켓 프렌들리한 사람이라 생각했는데 다시 봤어요. 하하." 이후에도 그는 가끔 "윤 부행장은 개인 이재에는 별 관심이 없는 것 같다"는 말을 듣곤 했다.

2장.
1등의 운명을 타고난 국민은행

덩치만 큰 둔한 공룡

CFO 취임 전 공유된 보고 자료를 검토하니 당시 국민은행은 그래도 나름 미래 전략의 골격이 잡혀 있었다. 맥킨지 등에서 컨설팅을 받은 결과였다. 국민은행이 설정한 이익 목표는 ROE(자기자본 대비 이익률) 20%, ROA(자산 대비 이익률) 1.5%였다.

다만 실행이 문제였다. 당시 국민은행의 체질로는 이루기 쉽지 않은 목표였다. 윤 부행장이 가장 먼저 한 고민은 중장기 목표와 실행 방안을 임직원들과 어떻게 공유할지였다.

마침 부임 당일, 전략회의를 겸한 1박 2일 은행 내부 워크숍이 열렸다. 신입 임원을 위한 오리엔테이션 성격이 있어서, 윤 부행장

 담대하고 끈덕지게

입장에서 좋은 기회였다. 전체적으로 은행 전략을 살펴보면서, 임직원들과 한 번에 인사할 수 있는 기회였다.

회의의 주요 이슈 중 하나는 ROE 20%, ROA 1.5% 목표가 가능하느냐는 것이었다. 거의 모든 임원이 힘들 거라고 했다. 당시 국민은행에는 몸집으로 1등이 됐을지 몰라도 질적으로 1등이 되려면 한참 멀었다는 일종의 자조감이 적지 않았다. 외부 시선은 더 혹독했다. 다른 은행이 기업금융을 열심히 하는 동안, 국민은행은 기업금융을 하지 않아 외환위기 속에도 운 좋게 살아남았을 뿐, 1등 자질이 있는 은행이 아니란 것이다.

국민은행은 인적 구성에 대한 콤플렉스도 있었다. 국민은행에서 고위 임원을 지냈던 한 인사에 따르면, 과거 은행은 상고 출신이 많이 갔는데, 레벨이 높은 상고의 경우 반에서 10~15등 정도면 국민은행 입사가 가능했다고 한다. 그보다 우수한 성적의 학생들은 한국은행, 외환은행, 산업은행 등에 들어갔다. 이런 평가가 모여 당시 국민은행 직원들은 1등 정신이 부족했고, 김정태 행장이 내세운 ROE 20%, ROA 1.5% 목표는 너무 거창하다고 봤다.

당시 지표를 보더라도, 2002년 국민은행의 대출 연체율은 2.84%로 부실 상태였던 조흥은행(3.16%) 다음으로 높았다. 여기에 신한, 우리, 외환 등 다른 은행의 연체율이 하락하는 동안, 국민은행만 크게 오르는 모습을 보였다. 전체 대출 가운데 상환 가능성이 불투명한 고정이하여신 비율도 국민은행은 2.89%로, 다른 은행 평균 2.25%보다 높았다. 리스크 관리 능력이 떨어졌던 것이다.

전체 자산 가운데 대출 운용 비중에서도 국민은행(67.9%)은 다른 은행 평균치(51.8%)를 훌쩍 초과했다. 예금을 받아 대출을 해주는 전통 은행의 영업 방식에 가장 크게 의존하고 있었다는 뜻이다. 반면 전체 자산 가운데 외화자산 비중은 4.1%로 다른 은행 평균 12%를 크게 밑돌았다. 글로벌화가 가장 덜 돼 있다는 뜻이었다.

수익 지표도 심각했다. ROA 1.5%, ROE 20% 목표에 크게 못 미쳤던 것은 물론, 다른 은행과 비교해도 크게 떨어지고 있었다. 2002년 국민은행의 ROA는 0.81%로 신한(1.05%), 우리(0.99%)에 못 미쳤고, ROE는 13.04%로 우리(20.58%), 신한(19.79%), 하나(15.14%) 등에 크게 뒤졌다.

경영지표를 정규직원 수로 나눈 생산성도 부진한 편에 속했다. 1인당 총자산은 103억원으로 하나(158억원), 신한(151억원), 한미(134억원) 등에 크게 못 미치면서 전체 은행권 평균(109억원)을 밑돌았다. 1인당 당기 순이익도 6,900만원으로 신한(1억2800만원), 우리(8,500만원), 하나(8,200만원)에 뒤졌다. 반면 1인당 경비는 1억3500만원으로 전체 평균(1억2900만원)을 웃돌았다. 다른 은행보다 점포 수는 많아 점포 한 곳당 평균 자산은 1,729억원으로 신한(2,039억원), 외환(1,993억원), 한미(1,882억원) 등과 비교해 효율성이 떨어졌다.

국민은행은 한 마디로 덩치는 크고 효율성은 떨어지는 둔한 공룡이었고, 임직원들의 자신감 부족엔 다 이유가 있었던 것이다.

ROE 20%, ROA 1.5%가 가능한 이유

하지만 윤종규 부행장은 4가지 조건만 완성된다면 국민은행의 ROE 20%, ROA 1.5% 목표가 가능하며, 이 가운데 일부는 이미 충족하고 있었다고 봤다.

첫 번째는 국내에서 압도적인 1등을 하는 것이다. 시장 지배자적 지위를 확보하고 있으면 선택에 따라 언제든 수익 지표를 개선할 수 있다. 국민은행은 주택은행과 통합으로 이미 자산 기준 1등에 올라선 상황이었고, 격차는 다른 은행의 추종을 불허하고 있었다. 총자산은 213조 8000억원으로 다른 은행 평균 67조원의 3배를 훌쩍 넘었다. 은행의 건전성을 평가하는 데 가장 중요한 자기자본은 10조원으로 다른 은행 평균 2조 4000억원의 4배를 넘었다. 총수익도 탁월했다. 2002년 기준 국민은행의 당기 순이익은 1조 3103억원으로 다른 은행 평균 2269억원의 6배에 육박했다. 2위 우리은행 7796억원과 비교해도 2배에 가까웠다. 규모의 경제를 구가할 수 있는 여건을 갖고 있었던 것이다.

두 번째는 리테일 뱅킹의 확실한 강자가 되는 것이다. 여기서 리테일 뱅킹은 일가계 금융뿐 아니라 자영업자 금융 등도 포함한 것으로, 리테일 분야 강화는 국민은행의 강점을 극대화하는 전략에 해당했다. 국민은행은 리테일에서 이미 최강자였다. 국민은행의 가계자금 시장 점유율은 40.7%로 2위 농협(11.1%)의 4배에 가까웠고, 총고객 수는 2360만 명에 달했으며, 점포 수는 1128개로 정점을 찍고 있었다. 또 이자 지급 부담이 거의 없는 요구불예금을 41조원이나 확보해, 다른 은행 평균 13조 4000억원의 3배를 넘었다.

세 번째는 이른바 '웰스 매니지먼트', 자산관리 부문의 강화다. 이를 위해서는 증권 등 비(非)은행 부분의 강화가 필요했다. 그러면 종합적인 시야로 고객 자산관리를 할 수 있다. 고객 자산관리 역량을 강화하려면 자산운용 위험을 관리하면서 수익성, 건전성, 성장성의 3가지 목표의 조화를 이뤄야 하는데, 이는 은행원들의 역량 강화가 필요한 일이었다. 그러면 은행은 예대 마진 의존에서 벗어나 수익 창구를 다양화할 수 있다.

마지막으로 네 번째는 해외 진출, 글로벌화의 성공이었다.

윤 부행장은 워크숍에서 기회를 얻어 국민은행이 갖춰야 할 4가지 조건을 발표했다. ROE 20%, ROA 1.5% 목표가 왜 가능한지, 실현을 위해 추가로 뭘 해야 하는지 의견을 차분히 밝혔다. 리딩뱅크로서 국민은행의 압도적인 위상을 강조하면서, 옛 국민은행과 주택은행 출신 사이의 화학적 통합, 각종 지표의 질적 제고 등 해결해야 할 과제도 제시했다.

이후 김정태 행장은 윤 부행장에게 별다른 업무 지시를 하지 않았다. 보통 신입 임원이 오면 이런 저런 지시를 하게 되는데, 윤 부행장에 대해선 맡기기로 한 것이다.

40대 부행장으로 금융계 데뷔

당시 국민은행 임원들은 대부분 50대 후반 이상이었다. 47세 윤 부행장은 서열상으로 은행 내 두 번째였지만, 나이로는 가장 아래에 속했다. 이를 의식해 윤 부행장은 최대한 낮은 자세로 동료 임원들을 대하려 노력했다. 회의 때는 먼저 말하기보다 들으려고 했다. 할 말이 있으면 부드럽게 했고, 회의가 끝나면 반드시 핵심을 정리해 전달했다.

그렇게 윤 부행장은 임원들 사이에 녹아들었다. 처음엔 '저 놈 뭐 아는 게 있나' 시선을 받았지만, 이내 기존 임원들이 납득할 만한 내부인의 반열에 들어서게 된다.

직원들에 대해서는 솔직하게 접근하려고 노력했다. 지점장 이하 직원들과 전략회의를 할 때면 따로 원고를 준비하지 않았다. 당시 은행 임원들은 직원이 써준 원고를 그대로 읽는 방식의 발언을 하는 경우가 많았는데, 윤 부행장은 달랐다. 직원들 앞에서 사업 계획 등을 프리젠테이션할 때도 원고 없이 했다. 은행 전략에 대해 많은 고민을 했기에 가능한 일이었다. 원고 없이 우러나는 대로 생각을 전달했다.

직원을 만날 때면 사기 진작을 위해 늘 하는 말이 있었다. "학창 시절 1,2등 하면 대단한 것으로 아는데 사실 큰 차이 없습니다. 10등과 성적으로 비교하면 2~3문제 더 맞은 차이 아닌가요? 사회 나와서 열심히 하면 얼마든지 극복 가능한 차이입니다. 삼성 보세요. 대우 같은 경쟁 기업과 비교해 지방대학 출신이 많고 스카이 출신은 적습니다.(당시 얘기). 1,2등하던 사람이나 우리나 모두 똑같이 머리 좋은 사람들입니다. 고등학교 3년과 대학 4년만으로 평생 우열이 가려져선 안됩니다. 우리도 얼마든지 1등이 될 수 있습니다. 1등을 한 번 해보세요. 1등이 아니었다가 1등이 되면 놓치기가 싫어질 겁니다. 그러면 어느새 1등은 우리 체질이 되고, 실력이 될 겁니다. KB는 1등이 될 수 있고, 또 돼야 합니다. 과거 성적이 무슨 소용입니까. 여러분은 충분한 자질을 갖고 있습니다. 우리가 잘 하면 반드시 될 수 있습니다. 열심히만 하면 저절로 기회는 따라올 것입니다.”

윤 부행장은 투자자 대상 IR을 할 때도 딱딱한 방식을 벗기 위해 노력했다. 해외 투자자들이 많은 자리에서도 솔직한 화법으로 일목요연한 설명을 하기 위해 노력했다. 어느새 금융계에선 ‘윤종규가 내공이 있다. 만만치 않다’는 얘기가 퍼지기 시작했다. 윤 부행장이 금융계 인상적인 데뷔를 하고 있었던 것이다.

CFO와 CSO를 겸임한 이유

윤 부행장이 국민은행에 오면서 가졌던 목표는 시종일관 같았다. 금융의 삼성을 만드는 것이다. 이를 이루기 위한 수단이 은행장이었다. 김정태 행장에 이어 다음 국민은행장을 노렸다. 가능한 은행의 모든 업무를 섭렵해야겠다고 생각했다. 동시에 국민은행의 일류 은행으로 도약이란 목표가 있었다.

경영의 틀을 근본적으로 바꿔야 한다고 생각했다. 감에 의한 경영이 아니라 ‘계기’ 경영이 돼야 한다고 봤다. 비행기에 비유하면 계기판도 보지 않고 대충 느낌으로 비행하는 게 아니라, 항법장치와 노하우에 의한 시스템 비행으로 바꾸는 것이다. 계기 경영은 다른 말로 숫자 경영이다. 통계, 분석, 그에 기반한 예측에 따라 경영을 하는 것이다.

    담대하고 끈덕지게

계기경영을 하면 회계에선 관리회계가 빛을 발하게 된다. 숫자에서 경영의 열쇠를 발견하는 것이다. 관리회계는 정형화된 답이 없다. 업종, 기업에 따라 답이 달라진다. 윤 부행장은 그 답을 찾아내고 CEO에게 시사점을 주는 게 본인이 맡은 CFO의 역할이라고 생각했다. CEO가 의사 결정을 할 때, CFO가 그 근거가 되는 자료를 얼마나 충실하게 제공할 수 있는지에 따라 기업의 운명이 달라진다는 것이다. CEO가 정확한 예측을 할 수 있도록 CFO가 충실한 기초 자료와 참고 의견을 제공하고, CEO가 본인의 적절한 감을 보태서 좋은 의사결정을 할 때 기업은 지속가능한 성장을 할 수 있다.

윤 부행장은 CFO가 일을 잘 하려면 COO(최고운영책임자)와 호흡이 중요하다고 봤다. 좋은 CFO는 장기 전략과 조화를 이루면서 단기 실적을 구현하는 역할을 해야 하는데, COO의 관계가 좋아야 장기 전략에 대한 이해가 깊어질 수 있다는 것이다. CFO의 실력이 아무리 뛰어나도, 본인의 의견이 너무 강해서 장기 전략과 단기 실적 사이에 괴리가 생기면 조화로운 성장이 어렵다.

마지막으로 CFO는 CEO에 대한 진언자 역할을 할 수 있어야 한다고 생각했다. CFO마저 CEO 듣기 좋은 얘기만 하면 기업은 문제 발견이 어렵다. CFO는 CEO의 가장 가까운 참모이자 조언자가 돼야 기업의 건전한 운영이 가능하다.

그런 차원에서 윤 부행장은 CSO(최고 전략 책임자)와 CFO와 겸임이 효율적이라 생각했다. 특히 국민은행은 기본 체질 강화를 위해 영업 기반 강화와 관리 체계 정비가 필요했다. 조기 정비를 위해선 수석 부행장으로서 통합 지휘를 할 수 있어야 한다고 봤고, CFO와

CSO의 겸임이 효율적이라 생각했다.

사실 CSO와 CFO는 경쟁의식이 강한 경우가 많다. 기업의 전체 틀을 관할한다는 점에서 성격이 비슷하지만, 기업을 바라보는 관점이 달라 충돌 소지가 많다. 또 각자가 CEO 다음 2인자란 생각을 하게 돼 치열한 경쟁이 펼쳐지곤 한다. 이런 충돌을 피하고 일사분란한 지휘 계통을 갖추려면 CSO와 CFO를 겸임해야 한다는 게 윤 부행장의 생각이었다. 그래야 CSO와 CFO의 각 하부 조직이 정보 공유 등 협조를 할 수 있다는 것이다.

이런 시각에 따라 윤 부행장은 김정태 행장이 2003년 하반기 병상에서 복귀 후 임원 인사를 고민할 당시, CSO와 CFO 겸임을 요청했고 수용됐다. 이후 국민은행은 자연스레 CSO와 CFO 간 협업 구조가 형성됐고, 협업 구조 하에서 리스크 관리 체계 마련 등 성과가 만들어졌다. (다만 윤 부행장이 추후 회장으로 복귀했을 때는 그 구조가 다시 예전으로 돌아간 상태였다. 윤 회장은 CSO와 CFO를 모든 회의에 동시 참석을 시켜 업무를 공유할 수 있게 했고, 회장이 직접 업무 조정을 하면서 조율했다. 이중으로 업무를 하지 않고 협조 체계를 구축하기 위한 조치였다.)

3장.
위기의 한 가운데

카드사태의 전운

은행 생활은 어떻게 보면 쳇바퀴다. 새벽 출근, 아침 조회 참석, 오전 업무, 점심 약속, 오후 은행장 면담, 오후 업무 등. 윤 부행장의 일상은 루틴이 정해져 있다. 하지만 속을 들여다보면 어느 하루도 편할 날이 없었다. 위기는 윤 부행장 취임 1년도 안 돼 찾아왔다. 대한민국 경제를 강타한 카드 위기에 국민은행이 휩쓸린 것이다.

위기 이전 카드업의 위상은 대단했다. 임원회의를 하면 카드사 관계자들이 앞 자리를 차지했고, 발언도 주도했다. 2002년 3~4월만 해도 카드업은 모든 게 잘 될 것 같았다. 그런데 이후 조금씩 묘한 분위기가 감지되기 시작했다. 윤 부행장은 5월 중반쯤 큰 먹구

름이 몰려오는 걸 느꼈다. 이른바 카드 사태의 전운이 감지된 것이다. 단지 윤 부행장만의 느낌이 아니었다. 카드 연체율이 가파르게 올라가면서 많은 전문가들이 카드 사태를 경고하기 시작했다.

하지만 정작 카드사 관계자들은 태평이었다. 윤 부행장이 수시로 관련 모니터링을 요청해도, 돌아오는 대답은 "괜찮다. 별 문제 없다"였다.

윤 부행장은 보다 엄격한 관리를 시도했지만, 쉽지 않았다. 당시 국민카드에 자율 경영이 보장돼 있었기 때문이다. 국민카드는 '우리 일은 우리가 알아서 한다'는 생각이 강했고, 은행의 모니터링은 쓸 데 없는 참견으로 생각했다.

윤 부행장이 '부실이 얼마나 날 것으로 보이느냐' 물으면, 국민카드는 지난 10년 자료를 근거로 "과거 통계가 이랬으니 앞으로도 이렇게 해결될 것"식의 답을 했다. 부실 규모가 급증하는 등 금융 환경이 근본적으로 달라졌지만, 예전 얘기로 방어 논리를 세운 것이다.

그러는 사이 카드사들의 수건 돌리기는 가열되고 있었다. 고객 돌려막기를 최종적으로 가장 많이 뒤집어쓰는 카드사가 가장 큰 피해를 입는 것으로, 빨리 빠져나오면 살고 늦으면 덤터기를 쓰는 게임이었다. 윤 부행장은 계속 경고했다. 부실 가능성이 높은 고객은 추가 신용 한도를 없애고, 적용 이자율을 높이는 등의 위기 예방책을 지속적으로 국민카드에 권고했다.

부실을 제거하려면 썩은 부위를 깨끗이 도려내야 한다. 고객 100명 중 부실 고객이 10명 있는 상황을 가정하자. 대출 한도 감축을 통한 구조조정을 결정했다면, 부실한 10명의 대출 한도를 제로 수준까지 감축해서 이들의 대출을 전액 상환받아야 한다. 그러면 카드사 입장에서 총 대출 한도가 10%(고객 100명 중 10명이 사라지는 것이니) 줄어드는 결과가 생긴다. 그만큼 수익 기반이 훼손되지만, 아픈 부위 10명을 도려냄으로써 부실은 원천 차단할 수 있다.

그런데 당시 카드사들이 쓴 방식은 전체 고객의 대출 한도를 10% 줄이는 것이었다. 100명 각각에게 부여한 대출 한도를 각각 10%씩 줄이는 것이다. 그러면 총 대출 한도가 10% 줄어드는 결과는 같지만, 부실 고객은 그대로 남는 결과가 벌어진다. 부실 고객도 일반 고객처럼 개인 대출 한도가 10% 줄어드는 데 그치면서, 아픈 부위가 그대로 남는 것이다.

부실 고객을 도려내 정상 고객을 살리는 게 구조조정이다. 하지만 당시 구조조정은 부실 고객을 그대로 남기면서 시늉만 하는 수준에 그쳤다. 썩은 부위는 그대로 남기면서 총 대출 한도를 10% 줄였다는 것을 핑계로 할 만큼 했다고 주장하는 것이다. 그러면서 애꿎은 정상 고객들까지 대출 한도가 줄어 은행 수익 기반이 훼손되는 일까지 낳았다.

결과적으로 카드사들은 문제를 덮는 데만 급급했다. 문제가 생긴 고객에 대해 연체가 발생하지 않도록 오히려 추가 대출을 해주고, 상환은 유예를 해주면서, 결과적으로 부실 고객의 원리금 상환 부담을 계속 늘려 나갔다. 그러면 당장 연체는 생기지 않으니, 부실은 없거나 작은 것처럼 보였다. 화장으로 맨 얼굴을 가린 것이다.

새해 벽두부터 몰아친 카드사태 광풍

더 이상 미룰 수 없었다. 윤 부행장은 카드 연체 대응 TFT(태스크포스팀)를 구성했다. 당시 은행 중에서 가장 빠른 TFT 구성이었다. 우선 상황 파악이 시급했다. 당시는 가계부채와 관련한 신용정보가 공유되지 않고 있었다. 금융회사가 고객의 타사 신용정보를 알지 못하니, 여러 곳에서 돈을 빌린 다중채무자의 위험이 과소평가되고 있었다. (이러한 금융 인프라의 결함을 메꾸기 위해 카드 위기가 수습되자마자 개인 신용평가 전문회사 (Credit Bureau)가 설립된다.) 가계부채 부실 경험이 적었던 당시는 분석 기법마저 단순했다.

이에 대해 윤 부행장은 '빈티지 어널리시스' 기법을 도입했다. 와인의 빈티지를 분석하듯, 대출의 '빈티지', 즉 '연도'별로 대출의 안전성을 분석하는 것이다. 몇 년 몇 월에 이뤄진 대출이 앞으로 몇 개월 지나면 어떻게 될지를 분석하고 전망하는 식이다.

분석에는 경제 상황, 금리 변화, 차주의 신용도 등이 활용됐다. 금리가 낮을 때 이뤄진 대출은 급리 급등기 때 이자 부담이 상대적으로 더 커지면서 부실 확률이 보다 크게 올라가게 된다. 또 대출 기간이 길수록, 한도 금액이 많을수록, 평균 신용 등급이 낮을수록 부실 가능성이 높아지는데 그런 변수도 모두 고려했다. 윤 부행장과 직원들은 매일 토의를 하면서 부실 대응책을 짰다. 영업 일선의 회수 책임을 강화하고, 부실 채권 관리 인력을 대폭 늘려 회수 능력을 배가했다. 차주별 상황에 맞춰 채무 구조를 바꾸는 워크 아웃 작업도 실시했다.

하지만 좀처럼 성과가 나지 않았다. 그때까지도 미온적이었던 카

담대하고 끈덕지게

드사의 대응 때문이었다. 윤 부행장은 조직 내 대립각은 세울 수 없어 김정태 행장의 힘을 빌리기로 했다. "제 힘으로는 안되니 행장님께서 카드 쪽에 말씀을 좀 해주십시오. 전체 임원 대상 대책회의를 소집해서 말씀 좀 해주십시오." 김 행장은 윤 부행장의 부탁대로 공개 회의를 통해 카드사의 대응을 주문했다. 그런데도 기대했던 변화는 오지 않았다. 하릴없이 시간만 흘러가고 있었다.

그러는 사이 다른 은행과 카드사들도 속속 TFT를 구성하면서 대응에 들어가기 시작했다. 한 발 빠르게 구조조정을 해서 수건을 넘긴 곳은 살아남고, 그렇지 못한 곳은 부실을 다 떠안고 죽는 게임이 점입가경으로 치닫고 있었던 것이다.

국민은행의 대응은 결국 카드사 사장이 바뀐 후에야 본격화됐다. 하지만 이미 시간이 많이 흐른 상태였다. 2002년 말 국민카드의 연체율은 14.54%로 BC(11.33%), 기업(2.84%)를 크게 웃돌았다. 연체 금액은 1조9949억원에 달했다.

늦은 대응은 대세를 돌이킬 수 없었다. 2003년 새해 벽두부터 카드사태 광풍이 휘몰아치기 시작했다. 금융계 전체에서 카드채가 심각한 문제로 불거졌고, 금융당국은 구조조정안을 독촉했다.

윤 부행장은 카드사태를 전후한 이때를 은행계 입성 후 가장 후회가 남는 시기 중 하나로 꼽는다. 무리를 해서라도 조금만 빨리 조치했더라면, 그나마 피해를 줄일 수 있었을 것이란 아쉬움이다.

국민카드 흡수 합병

국민은행은 국민카드 문제를 해결하기 위해 국민카드를 흡수합병하기로 결정했다. 금융당국도 권하는 바였다. 두 가지 이유였다.

첫째는 조달금리다. 카드업계 상황이 악화되면서 카드사들의 조달 금리는 천정부지로 치솟았다. 카드사들이 부실을 해결하려면 외부에서 원활하게 자금을 조달할 수 있어야 하는데, 금리가 치솟으면서 부담이 크게 늘게 됐다. 반면 은행들은 카드사태에도 불구하고 낮은 금리에 안정적으로 자금을 조달할 수 있었다. 고객 예금이 있기 때문이다. 은행이 카드사를 흡수해 내부 사업부로 두면, 카드사도 고객 예금을 통해 조달 금리를 확 낮추는 효과를 낼 수 있다.

둘째는 수익성이다. 은행이 카드사를 흡수하면 장기적으로 수익률이 개선되는 효과가 있다. 낮은 예금금리로 조달한 자금을 고객 현금서비스 등 높은 금리로 운용해 수익률을 높일 수 있는 것이다. 카드사가 없을 때 은행은 주택담보대출 같은 저금리 대출만 할 수 있지만, 은행으로 카드사가 들어오면 현금서비스 같은 고금리 대출을 할 수 있게 되면서 나타나는 효과다. 이렇게 생긴 이익을 기존 카드 부실을 해결하는 데 쓰면 된다는 게 윤 부행장의 생각이었다.

다만 영업상 문제는 생길 수 있었다. 카드사는 고객을 상대로 각종 부수업무를 하는데, 이를 위한 마케팅 활동이 은행 내부로 들어오면 위축될 수 있다는 우려였다. 보험판매, 여행광고 등이 대표적이다. 모두 은행 이름으로 하기 어려운 것들이다. 그래서 윤 부행장은 카드사 재무 체계는 은행에 들이되, 사업부 운영은 독자적으로 할 수 있도록 하자고 제안했다. 카드를 법률적으로만 은행 소속으로 하고, 실질적으로는 독자 운영을 보장하자는 것이었다. 사태는 사태대로 해결하면서, 수익은 내는 아이디어였다.

이렇게 국민은행과 카드의 합병은 한 마디로 '조달 금리의 이점을 누리고, 경비 효율성은 높이면서, 부수 업무는 유지하자는 것'으로 정의됐다. (다만 실제 부수업무 유지는 감독당국의 입장 변경으로 이루어지지 못했다.) 윤 부행장은 이런 경영진의 생각을 당시에는 생소했던 웹 캐스팅을 통해 국내외 투자가들에게 신속하게 설명해 시장의 불안을 최소화했다.

합병의 가장 큰 난관

합병에 성공하기까지 가장 큰 난관은 카드사 임직원의 반발이었다. 은행이 카드를 흡수하면 승진 기회가 줄어들고, 은행의 한 사업부로 전락하게 될 거란 걱정이었다. 결국 집단 행동으로 이어졌다.

대표 직함이 기화가 됐다. 윤 부행장은 합병 후 카드 부문의 대표에게 '사장' 명칭을 쓰게 하는 걸 추진했지만, 실패했다. 금융감독당국이 허용하지 않은 것이다. 은행의 한 부문이 됐으니 부문장이나 부행장 타이틀을 써야 한다는 게 금융당국의 입장이었다.

이 사실이 알려지자 국민카드 임직원들 사이에선 처음에는 자존심 얘기가 나오다가, 이내 합병 반대 투쟁으로 이어졌다. 당시 국민카드 노조는 민주노총 소속으로 꽤 강성이었다. 윤 부행장 방으로 여러 차례 들어오기도 했다.

윤 부행장은 방으로 찾아온 직원들에게 크게 3가지 얘기를 했다.

첫째, 일단 회사가 살아야 한다. 당시 상황에선 카드 독자 생존은 불가능했다. 은행이 돕지 않으면 자본 부족으로 파산이 우려됐다.

둘째, 빠른 정상화였다. 카드가 은행으로 들어오면, 조달 비용의 이점과 경비 절감으로 빠른 회생이 가능하다고 했다. 그래야 국민은행 내 카드 부분의 독자성과 힘이 유지된다고 했다.

셋째, 발상의 전환을 주문했다. 카드사 직원들이 은행을 접수할 것이란 자신감을 가지란 것이다. 당시만 해도 카드사의 인적 구성이 은행보다 나았다. 외환위기를 전후해 은행은 사람을 거의 뽑지 않았지만, 카드사는 채용을 계속한 덕에 젊은 직원 비율도 더 높았다. 물론 이 정도 얘기로 설득될 수는 없었다. 다만 반발 강도는 꽤 낮아졌다.

긴박했던 합병 승인

그렇게 합병이 가닥을 잡아가던 2003년 5월 3일. 김정태 행장이 갑자기 쓰러졌다. 윤 부행장은 처음 인지하지 못했다. 1분기 경영 성과를 주제로 해외IR 출장을 마치고 전날 새벽에 돌아와 김 행장이 직접 진행한 월례조회에 참석해 아무 이상을 느끼지 못했기 때문이다. 조회 후 밀린 업무를 마친 윤 부행장은 해외 투자자 반응 등과 관련해 행장과 의논할 게 있어 오후 행장 사무실에 올라갔다. 그런데 비서는 김 행장이 이미 퇴근했다고 했다. 다음 출근 때 보고해야겠다며 돌아갔다. 하지만 또 보지 못했다. 비서가 이번엔 아예 "출근을 하지 않으셨다"고 했고, 이후에도 계속 결근은 이어졌다.

 담대하고 끈덕지게

윤 부행장은 사실 확인이 필요하다고 생각했다. 당장 HR(인사) 담당 김성철 부행장에게 달려갔다. 오랜 기간 김 행장을 모신 김 부행장은 김정태 행장과 무척 가까운 관계였다. 윤 부행장이 그를 계속 다그지차 그제서야 실토했다. 김 행장이 급성 폐렴으로 입원했다는 것이다. 나이를 감안하면 오랜 입원이 필요할 수도 있는 상황이었다.

CEO의 부재는 상장회사가 외면하면 안 되는 리스크라고 생각했다. 윤 부행장은 수석부행장 자격으로 임원회의를 소집했다. 김 행장의 와병 사실을 공개할 지 여부를 논의했다. 대부분 공개를 반대했다. 그러나 윤 부행장은 생각이 달랐다. 공개를 하지 않으면 오히려 파장이 생길거라 생각했다. 억측만 나온다는 것이다. 임원들을 설득했고, 결국 동의를 받아냈다. 금융당국 보고 후 보도자료를 냈다. 열흘 정도 입원이 필요할 거란 내용이었다.

업무는 산적해 있었다. 은행과 카드 합병 작업이 특히 문제였다. 윤 부행장은 계속 미룰 수 없다는 판단으로 합병 작업을 속행했고, 이사회 결의 절차만 남게 됐다.

이사회 결의는 마지막 형식적인 절차라 생각했는데, 꽤 난관이 되고 말았다. 열흘 정도라 보았던 김 행장의 입원 기간이 예상보다 길어진 상황에서 이사들이 그 절차를 문제삼고 나선 것이다. 이사들은 "은행장이 와병중이라고는 하나, 어떤 식으로든 합병에 대한 승인을 행장이 '직접' 해야 한다"고 요구했다. 다급해진 윤 부행장은 이사회 의장에게 "은행장이 추진해 오던 사안이니 의결을 해달라"고 요청했다. 당시 경제 상황을 고려하면 하루도 시간을 끌 수 없다는 게 그의 부탁이었다. 하지만 이사회 의장은 "윤 부행장은 민지만, CEO 없이 그 큰 결정을 할 수는 없다"고 버텼고, 끝내 "은행장이 이사회 출석을 하지 못하더라도, 결제 서류에 사인을 받아오라"고 최후통첩을 했다. 윤 부행장은 결국 이사회 의장에게 "내가 가서 목소리를 녹음해 오든지, 서류 결제를 받아오든지 하겠다"고 약속할 수밖에 없었다.

큰 소리는 쳤는데 불안했다. 사실 김 행장의 병세를 정확히 알지 못하고 있었기 때문이다. 입원 일자는 2주를 넘어 3주에 다가서고 있었고, 김 행장의 가족은 그의 상태를 함구하고 있었다. 윤 부행장은 가족에게 면담을 요청했지만, 조금만 기다려달란 말만 돌아왔다.

'심상치 않다. 뭔가 잘못됐구나' 생각이 들 때, 김 행장이 입원해 있는 안암병원으로 찾아 오란 연락이 왔다. 입원 3주가 다 돼 김 행장이 깨어난 것이다. 윤 부행장은 그제서야 김 행장이 혼수상태였다는 것을 알게 됐다. 3주 가까이 사경을 헤맨 끝에 겨우 의식이 든 것이었고, 산소호흡기도 벗지 못한 상태였다.

완전히 회복되길 기다릴 여유가 없었다. 설명을 이해할 수 있을 정도의 의식은 있다는 것을 확인한 후, 병실에서 곧바로 합병 후 운영 방안에 대한 설명에 들어갔다. 김 행장은 궁금한 게 있으면 펜으로 썼고, 윤 부행장은 말로 답했다. 그렇게 합병안 결재가 떨어졌고 합병안은 이사회 결의를 거쳐 5월 30일 최종 확정됐다. CEO가 산소호흡기를 낀 상태에서 합병이 승인된 것이다. 당시 카드 사태가 얼마나 급박했는지를 방증한다.

김 행장이 혼수상태였다는 사실은 곧 알려졌다. 하지만 그의 상태가 언론에 상세히 알려져 좋을 일은 없었다. 다행히 김 행장이 기

     담대하고 끈덕지게

자들을 직접 마주치는 일은 피했다. 기자들이 병원에 들이닥치기 직전 퇴원시켜 집으로 옮긴 것이다. 금융당국의 닦달은 피하지 못했다. 당국은 '김 행장이 정상적으로 업무 수행이 가능하겠느냐'며 대책을 내놓으라고 압박했다.

할 수 없이 김 행장은 출근을 시작했다. 완전히 회복되지 않았지만, 업무 수행이 가능하다는 걸 보여주기 위해서였다. 다만 종일 근무는 할 수 없었고, 한 달 정도는 오후 퇴근을 하며 단축 근무를 했다. 격려사 등을 위해 연단을 오를 일이 있을 때는 윤 부행장 등 주변 임원들이 최대한 표시나지 않게 도왔다. 그때까지 흔들거리는 다리를 보여주지 않기 위해서였다.

7월이 되어서야 김 행장의 회복세가 완연해졌다. 투자자 대상 IR을 직접 할 수 있는 정도가 됐고, 국민은행 CEO의 건강 리스크는 사그라들었다.

김 행장이 부재중이던 두 달 정도 기간, 윤 부행장은 행장 대행에 준해 실질적인 행장 역할을 했다. 이사회와 소통하면서 합병 과정을 차질없이 수행하면서, 이사회와 다른 경영진에게 상당히 강한 인상을 남겼다.

파산 위기 LG카드

2003년 카드 사태는 거시적으로 국민은행의 국민카드 인수 정도로 잠재울 수준이 아니었다. 이후에도 사태는 계속 악화됐고, 시간이 지날수록 부실 금액은 눈덩이처럼 커졌다. 사태 정점은 2003년 중반기에 왔다. 2003년 6월 국민카드의 대출 연체율은 18.7%까지 치솟았다.

그러면서 각 금융사들의 실적은 곤두박질쳤다. 카드 부실을 해결하기 위해 대규모 충당금을 쌓아야 했고, 그만큼 손실로 인식된 것이다. 국민은행의 경우 2003년 6118억원의 적자라는 충격적인 경영 지표를 받아들게 된다.

그나마 국민은행은 기존 이익으로 커버할 수 있어서, 위기로 이어지진 않았다. 문제는 다른 카드사에서 발생했다. LG카드였다. LG카드 부실은 그룹 내에서 해결할 수준을 넘어선 상태였다. LG카드는 유동성 확보를 위해 카드채를 대량으로 발행했던 상황이었고, 카드채 만기가 돌아와도 갚기 어려운 처지였다. 못 갚으면 파산이었다.

LG카드 부실은 해결의 실마리가 보이지 않았고, 금융 위기를 낳을 거란 경고까지 나왔다. 결국 정부는 금융사들에게 LG카드에 대한 카드채 상환 대금 지원을 요구했고, 금융권은 공동으로 자금을 출연해 돕기로 했다. 규모를 따져보니 금융권 부담액이 8~9조원에 달했다.

국민은행은 국민카드를 흡수하면서 이미 8조원을 쓴 상태였다. 이런 상황에서 LG카드 문제 해결까지 참여하는 건 버겁다는 게 윤 부행장의 판단이었다. LG카드 문제는 시스템 리스크라기보다는 개별 회사의 잘못된 운영에서 초래됐고, 시장의 자율 기능에 의해 처리가 가능하다고 본 것이다.

특히 신탁 계정이 문제였다. 당시 국민은행이 갖고 있던 LG카드

채권의 자금 출처를 보면 △은행 고유 계정 1110억원 △자산 유동화 증권(ABS) 2750억원 △신탁 5500억원 등으로 총 1조원 가량이었다. 이 가운데 은행 고유 계정과 자산 유동화 증권은 은행 자체 계정이다. 반면 신탁은 국민은행 고객의 자금이 LG카드로 흘러간 것이었다.

과거에는 신탁 계정의 손해를 은행 자체 계정이 메꿔줄 수 있었다. 하지만 고객 자산을 함부로 관리하는 것을 막기 위해 신탁 계정과 고유 계정의 엄격한 분리가 시행되고 있던 상황이었다. 신탁 계정의 손해를 은행 고유 계정이 메꾸는 게 불가능해진 것이다. 신탁 계정에 문제가 생겼다고 해서 은행 자체 계정으로 손실을 메우려 하지 말고, 처음부터 고객 자산을 잘 관리하란 의미였다. 신탁 계정 손실을 자체 계정으로 메꿨다가 적발돼 처벌된 사례도 있었다.

결국 국민은행은 신탁 계정으로 구입한 5,500억원 상당의 LG카드 채권은 탕감할 수 없고, 신규 자금 지원 산정 기준에서 제외해야 한다는 주장을 해야 할 상황이었다.

한발 물러설 수밖에 없었던 국민은행

국민은행은 LG카드 사태는 시스템 리스크가 아니며 생존을 위해선 '헤어컷'이 우선이란 주장을 했다. 헤어컷은 부실 자산을 모두 털어내는 것을 뜻한다. 이 헤어컷을 하기 전에는 신규 자금 투입은 곤란하다는 게 국민은행 입장이었다. 헤어컷 없는 지원은 강력한 경쟁자를 낳는 일이기도 했다. LG카드는 정상화 이후 매각 절차를 거칠

텐데, 지원을 많이 할수록 잠재 매수자를 돕는 일이 되는 것이다.

국민은행이 고민하는 동안 언론의 비판이 시작됐다. 카드 사태가 국가적 난제가 된 상황에서 국민은행이 자기 잇속만 차린다는 비판이었다. 국익을 생각하지 않는 치졸한 장사꾼이란 비판까지 나왔다.

결국 윤 부행장은 타협안을 냈다. '헤어컷이 이뤄지지 않은 상황임을 고려해 '고유 계정'을 통해서만 LG카드 회생안에 참여하겠다'는 것이다. 윤 부행장은 타협안을 금융위원회와 금융감독원에 보고하면서, 국민카드를 정상화하기 위해 이미 8조원을 쓴 상황을 고려해 달라고 요청했다. 금융감독당국은 국민은행의 제안을 받아들였다.

그러자 이번엔 다른 금융사들이 반발했다. 국민은행의 신탁 계정이 빠지는 만큼 다른 금융사의 부담이 늘어난다는 것이다. 결국 문제가 생기고 말았다. LG카드 채권단의 간사를 맡고 있던 우리은행이 국민은행으로 서류를 보냈다. 은행 별 분담 금액 추산치였다. 금액 추산을 들여다보니 신탁 계정 몫이 포함돼 있었다. 윤 부행장은 바로 우리은행으로 전화를 했다. "신탁 계정이 포함돼 있는데, 다시한번 확인해 보십시오. 금융당국과 협의가 끝난 사안입니다." 하지만 우리은행은 모르는 일이라고 했다. "그런 얘기 못 들었어요. 신탁 계정 넣는 걸로 했다던데요?"

윤 부행장은 협의를 했던 금융당국 관계자들에게 전화했다. "몇월 몇 일 몇 시 통화한 내용과 메모가 남아 있습니다. 제가 혹시 잘못 이해한 게 있습니까?" 돌아온 대답은 윤 부행장으로선 황당했다. "그렇게(신탁 계정이 들어간 것으로) 됐습니까? 아 그런가요. 그러면 (윤 부행장이) 이해 좀 해 주세요.""아니 이해할 게 따로 있지 이

건 아니지 않습니까?" "…" 윤 부행장은 재차 "우리는 약속을 지키지 않은 게 없다"고 항변했지만, 소용없었다.

더 이상 절충의 여지는 없어 보였다. 그 사이 국민은행에 대한 부정적인 언론 보도는 더욱 확산됐다. KB가 계속 협조를 안 해줘서 LG카드 구조 조정이 지연되고 있다는 것이다.

신탁계정까지 참여하는 건 불가피해 보였다. 어쩔 수 없이 윤 부행장은 마지막 조건을 걸기로 했다. 'LG 오너일가의 고통분담'이었다. 윤 부행장은 'LG그룹 오너일가가 책임지는 모습을 명확히 보여달라'고 요구했다. 문제가 생기니 회피하는 건 도의가 아니란 주장이었다. 주장을 어떻게 관철시킬까 고민하다 언론플레이를 택했다. 한 언론사 기자에 요청해 김정태 행장 인터뷰를 냈다. 인터뷰에서 김 행장은 "오너가 책임 지는 모습을 명확히 보여주면, 국가를 생각하는 입장에서 KB도 100% 참여할 것"이라고 밝혔다.

이번엔 통했다. LG 오너 측으로부터 5000억원 가량의 출연 약속이 나왔다. 이후 국민은행 신탁계정까지 참여하면서 구조조정이 시작될 명분이 마련됐고, 은행들이 대규모 자금을 대여 형태로 지원하면서 결과적으로 LG카드 사태는 넘어갈 수 있었다. LG카드가 발행했던 카드채 상환에 문제가 없게 된 것이다. 은행 돈으로 LG카드와 그 고객을 살린 셈이다. (추후 은행권 자금은 정상화 후 모두 상환된다.)

하지만 결과적으로 이는 훗날 경쟁 은행들이 신한은행을 도운 일이 됐다. 신한은행이 정상화된 LG카드를 인수해 신한카드로 만들었기 때문이다. 신한카드는 현재 카드업계 1등이다. 다른 은행들이 돈을 모아 신한을 카드 업계 1위로 만들어준 격으로, 은행들이 합심해 경쟁자를 키우는 데 돈을 보탠 셈이 됐다.

당초 씨티은행이 LG카드에 관심이 있다는 얘기가 있었다. 당시 한국에서 의욕적으로 소매금융을 확대하던 씨티은행에게 LG카드는 무척 매력있는 인수 대상이란 분석이었다. 하지만 외국계인 씨티은행에 넘기는 데 대한 거부감이 나오면서, 당장 인수 여력이 있었던 신한이 상당히 좋은 조건으로 인수하는 것으로 결론지어졌다.

신한은 LG카드 인수 후 자본 차익도 얻었다. LG카드 시절 받지 못할 것으로 여겨 상각처리했던 채권 대금 가운데 일부가 인수 후 들어왔고, LG카드가 지분을 갖고 있던 비자 카드가 상장하면서 그 이익도 들어온 것이다. 신한 입장에서는 여러 모로 남는 장사를 한 셈이 됐다.

한편 금융당국은 카드 사태가 터지자 저신용자에 대한 원리금 탕감 등을 금융권에 압박한 바 있다. 윤 부행장은 저신용자라 하더라도 무조건적인 탕감은 안 된다고 생각했다. 감독당국 고위 관계자를 만나 다음과 같은 얘기를 했다.

"저신용자들은 결국엔 은행권이 탕감해 줄 수밖에 없을 겁니다. 하지만 원리금을 탕감해준다고 당국이 공표해선 안 됩니다. 공론화하는 순간 걷잡을 수 없게 퍼질 도덕적 해이를 막을 수 없을 테니까요. 두고두고 자본주의에 엄청난 피해를 주는 일이 될 수 있습니다. 과거 농어촌 부채 탕감 사태 기억 하시는지요. 그래서 우리가 얻은 게 뭘까요. 도덕적 해이만 낳았고, 결과적으로 금융 체계에 대단히 부정적인 이벤트가 됐습니다. 이번에도 결과적으로는 금융회사가 다 떠안는 수밖에 없을 겁니다. 다만 떠안는 방식은 우리에게 맡겨

주십시오. 정부가 굳이 이렇게 일을 하고 있다 공표하지 말고, 조용히 개별적으로 탕감하게 해주십시오. 금융권이 대상자를 선별해 탕감을 진행할 수 있어야 합니다. 그렇지 않고 탕감 사실을 공표하는 순간, 갚을 능력이 있는 사람까지 탕감해 달라는 요구가 봇물을 이루는 일이 벌어질 겁니다."

금융당국은 윤 부행장 등 금융권의 요청을 수용했다. 정부는 일률적인 원리금 일괄 탕감 대신 개별적인 접근으로 저신용자 문제를 해결하기로 가닥을 잡았고, 사태 해결의 원칙 중 하나가 됐다.

국민은행의 오랜 염원, 완전 민영화

국민은행은 2003년 말 정부가 보유하고 있던 국민은행 지분 9.1%를 지명경쟁입찰을 통해 취득하는 데 성공했다.

그냥 얻은 게 아니었다. 노무현 정부 첫 해인 2003년 정부는 세수 부족으로 추경예산 편성이 필요한 상황에 놓였다. 하지만 여소야대 국회에서 추경 통과를 장담하기 어려웠고, 윤 부행장은 이 점을 파고들었다. 정부가 보유한 국민은행 지분을 매각하면 그 돈으로 추경예산 편성을 피할 수 있다고 설득한 것이다. 은행 민영화를 통해 '새 정부가 관치금융을 할 것'이란 시장의 의구심을 누그러뜨릴 수 있다는 설득도 했다.

윤 부행장의 제안에 대해 정부 내에선 이견이 있었고, 은행 내부조차 성사 가능성에 대해 반신반의했다. 하지만 하반기로 가면서 추경 필요성이 더욱 커졌고, 윤 부행장의 제안은 탄력을 받게 됐다.

여기에 금융당국이 국민은행 완전 민영화에 힘을 실으면서 결국 지분 매입에 성공하게 된다. 정부에 남아 있는 지분 인수를 통한 완전 민영화는 국민은행 임직원의 오랜 염원이었다. 그 염원이 2003년 말 비로소 이뤄지며, 국민은행은 순수 민간 금융회사가 됐다.

윤 부행장은 후속 절차도 주도했다. 정부 지분을 인수해 자사주를 갖게 되면 BIS 비율이 떨어진다. 이를 타개하려면 신종자본증권이나 후순위채를 발행해야 한다. 당시 신종자본증권은 도입된 지 얼마 되지 않아 국내에서는 발행하기 어려운 상황이었다. 그렇다고 해외에서 발행하려면 북한 변수 등을 이유로 높은 가산 금리를 줘야 할 상황이었다.

윤 부행장은 금융당국을 설득해 지지를 얻어 국내에서 신종자본증권 발행을 성사시켰다. 국민은행은 국내 투자자들에게 신종자본증권을 공급한 최초의 금융회사가 됐고, 이는 우리나라 은행들의 해외 채권 발행 가산 금리 하락으로도 연결됐다. 국내 발행이란 길이 열렸으니, 해외에서 높은 금리를 주지 않아도 되는 것이다.

국민은행은 민영화 이후 보폭을 넓히게 된다. 방카슈랑스가 확대될 것이라고 예상해 2003년 한일생명을 인수하고, 다음 해 6월 KB생명보험 영업을 시작했다.

  담대하고 끈덕지게

4장.
은행의 꽃

영업총괄 부행장

2003년이 마무리되면서 국민은행은 빠르게 안정화됐다. 신용카드 연체 금액은 2003년 3월 2조2739억원에서 12월 1조2545억원까지 줄었고, 신용카드 대출 연체율은 6월 18.7%에서 12월 13.55%로 내려갔다. 전체 가계대출과 기업대출 연체율은 카드 사태에도 불구하고 이미 안정화 상태였다. 사태의 엄중함을 감안하면 비교적 빠른 기간에 안정화된 것이다.

큰 산을 넘은 윤 부행장은 직접 영업을 총괄해야겠다고 생각했다. 앞으로 은행장을 하려면 은행의 핵심 역량을 담당하지 못한 게 치명적인 단점이 될 수도 있을 것으로 생각했다.

김정태 행장을 찾아갔다. "제가 보기에 카드 사태의 큰 불은 꺼진 것 같습니다. 잔불이 좀 남았는데 충분히 진화 가능합니다. 전략과 재무 측면에서 할 수 있는 카드사 관리 및 운영 체계 개편, 대손 충당금 설정 같은 큰 일은 대부분 마무리됐습니다. 앞으로 과제를 좀 따져 봤습니다. 영업력 회복이 급선무입니다. 저 개인적으로도 가장 큰 단점이 '은행 영업을 지휘해 본 적 없다'는 것입니다. 영업을 좀 해보고 싶습니다."

그렇게 2004년 영업 총괄을 맡게 됐다. 그때까지 은행들은 제 발로 오는 손님을 기다리는 방식의 영업을 했다. 찾아오는 고객이 원하는 서비스에 집중했고, 적극적인 세일즈나 마케팅은 기본 개념이 없었다. 윤 부행장은 이런 구조가 곧 끝날 것으로 봤다. 경쟁이 매우 치열해질 것이고, 아웃바운드 영업의 중요성이 매우 커질 것으로 판단했다. 내점 고객에게 맞춤 마케팅을 하고 한 발 더 나아가 아웃바운드 마케팅을 할 수 있는 은행원 양성을 영업 체계의 핵심 목표로 삼았다. 세 가지 방안을 마련하고 실행했다.

첫째, 행원들에게 세일즈와 마케팅 기법을 가르쳤다. 고객에게 어떻게 말을 걸고 상품 권유를 하며, 이후 팔로업은 어떻게 할지 체계적인 교육을 했다. 고객에 대한 섬김의 마음가짐을 강조했다.

둘째, 세일즈 매니저 체계를 만들었다. 세일즈 매니저는 점포 별로 고객 마케팅을 전담하는 직원을 뜻한다. 일반 직원은 본인이 맡은 구역 별 고객을 관리하도록 했고, 세일즈 매니저는 전체 마케팅 전략을 짜고 실행하도록 했다. VIP 고객을 만날 때는 세일즈 매니저와 일반 직원을 동행시켜 신규 계약 유치 등을 함께 하도록 했다.

  담대하고 끈덕지게

윤 부행장은 세일즈 매니저 정착 등을 위해 영업 총괄 임원의 인사권 확보가 필수적이라 판단해, 행장 및 인사 담당 부행장과 협의해서 전국 영업점에 관한 인사권을 가져왔다. 영업 현장의 의견을 반영하는 인사가 가능하도록 인사의 분권화를 처음 시도한 것이다. 이후 국민은행은 지점장 등 인사에 대해 성과와 역량을 토대로 지역 그룹 대표들과의 협의를 거쳐 영업 총괄 부행장이 1차 인사안을 짜면, 인사부가 검증하는 체계를 갖추게 됐다. 검증에서 이상이 없으면 인사는 원안대로 진행된다. 절차적 합리성을 바탕으로 현장의 의견을 반영한 영업 그룹의 인사는 투명하고 공정하다는 평가를 받을 수 있고, 인사 불신을 완화하면서 직원들의 신망이 두터워지는 계기가 될 수 있다.

셋째, 고객 자산 관리 개념을 본격 도입했다. 예금, 주식, 보험 등 전체 금융권을 아울러 고객의 전체 자산을 한 곳에서 관리하는 체계 마련이 이때 시작됐다.

주먹구구식 운영 체계를 개선한 고객 관리 시스템

윤 부행장은 고객 관리 시스템도 대대적으로 정비했다. 당시 은행 운영 시스템은 주먹구구였다. 고객 신용 평가 모델을 CSS(크레딧 스코어링 시스템)라 하는데, 윤 부행장 취임 당시 직원들은 KB에 이미 CSS가 도입돼 운영 중이라고 보고했다. 알고 보니 요식이었다. 전체 고객 가운데 CSS를 적용하는 건 일부 급여 소득자 등 2%에 불과했다. 나머지 98% 고객은 담보 심사 등 기초적인 대출 심사만 이뤄졌다. CSS가 명목상 도입은 돼 있었지만, 운영은 하지 않은 것이나 마찬가지였던 것이다.

윤 부행장은 카드 사태를 교훈 삼아 CSS를 완전히 정비했다. 소득, 타 금융회사 대출 등 상황을 종합 평가해서 개별 대출 심사를 하는 시스템이었다. 보다 범용적인 평가 지표를 넣었고, 적용 대상도 대폭 확대했다.

CRS와 CRM 제도도 정비했다. CRS(크레딧 레이팅 시스템)는 기업 고객을 등급화하는 것이다. KB는 외국 평가 기관에서 CRS 시스템을 전수받아 KB에 맞게 적용했다.

CRM(커스터머 릴레이션십 매니지먼트)은 고객 밀착 관리 시스템을 뜻한다. 고객마다 상담 파일 등을 관리해서 손님이 방문하면 이전에 어떤 얘기를 했고 어떤 서비스를 요청했는지 내용을 불러와 연속성 있는 고객 관리를 하는 것이다. 윤 부행장 취임 당시 직원들은 CRM도 이뤄지고 있다고 보고했지만, 이 역시 유명무실했다. 윤 부행장은 컨설팅 업체와 함께 이 부분도 대대적으로 손을 봤다.

그러면서 전체 지점 수를 줄여 효율성을 높였다. 국민은행 지점 수는 2002년 1128개에서 2003년 1085개로 줄었다.

윤 부행장은 CFO 시절부터 모바일 뱅킹을 새로운 조류로 보고 인터넷과 모바일 뱅킹을 강조한 바 있다. 이후 국민은행은 LG 유플러스와 함께 모바일뱅킹 서비스 Bank On을 상용화했고, KT와 SKT로 모바일뱅킹 서비스의 제휴선을 확장했다. 또 평소에 은행 갈 시간이 없는 직장인 등을 위해 토요뱅크와 이브닝뱅크를 도입했고, 서울 동대문시장 상인들의 편의를 위해 심야 시간에도 은행 업

  담대하고 끈덕지게

무를 볼 수 있도록 했다. 다만 유연한 점포 운영 체계는 윤종규의 부행장 퇴임 후엔 지속되지 못했다.

관리하기 힘든 팀원, 잘하는 팀원

윤종규 부행장은 예전과는 비교할 수 없는 큰 조직을 맡으면서, 인력 관리에 많은 고민을 했다. 가장 큰 고민은 협력이 쉽지 않은 팀원 관리였다. 윤 부행장은 해당 팀원을 3가지 유형으로 분류했다. 첫째가 어떤 지침을 전달하면 반발부터 하는 직원이다. 이들을 무조건 업무 성과가 낮은 직원들이라고 치부해선 안 된다. 일을 잘하느냐 못하느냐에 상관없이, 성격이 급하거나 자기 방어적인 사람들이 여기에 해당한다. 해 오던 일에 변화가 생기게 되니, 본능적으로 반발부터 하게 되는 것이다. 하지만 이런 유형은 맞는 지침으로 드러나면 대부분 스스로 '아차'하게 된다고 한다. 리더가 이런 직원을 대할 때는 여유를 갖고 한 템포 늦추는 것이 좋다는 게 윤 부행장의 결론이었다. 반발에 즉각 반응하면 감정 소모만 일어날 수 있으니, 한 템포 늦춘 이성적인 대화로 양해를 구하는 것이다.

둘째가 리더보다 나이 많은 팀원이다. 젊은 윤 부행장이 가장 먼저 맞닥뜨린 문제였기도 했다. 이들에 대한 기본적인 태도는 '존중'이란 게 윤 부행장이 내린 해법이었다. 나를 낮추고 양해를 구하면 지침의 수용 폭이 넓어진다. '이럴 때는 어떻게 하겠느냐'며 자문과 지혜를 구하는 것도 좋은 방법이다. 그러면 나이 많은 팀원은 다른 팀원을 조율하고 리더의 지침이 효과적으로 전파될 수 있는 통로 역할을 하면서, 오히려 조직 관리에 도움이 될 수 있다.

셋째가 의욕을 상실한 '심정적 퇴사자' 관리다. 어떤 이야기를 해도 별 관심이 없고, '나를 어떻게 하겠어?'라며 자포자기한 경우가 많다. 은행권에선 이런 경우를 승포자(승진 포기자)라 부르기도 한다. 이런 직원도 계속 기회가 주어져야 한다는 게 윤 부행장의 생각이었다. 이들이 일하게 만드는 가장 빠른 방법은 확실한 성과급이다. 신상필벌이 확실한 급여 체계를 통해 다시 일하게 만드는 것이다. 다만 현실적으로 쉽지 않은 문제다. 그래서 필요한 게 리더의 공감 능력이다. 이야기를 좀 더 들어주고, 따뜻하게 대해주는 것이다. 다행히 한국인은 인정에 호소하는 것에 약하다. '좀 도와달라'고 진심으로 접근하는 게 효과적일 때가 자주 있다. 명령하고 지시하기보다, 설명하고 이해를 구하고 도움을 호소하는 것이다. 윤 부행장은 스스로 '사람은 모두 각자의 탤런트(Talent)가 있다'는 생각을 갖기 위해 노력했다. 심정적 퇴사자라 하더라도 그들의 각자 뛰어난 점을 찾아서 키우고, 부족한 부분은 치명적이지 않도록 관리해주는 게 리더란 것이다.

나아가 리더라면 팀원의 길을 찾아줄 수 있어야 한다고 생각했다. 팀원의 적성을 파악해서 다른 팀에 맞는다는 결론이 내려진다면, 다른 팀으로 옮겨주고 추천하는 역할도 해야 한다는 것이다. 그게 해당 팀원뿐 아니라 나와 내 조직을 살리는 일이 될 수 있다. 그는 팀장급 직원들에게 평소 "칭찬은 공개적으로 하고, 질책과 코칭은 개인적으로 하는 게 좋다"고 강조했다. 잘한다는 이야기는 사람 많은 곳에서 듣고 싶고, 그렇지 않은 이야기는 따로 듣고 싶어 하는 게 사람의 본성이란 얘기였다.

일을 잘하는 팀원에 대한 관리도 필요하다. 윤 부행장은 리더 본인이 편하기 위해 어떤 일을 잘하는 사람에게 계속 같은 일을 맡기는 일은 있어서는 안 된다고 생각했다. 여러 가지 경험을 하면 훨씬 넓어질 수 있는 후배가 그 가능성을 제한받는 일이 되기 때문이다. 윤 부행장은 또 "리더는 스스로 편하고자 하는 유혹을 반드시 뿌리쳐야 한다"고 강조했다. 그는 이 기조에 따라 각 팀마다 최소 20~30%는 매년 팀원이 교체되도록 했다. 팀장 입장에서 당장은 불편할 수 있고 희생이 될 수 있다. 보고를 한 번 더 봐야 하고, 수정을 해줘야 하고, 일일이 설명을 해야 하는 일이 생길 수 있다. 하지만 기회를 주지 않으면 인력풀을 넓힐 수 없다는 게 윤 부행장의 생각이었다.

그는 평소 팀장급 리더들에게 "리더가 하는 가장 비겁한 말 중 하나가 '경험이 없으니까 뽑지 못하겠다'는 것"이라고 했다. 좋은 리더라면 '경험은 없지만 역량을 보면 충분히 가능하다'는 기준으로 사람을 뽑아야 한다는 것이다. 해본 적 없지만 가능성이 있는 사람을 발굴하고 기회를 주는 건 리더의 책무다. 기회를 준 초반에는 '내가 하는 것이 훨씬 빠르겠다'면서 답답한 마음이 들겠지만, 진심으로 피드백을 전달하면서 그 상황을 이겨내야 한다.

이렇게 여러 분야를 섭렵한 직원이 많아지면 조직 전체적으로 인력 운영에 큰 여유가 생기게 된다. 기존에는 성과가 미흡했지만, 새로운 분야에서 특기를 찾아 보람과 존재 가치를 찾는 직원도 나올 수 있다. 그렇지 않고 각자 하던 일만 계속하고 잘하는 특정 직원에 업무가 몰리는 상황이 계속되면, 해당 직원은 언젠가 번아웃이 오고 아예 일을 포기하는 상황이 벌어질 수 있다. 그러면 리더는 비교할 수 없는 불편한 상황에 내몰리게 될 것이라고 윤 부행장은 강조했다.

전무후무한 인도네시아 BII 은행 인수 성공

KB는 국내 은행 중에서도 글로벌화가 더딘 은행이었다. 김정태 행장과 윤 부행장이 마련한 비전을 실현하려면 글로벌화가 필수였다. 윤 부행장은 맥킨지 컨설팅과 함께 '장보고 프로젝트'를 만들었다. 아시아를 중심으로 현지 은행을 인수하거나 법인을 설립해 리테일 분야 아시아 리딩뱅크가 되자는 게 골자다. 분석 결과 한 가지 한계점과 한 가지 경쟁력이 발견됐다.

한계점은 통화다. 원화는 국제화가 안 돼 있다. 오로지 한국에서만 통용 가치가 있다. 한국의 은행이 해외에 진출하려면, 현지에서 현지 통화를 조달해서 운용해야 하는 핸디캡이 있다.

반면 한국의 은행들은 강점도 있다. 치열한 내수 경쟁을 하는 동안 리테일에 강점이 생긴 것이다. 이에 따라 외국에서 볼 수 없는 은행 서비스가 많았다. 이 강점을 잘 활용하면, 현지 법인을 세운 후 영업을 해서 현지 통화를 조달하는 일은 얼마든지 가능할 수 있다. 현지 통화로 현지 진출을 할 수 있는 것이다.

윤 부행장은 '현지 은행 인수를 통한 리테일 분야 아시아 리딩뱅크'를 가시적인 목표로 삼고, 유망 시장으로 중국, 인도, 인도네시

담대하고 끈덕지게

아, 베트남을 꼽았다. 그중 첫손으로 꼽은 게 인도네시아였다. 인도네시아는 이슬람 국가다. 당시는 911 테러 직후라, 이슬람 국가들의 기업 가치가 전반적으로 평가 절하돼 있었다. 언제든 미국 제재 영향을 받을 위험이 있었기 때문이다.

이 기회를 틈타 KB는 테마섹, 영국 바클레이스은행 등과 함께 '설악컨소시엄'을 구성해 인도네시아 BII 은행 인수를 추진했다. BII는 인도네시아에서 6번째로 큰 은행으로, 구조조정 대상이 되면서 시장에 나와 있었다. KB는 설악컨소시엄 내 지분을 50% 확보할 방침이었다. 컨소시엄 내 전략적 투자가 돼서 BII를 실질 경영하겠다는 전략이었다. 금액으로는 1500억원 정도 소요될 것으로 전망됐다.

그런데 금융당국이 제동을 걸었다. 카드 사태가 완전히 해결되지 않았다는 게 이유였다. 윤 부행장은 "1500억원이 작은 금액은 아니지만, KB의 규모를 고려하면 충분히 감당 가능하다. 미래를 생각해 뿌릴 만한 가치가 충분히 있는 씨앗"이라고 설득했지만 먹혀들지 않았다.

반대 분위기는 당국만의 시각이 아니었다. 증권가에선 '무리한 투자'라면서 KB의 목표 주가를 낮추는 보고서가 잇따라 나왔다.

결국 컨소시엄을 깨야 하는 상황까지 이르자, 호 칭(Ho Ching) 테마섹 회장이 윤 부행장에게 "한국의 대통령에게 내가 직접 얘기를 해보면 어떻겠나" 제안까지 했다. 하지만 그렇게 되면 KB가 외국 기관의 힘을 빌어 청와대를 압박했다는 지적이 나올 수 있어 거절했다.

이런 상황에서 내부 반대까지 겹쳤다. 이사회 내 사외이사 2명이 BII 인수 참여를 강하게 반대한 것이다. 여러 경로로 설득했지만 2명의 사외이사는 '카드 사태가 아직 마무리되지 않았고, 이 정도 인수건은 언제든 나올 수 있다'는 등 이유로 끝까지 반대했다. 사외이사들은 'KB가 강해지면 언제든 인수할 수 있는 외국 은행이 많은데, 꼭 이 시점에 해야 하냐'고 지적했다.

그러나 윤 부행장은 인수 가치를 확신했고, '앞으로 인도네시아에서 이 정도 가격에 물건이 나올 일이 없으니, 미래를 보고 씨앗을 뿌려야 한다'고 설득했다. 또 '이 의안은 꼭 만장일치로 하고 싶은데, 불행하게도 제 역량이 부족했다. 다만 표결에는 부치도록 해달라'는 읍소도 했다.

결국 차선책으로 나온 게 컨소시엄 내 KB의 지분을 25%로 떨어뜨리는 것이었다. 금융당국과 이사회의 승인을 얻기 위해 투자금액을 줄이는 것이다. 고육책에 따라 BII 인수에 들어가는 KB 직접 자금은 715억원으로 내려갔고, 겨우 이사회 과반수 통과와 당국의 승인을 통해 인수에 성공했다.

BII 인수는 결과적으로 대성공이었다. 국민은행은 BII에 고객 관리 시스템, 금융 상품 개발 능력, 고객 마케팅 기법 등을 이식했고, BII는 곧 우량은행으로 거듭났다. 그리고 인수 5년 만인 2008년, 3670억원에 BII 지분을 되팔면서 국민은행은 2900억원이 넘는 차익을 거뒀다. 한국 금융사에서 전무후무한 투자 실적이었다.

이후 금융당국은 각종 발표 등을 통해 KB의 BII 인수를 한국 금융의 성공적인 해외 진출 사례로 꼽았다. KB의 BII 인수를 금융당국이 지원했다면서 대통령 대면 발표를 하기도 했다. 강한 반대 끝

 　　　　　　　　　담대하고 끈덕지게

에 KB의 지분율을 절반 수준으로 떨어뜨렸던 금융당국이 본인들의 치적으로 삼은 것이다.

아쉬움만 남긴 중국 진출

윤 부행장은 인도네시아 외에 다른 국가 진출도 적극 추진했다. 우선 중국은 제도적 장벽 때문에 직접 진출은 후순위로 미루고, 대만을 통한 간접 진출을 추진했다. 윤 부행장은 비밀리에 대만을 찾아 중국의 연결 통로가 될 수 있는 은행을 몇 군데 만나, 한 은행에 대해 테마섹과 공동 지분 참여까지 추진했지만 성사까지 이르지는 못했다. (이후 KB는 중국에 대한 미련을 버리지 못하고 4000억원을 투자해 현지 법인을 만들었다. 하지만 재미를 보지 못했고, 지금도 부진한 실적을 기록하고 있다. 그나마 1조원짜리 현지 법인을 만드려다 투자액을 줄인 게 잘한 결정이었을 정도다.) 인도에서도 민간 은행 가운데 가장 큰 은행에 대한 지분 투자를 추진했지만, 이 역시 성사되지는 못했다.

인도네시아를 제외한 다른 나라에서 뚜렷한 성과를 거두지 못한 것은 당시 금융당국이 카드 사태의 후유증을 염려해 은행의 해외 진출에 소극적인 입장이었던 영향이 컸다. 결국 이 시기 인도네시아를 제외한 다른 나라에 대한 진출은 모두 없던 얘기가 됐다.

윤 부행장이 해외 진출을 강력하게 추진했던 것은 카드 사태만 마무리되면 은행 이익이 굉장히 빠른 속도로 올라간다는 믿음이 있었기 때문이다. 윤 부행장은 2005년부터 은행 이익 상황이 확연히 호전될 것으로 봤다. 자금력이 확보되면서 은행마다 해외 투자의

적기가 올 것으로 본 것이다. 다만 때를 기다리다 보면 경쟁이 격화될 소지가 있다. 최대한 싼 가격에 해외 은행을 인수하려면 한 발 앞서 추진해야 한다는 게 윤 부행장의 생각이었다.

윤 부행장 예상대로 은행업은 2005년부터 금융 위기 직전인 2008년 중반까지 큰 호황을 맞았다. 하지만 윤 부행장 생각과 달리 해외 진출 경쟁이 치열해지지는 않았다. 이 시기 한국 은행들이 제대로 된 해외 투자 대신 급여 인상 등 내부 분배에만 골몰했던 것이다. 내수 위주에서 글로벌로 은행 체질을 개선할 수 있는 기회를 은행 스스로 놓쳐버린 셈이었다. 이 부분은 윤 부행장의 예상이 빗나간 지점으로, 어떻게 보면 윤 부행장이 당시 경쟁 은행들을 과대평가했던 것일 수 있다.

KB도 다르지 않았다. 오히려 성공이 독이 되고 만다. BII 대박 후 엄청난 실수를 하게 되는 것이다. KB는 2008년 카자흐스탄의 5위 은행인 BCC 지분 41.9%(우선주 포함)를 9541억원에 매입한다. 이후 KB는 카자흐스탄에서 9년 넘게 고전하면서, 사실상 투자액 전체를 손해 보게 된다. BCC를 인수할 당시엔 윤종규 부행장이 있지 않았다. 추후 부사장으로 복귀해 수습 과정에는 참여하게 된다.

5장.
꺾여버린 꿈

국민카드 합병 회계 처리 논란

국민은행에 있어 카드 사태의 마지막 산은 금융당국의 징계였다. 국민카드 부실이 드러날 당시를 돌이켜 보면 제도 정비 같은 근본 해결 노력은 한가한 얘기였다. 당장 퍼져 나가는 불부터 진화해야 했다. 금융회사 내에서 손실을 처리하는 가장 빠른 처리 방법은 돈으로 떼우는 것이다. 돈을 들여 쓰레기를 처리하는 것이다. 실무적으로는 손실에 해당하는 금액만큼 '충당금'을 쌓는 것으로 이뤄진다. 이후 실제 손실이 발생하면 충당금으로 메우게 된다. 두 번째 방법이 매각 등 처분이다. 건질 건 건진 후 팔아서 현금을 마련하는 것이다.

국민은행에 벌어진 문제는 충당금 회계 처리 방식이었다. 국민은행은 국민카드 흡수 합병 과정에서 (1)대규모 자본 잠식 상태인 카드사에 먼저 충당금을 쌓은 뒤 흡수 합병할지, (2)먼저 흡수 합병한 후 은행이 충당금을 채울지 결정이 필요했다.

윤 부행장은 회계법인의 세무 담당자들을 불러 논의했다. 논의 결과 윤 부행장은 이왕 큰 손실을 입었다면 손금 처리를 통해 법인세라도 덜 내는 게 낫다고 판단했다. 카드사에 충당금을 먼저 채워 넣으면 재무제표상 카드사의 결손금이 커지게 된다. 그런데 은행에 흡수 합병되는 카드사의 결손금은 세무상 경비로 인정되지 않는다. 반대로 카드사에서 충당금을 넣지 않은 채 흡수 합병하면, 세무상 인정되지 않는 이월 결손금이 줄어드는 대신, 은행이 쌓아야 하는 충당금이 늘면서 손금 인정액이 더 커지게 된다. 그만큼 세금을 아낄 수 있어서 그룹 전체적으로 이익이 된다고 윤 부행장은 판단했다. 국민은행 전체 입장에서 합병 전 충당금을 설정하나 합병 후 충당금을 설정하나, 충당금을 채워야 하는 것 자체는 다를 게 없다. 오로지 세금 부담에만 차이가 있었고, 국민은행 입장에서 비용을 아낄 수 있는 결정을 하기로 했다.

윤 부행장은 이런 방식에 문제가 없는지 회계법인과 논의했고, 문제없다는 의견을 얻었다. 그래도 안심할 수 없어 금융당국과 국세청에도 문의했고, 괜찮다는 답변을 받아냈다. 그것으로 된 줄 알았다.

하지만 카드사태 이후 금융당국의 감사에서 이 부분이 문제로 지적된다. 대손충당금을 늦게 쌓은 게 탈세를 위한 부정 회계가 될 수 있다고 본 것이다. 조사 과정에서 윤 부행장은 본인이 책임지고 합병 회계처리를 했다고 진술했다. 그러면서 정당했다는 3가지 이유를 댔다.

첫째, 회계법인의 의견을 받아 국세청과 금융당국에 의견 조회도 거쳤다는 주장이었다. 문제없다는 판단을 받아 진행했다는 것이다. 이 조치를 통해 손해 본 주체가 없다는 주장도 했다.

둘째, 금융 안정을 위해 필요한 조치라고 항변했다. 부당하게 탈세한 것이 아니라, 절세를 통해 예상되는 손실을 막아 KB는 물론 금융권 전체 안정에 기여했다는 주장이었다.

셋째, 회계 처리 자체에 절차적인 문제가 없었다는 주장을 했다. 대손 충당금 설정 시기에 차이가 있을 뿐 필요한 조치를 모두 했고, 그 내용은 모두 주주들에게 공개했다는 주장이었다. 재무제표 상 계정 과목을 구분해서 주석을 달아 설명했기 때문에 투자자에게 정보를 충분히 알린 것에 해당한다고 주장했다.

그러나 금융당국은 윤 부행장의 항변을 받아들이지 않았다. 처음부터 김정태 행장을 타깃으로 해서 국민은행에 징계를 내릴 명분을 찾는 데 집중했다는 해석이 나올 정도였다. 결국 ‘계정 과목 분류 문제’가 최종 징계 사유로 결정됐다. 국제회계 기준을 근거로 충당금을 상세히 계정 분류하지 않음으로써, 주주들에게 정확한 정보를 제공하지 않았다는 것이었다. 당시 회계사 출신의 금융당국 관계자들이 찾아낸 명분으로, 징계를 위한 이론적 근거가 됐다. 국민은행 입장에선 결론을 정해놓고 논리가 만들어진 모양새였다.

국민은행은 계속 당국과 사전협의 한 일이라 항변했다. 그러나 담당자들은 다른 자리로 떠난 뒤였고, 바뀐 담당자들은 모르는 일이라고 하면 그만이었다. 문서로 남긴 일이 아니었기 때문이다. 그나마 국세청은 의견서 형태의 문서가 있긴 했다. 하지만 구체적 사례를 거론한 문서는 아니었다. 국세청은 해당 사안을 특정한 문서는 아니란 이유로 책임을 지지 않았다.

중징계로 끝난 은행장의 꿈

징계를 피할 방법은 도저히 없어 보였다. 김 행장은 윤 부행장에게 "당신은 살아야 할 것 아니냐. 은행장에게 보고했고, 은행장이 결정했다라고 진술하라"고 권유했다. 하지만 윤 부행장은 "CEO가 세부적인 회계 사안까지 결정하지 않는다. 내 책임 아래 진행했고 행장에 대해선 의례적인 보고만 이뤄졌다"고 진술했고, 결국 김 행장과 윤 부행장 2004년 7월 동반 중징계를 받게 된다.

윤 부행장에 내려진 징계는 감봉 3개월이었다. 영업 총괄 부행장을 맡아 의욕적으로 해오던 활동이 모두 무산되는 순간이었다. 윤 부행장은 다음해 3월까지였던 임기를 채우는 선택권이 있었다. 하지만 김정태 행장과 동반 퇴진을 선택했다. 김 행장은 "무슨 소리야. 당신은 남아야지" 만류했지만, 윤 부행장은 고집을 꺾지 않고 10월 말 은행을 나왔다.

윤 부행장의 동반 퇴진 결정은 김 행장에 대한 심적 부채 때문이었다. 두 사람 입장에선 억울한 일이었을지 몰라도, 어쨌든 회계처리 과정에서 실수가 지적돼 중징계를 받았고, 본인에게 최종 책임

     담대하고 끈덕지게

이 있다고 본 것이다. 결국 윤 부행장은 다른 임직원 대부분 만류했지만, 행장과 진퇴를 같이 하겠다는 의사를 관철했다. 징계 이후 김 행장은 윤 부행장을 원망하거나 질책하는 모습을 보이지 않았다고 한다.

징계에 대해 금융계에선 김정태 행장에 대한 정부의 거부감 때문이란 분석이 나왔다. 금융계에 따르면 카드 사태를 전후해 LG카드 처리 등 사안을 놓고 정부와 청와대에선 국민은행과 김정태 행장에 대한 부정적인 인식이 급격히 확산되고 있었다고 한다. 국익이 아니라 오로지 은행 이익만 생각한다는 혹평이 쏟아졌다. 김 행장에게 어떤 문제가 있는 것은 아니었다. 금융계에선 견제 세력에 의한 것이란 얘기가 꾸준히 나왔다.

카드 사태 기간 금융계의 관심이 온통 국민은행에 쏠렸던 게 영향을 미쳤다는 분석도 있다. 금융계는 매년 1월 초 신년 인사회를 하는데, 2005년 신년 인사회는 기자들이 온통 국민은행 쪽으로만 몰렸다. 윤 부행장은 김 행장에게 절대 혼자 있지 말고 금감위원장이나 금감원장 근처에 있으라고 일러둔 상황이었지만, 김 행장이 행사장에 들어서자마자 누구를 찾을 여유도 없이 순식간에 기자들이 그를 둘러쌌다. LG카드 사태 해결을 위한 국민은행의 입장 변화가 당시 초미의 관심사였기 때문이다. 그러자 당국에선 도대체 누가 금융계 주인이냐는 말이 나왔고, LG카드 사태를 극복하는 데 KB가 적극 협조하지 않는다는 불만까지 더해지면서 불신은 더욱 커졌다.

김 행장이 금융계 스타로 부상했던 것이 영향을 미쳤다는 분석도

있다. 김 행장은 한 행사에서 노무현 대통령을 만나 경제금융정책
에 대한 의견을 밝힌 바 있다. 은행장이 대통령을 만나 정책 발언을
하는 것은 당시도 지금도 이례적인 일이다. 관료들은 이를 거북하
게 받아들였고, 관가에선 '김정태 많이 컸네' 얘기까지 나왔다. 그런
데 정작 김 행장 본인은 자신이 무슨 얘기를 했는지 기억하지 못했
다고 한다. 본인이 주목받기 위해 한 일이 아니었다는 얘기다. 하지
만 금융감독당국에 미운 털이 박힌 계기 중 하나가 되고 말았다.

　여기에 김 행장은 급여를 거의 안 받는 대신 경영 성과에 따라 보
상이 결정되는 스톡옵션을 받았는데, 그 금액이 지나치다는 등의
투서가 여러 경로로 들어갔다고 한다. 이에 따라 당시 청와대에선
"김정태는 장사꾼이다, 금융인으로서 부적절하다"는 식의 편견이
생기게 됐고, 카드 사태를 계기로 김정태를 한 번 손봐야겠다는 기
류까지 나오게 됐다고 한다.

　국민은행이 금융당국의 인사 개입에 미운 털이 박혔다는 얘기도
있다. 정권과 금융당국이 국민은행 내 주요 보직으로 모 인사를 추
천했는데, 국민은행이 이를 거부하면서 금융당국이 별러 왔다는 것
이다.

　두 사람은 결국 중징계를 받고 소송을 검토했지만, 하지 않았다.
현직 은행장과 부행장 자격으로 소송을 진행하면 국민은행 조직 자
체에 부담이 될 수 있기 때문이다. 금융당국과 정면으로 맞서서 조
직에 도움될 게 없다는 판단도 작용했다. 회사를 나와 자연인 입장
에서 소송을 검토했지만 이 역시 하지 않았다.

　윤 부행장 개인적으로는 한때 소송을 고려했지만, 김 행장이 포

　　　　　　　　　　　　　　　　　담대하고 끈덕지게

기하면서 그도 하지 않았다. 정부 부처에 있던 윤 부행장 친구의 조언도 영향을 미쳤다. 윤 부행장은 명예를 회복해 금융계로 돌아오겠다는 생각이었지만, 친구는 금융계로 돌아올 생각이 있다면 소송을 벌여 금융당국을 적으로 돌릴 필요가 없다고 조언했다. 금융당국을 적으로 돌리고 나면 그 후엔 누군가 도와주려 해도 쉽지 않을 것이란 얘기였다.

시일이 지나 윤 부행장은 사석에서 금융당국 최고위 관계자들로부터 일종의 유감 표명은 들었다고 한다. 사안을 찬찬히 되짚어 보니 무리한 징계였다는 고백이었다.

이후 의외의 상황에서 윤 부행장은 공식적으로 누명을 벗게 된다. 국세청은 징계 이후 회계 처리 실수를 이유로 국민은행에 거액의 세금을 부과했다. 그러면서 국민은행은 회계 조작을 통해 탈세를 했다는 오명까지 쓰게 됐다. 국민은행은 이는 묵과할 수 없어 세금 부과 취소 소송을 벌였고, 회계 처리에 실체적 문제가 있는 게 맞는지, 이를 근거로 세금을 부과하는 게 맞는지 등 두 가지가 쟁점이 됐다. 그 과정에서 징계의 적절성 여부도 다뤄졌다. 결국 국민은행은 승소했고, 윤 부행장은 누명을 벗게 된다.

보리 한 움큼 쥔 손으론 쌀자루를 쥘 수 없다.

윤 부행장은 국민은행 부행장 재직 시절 본인의 성과로 크게 5가지를 꼽았다.

첫째, 국민은행과 주택은행의 통합을 마무리하고 카드 위기를 극복하는 데 기여했다는 것이다. 다른 은행의 통합 사례를 보면, 초기 2~3년은 내부 분란이 극에 달하는 경우가 많다. 반면 국민은행은 이 시기를 꽤 조용하게 지나가며, 양행 통합과 카드사 합병이 매듭지어졌다. 윤 부행장은 "김정태 행장의 리더십과 임원들의 결속력으로, 자칫 혼란스러울 수 있는 기간을 무사히 넘겼다"고 자평했다.

둘째, 업무 영역 간 협업 체계를 만든 것이다. CFO로 처음 와서 보니 영업 조직 내 알력이 매우 심했다. 중소기업 담당, 대기업 담당, 개인 고객 담당, 상품 기획 담당 등으로 나뉘어 충돌하는 사례가 많았던 것이다. 상품 기획 부서는 은행 수익성 확보를 위해 대출 상품 금리를 높이려 하는데, 영업 조직은 금리를 높이면 상품을 팔기 어렵다고 반대하는 식의 충돌이다. 윤 부행장은 CFO 자격으로 부서 간 이해관계를 조정하면서 협업 체계를 만들고, CRM 체계도 재정비했다.

업무 영역 조정도 적극적으로 했다. 국민은행은 중소기업 고객을 기업금융팀이 전담하는 구조였다. 기업금융은 인력과 점포 조직이 개인금융에 비해 부족한 편이다. 반면 중소기업과 오너의 수는 많아서, 서비스가 부실해질 수밖에 없다. 회사뿐 아니라 개인적으로도 자산이 많은 중소기업 오너들이 사각지대에 놓이는 것이다. 물론 개인 고객 차원에서 중소기업 오너를 관리하긴 한다. 하지만 일반 고객과 같은 관점으로 접근하면 상속, 세무 등 그들만의 니즈를 해결하기 어렵다. 중소기업과 오너는 한 몸인데, '중소기업은 기업으로' '오너는 개인으로' 분리해 접근하면서 종합적인 서비스를 제공하는 데 한계가 있었던 것이다. 이 한계를 극복하려면 업무 조정을 통한 통합 관리가 필요했지만, 업무 조정은 영역 다툼으로 이어질 수 있어 조심스러울 수밖에 없었다. 윤 부행장은 중소기업을 규모별로 나눠 재배치하는 방법을 썼다. 영역별 업무 이관이 아니라, 업무 과부하에 따른 조직 간 업무 재조정으로 처리한 것이다. 큰 파열음 없이 업무 조정을 할 수 있었다.

셋째는 리스크 관리 체계의 확립이었다. 윤 부행장은 카드 사태를 겪으면서 여신과 조직의 리스크 관리 체계를 제로 베이스에서 출발해 재정비했다. 여신의 근간을 이루는 CSS와 CRS 체계도 다듬었다.

넷째는 관리 회계 시스템의 정비다. 관리회계는 숫자를 통해 회사의 실체를 파악하고 관리하는 작업이다. 부문별, 조직별, 개인별 성과 측정과 그에 따른 보상의 기초도 된다. 관리 회계가 취약한 기업이 많다. 굴지의 대기업들도 그렇다. 윤 부행장은 CFO로 있으면서 국민은행에 본격적인 관리회계 개념을 도입하고, 시스템을 재정비했다.

마지막으로 다섯째는 확실한 1등 은행을 위한 기반 다지기였다. 영업그룹 부행장 시절 그는 공정한 인사 시스템을 만들면서, 직원들을 존중하고 배려하기 위해 노력했다. 발로 뛰는 현장 경영을 통해 KB의 영업력이 상당한 잠재력을 가지고 있다는 것을 조직원들이 느끼게 했다. 차세대 전산 시스템 준비도 했다. 윤 부행장은 전산 시스템을 부분별로 쪼개서 재조합할 수 있는 컴포넌트 개념을 도입했다. 그러면 부분별 업그레이드나 시스템 교체가 간편해진다. 김 행장과 그가 징계를 받으면서 실제 추진에 들어가진 못했지만,

차세대 전산 시스템 개념이 이때 형성됐다. 이 밖에 2003년 말 국민은행에 대한 정부 지분을 인수해 완전 민영화를 이룬 것도 빼놓을 수 없고, 지금까지도 최고의 해외 투자 사례로 꼽히는 인도네시아 BII 은행 투자를 통해 본격적인 글로벌 M&A 행보의 초석을 깔기도 했다.

윤 부행장은 자진 사퇴 형식으로 은행 문을 나서면서 '가야 할 때가 언제인가를 분명히 알고 가는 이의 뒷모습은 얼마나 아름다운가'란 이형기 시인의 낙화로 심경을 대변했다. 계획했던 모든 일을 완수하지는 못했다는 아쉬움도 있었지만, 그는 퇴임사에서 "어느 때보다 변화와 경쟁이 심화되면서, 국민은행은 리딩뱅크의 지위를 강력하게 도전받고 있다"며 "보리 한 움큼 쥔 손으로 절대 쌀자루를 쥘 수 없듯이, 과거에 집착하지 말고 현실에 안주하지 않는 노력을 하자"고 직원들을 독려했다. 마지막까지 변함이 없었던 국민은행에 대한 애정이 담긴 말이었다.

2부

—

Bold Decisions
Tenacious Execution

—

1장.
5년 만의 복귀

김앤장 고문

한 순간에 일과 목표를 모두 잃었지만, 좌절하지 않았다. 결국엔 순리대로 해결될 것이란 믿음이 있었다. '기회는 언제든 또 올 수 있다'고 생각했다. 3년 가까이 부행장으로 최선을 다하면서 KB는 물론 금융계에서 좋은 평판을 얻었다는 자신도 있었다.

윤 부행장이 시장에 나오자 다양한 제안이 들어왔다. 친정인 삼일도 복귀 제안이 있었지만, 국민은행-국민카드 합병 과정에서 문제의 회계 처리에 삼일이 컨설팅으로 참여했던 상황이라, 돌아가지 않는 게 좋겠다고 판단했다. 삼일에 부담을 주고 싶지 않았던 것이다. 다른 회계법인도 연락이 왔지만, 도의를 이유로 거절했다.

경쟁 은행의 CFO, 또 다른 은행의 사외이사 제안도 있었다. 하지만 이 역시 국민은행에 대한 도의상 거절했다. 한 증권사의 오퍼도 있었다. 현재 CEO의 임기가 1년 남았는데, 일단 부사장으로 일을 하다가, CEO를 이어 받으란 제안이었다. 하지만 윤 부행장은 현 CEO에 대한 압박이 되는 일이란 이유로 이 역시 거절했다.

남은 자리가 로펌 '김앤장'의 고문이었다. 윤종규는 제안을 받고 김앤장을 만나 "제가 어떤 일을 하길 원하시냐" 물었다. 김앤장 측은 "해주실 일이 많다"면서 크게 3가지를 들었다. 우선 김앤장에는 변호사뿐 아니라 회계사도 많이 일을 하고 있었다. 회계사들을 지원해주면 좋겠다고 했다. 둘째로 일본 쪽 비즈니스를 도와주면 좋겠다고 했다. 셋째, 금융 관련 일도 도와줬으면 한다는 게 김앤장의 얘기였다.

더 이상 사양할 필요는 없다고 생각했다. 그렇게 49세에 김앤장 고문이 됐다. 대우도 윤종규가 생각한 것 이상으로 제시받았다. 윤종규가 이의를 가지지 않을 제안이었다.

김앤장에 와서 가장 인상 깊었던 것은 사람이었다. 변호사, 회계사는 물론 고문, 전문위원에까지 '난다 긴다' 하는 사람들이 모여 있었다. 사법시험 1등, 서울대 1등, 학력고사 1등, 수능 1등이 곳곳에 널려 있었다. 윤종규 고문은 당시를 행복하게 일했던 시기로 기억한다. 변호사뿐 아니라 각계각층 출신과 교류 기회가 됐다.

로펌 고문으로서 주된 역할은 프로젝트마다 실무진의 문의가 있으면 조언을 하는 것이었다. 가진 경험을 기반으로 실무진이 참고할 만한 조언을 했다. 프로젝트는 크게 3가지로 구분됐다. 고객이 찾아와 의뢰한 사건에 관여해야 하는 경우, 문제가 발생한 고객에게 김앤장이 먼저 이런 저런 제안을 하는 경우, 아직 문제로 번지지 않았지만 예방 차원의 대책을 세워줘야 하는 경우다.

고문은 각종 회의에 얼마나 많이 초청되는지를 통해 조직 기여도를 알 수 있다. 윤 고문은 실무진이 많이 찾는 고문 중 하나였다. 회계 관련 소송 대응, 세무 소송 자문, 금융 관련 자문 등 전방위로 활약했다. 이 과정에서 윤 고문은 본인의 인적 네트워크를 돌아보고, 보강할 기회도 됐다고 회상한다. 기업이나 노무 관련 이슈를 깊게 들여다보는 기회도 됐다. 기업 CEO로서 갖춰야 할 혜안 중 하나다.

하지만 윤 고문 스스로는 김앤장 시절을 '밥값을 제대로 하지 못한' 시기로 평가한다. 윤 고문은 '밥값'에 대한 그만의 정의가 있다. 현재 받는 것보다 바깥에서 더 좋은 대우의 영입 제안이 들어오고 있는 상황이라면, 실제 옮기든 그렇지 않든 현재 있는 조직에 공헌하고 있으며 밥값도 하고 있다는 뜻이란 것이다. 반대로 어떤 영입 제안도 없다면, 조직에 신세를 지고 있다는 뜻이라고 했다. 윤 고문 스스로에 대한 평가와 달리, 그가 김앤장에서 충분한 밥값을 했다는 건 곧 밝혀진다. KB금융지주에서 다시 영입 제안이 온 것이다.

몸집만 더 무거워진 국민은행

윤종규 고문은 김 행장과 그가 물러난 후에도 국민은행이 계속 좋은 실적을 낼 것으로 예상했다. 김 행장 시절 임기 후반기를 바라보며 각종 조치를 해둔 상태였기 때문이다. 비록 본인들은 징계로 임기 후반기를 채우지 못하고 자리를 넘기게 됐지만, 은행은 좋은 실적을 낼 만한 조건을 갖췄다는 게 윤 고문의 생각이었다.

하지만 이후 국민은행의 행보는 실망스러웠다. 금융계에선 당시 국민은행이 크게 4가지 실수를 했다고 본다. 첫째는 카드 사태 완전 진화에 대한 지나친 집착이었다. 국민은행은 카드에 대한 정리가 어느 정도 마무리돼 새 출발을 할 수 있는 상태였다. 반면 경쟁상대인 신한은 조흥은행과 합병한 지 얼마 되지 않아 치고 나가기 어려운 상황이었다. 화학적 결합까지 완성하려면 3~5년 정도 시간이 필요했다. 합병 과정에서 신한과 조흥의 기존 고객이 일부 떨어져 나올 가능성도 있었다. 국민은행 입장에서 신한은행이 따라올 수 없을 만큼 멀찍이 치고 나갈 기회였던 것이다. 하지만 국민은행은 필요 이상으로 카드사 정리에 시간과 비용을 쓰면서, 격차를 벌릴 기회를 놓치고 만다. 내실을 더 다져야 한다는 목소리가 성장 잠재력 확충 주장을 앞선 것이다.

둘째로 해외 진출을 위한 '장보고 프로젝트'가 완전히 수정됐다. 김정태 행장 시절엔 인도네시아 성공을 계기로 대만·인도 등 아시아 지역을 집중 공략하자는 기조였지만, 새 경영진이 들어선 후엔 아시아 위주 전략이 폐기됐다. 그렇게 이뤄진 결정이 BII를 매각한 돈으로 카자흐스탄 BCC를 산 것이었다.

셋째는 성장을 위한다는 명분으로 이른바 '그레이' 등급의 기업 금융을 대폭 확대한 것이다. 신용도가 높은 고객을 확보하는 성장에는 오랜 시간이 걸린다. 반면 바로 파산할 정도는 아니지만 위험성이 있는 그레이 등급 기업에 대해선 대출 확대를 통한 성장이 수

    담대하고 끈덕지게

월하다. 당장 돈을 필요로 하는 기업이기 때문이다. 이런 기업이 원하는 만큼 대출을 다 해주면, 은행은 그만큼 자산을 키울 수 있다. 국민은행은 그레이 기업 중에서도 조선해운, 중소건설업 및 PF, 저신용등급 중소기업 등 3가지 영역에 대한 대출을 크게 늘렸다. 우량 대기업이나 개인에 대한 대출보다 높은 금리를 받을 수 있어서, 초기 수익성은 대단히 높았다. 경기 확장기엔 성장으로 부실 위험을 덮을 수 있어서, 이런 전략이 통할 수 있다. 하지만 2008년 금융 위기가 닥치면서 이내 착각으로 드러났다. 그레이 기업에 대한 대출이 대거 부실 대출로 변질되고 만 것이다.

넷째는 직원들의 마음을 얻지 못한 임직원 인선이었다. 김정태 행장 재임 시에는 외부 컨설팅 업체의 도움을 받아 임원 및 부서장 후보들에 대해 여러 사람들이 참여하는 다면 평가를 거치게 했다. 이를 기초로 부행장들이 함께 검증하고 추천해 인사부서의 독단을 최소화하면서, 투명하고 체계적인 인선을 하려고 노력했다. 하지만 김 행장 퇴임 후엔 그 절차가 제대로 지켜지지 않았다.

이런 상황에서 국민은행은 오목교 지점 500억원 횡령 등 금융 사고도 수시로 벌어졌고 대응도 아쉬웠다. 수습 과정에서 국민은행은 한 컨설팅사 용역을 통해 현금 출납 담당자와 지출 품위 담당자를 분리(SOD·segregation of duty)하는 내부 통제 강화 방안을 실시했는데, 결과적으로 인력 부담만 키우는 일이 되고 말았다. 담당자를 구분해 서로 견제하자는 전략이었는데, 결과적으로 내부 통제 인력이 더 필요해진 만큼 추가 채용을 해야 했고 관련 계약직의 정규직 전환까지 실시되면서 몸집만 더 무거워졌다. 여기에 업무 분화로 조직 효율성은 더 떨어지게 됐다.

은행장은 아니지만 5년 만의 귀환

2008년 9월 국민은행을 중심으로 8개의 계열사가 한데 모여 KB 금융지주가 출범했다. 이후 KB생명(2009년), KB국민카드(2011년), KB저축은행(2012년) 등이 설립되며 외양적으로는 종합금융그룹 틀을 갖춰갔다.

KB금융지주는 출범 시기 선택이 아쉬웠다. 곧 글로벌 금융위기가 닥친 것이다. 주가 방어를 위한 자사주 매입과 매수청구권 행사에 대한 대응으로 KB금융지주는 출범부터 상당한 내상을 입었다.

KB금융지주가 출범하면서 KB는 회장-행장으로 이어지는 지배구조가 만들어졌는데, 역대로 KB 회장은 명예롭게 물러난 사례가 별로 없었다. 황영기 초대 회장의 경우 우리은행장 시절 벌어진 파생상품 투자 손실이 뒤늦게 문제되면서 KB 회장에서 불명예 퇴진했다.

그 뒤를 이은 사람이 2001년 7월 취임한 어윤대 회장이었다. (참고로 KB금융지주 역대 회장은 ▲1대 황영기(2008년 9월~2009년 9월) ▲2대 어윤대(2010년 7월~2013년 7월) ▲3대 임영록(2013년 7월~2014년 9월) ▲4대 윤종규(2014년 11월~2023년 11월) ▲5대 양종희(현재)로 이어진다.) 어윤대 회장 측은 취임 후 곧 윤종규 당시 김앤장 고문에게 연락을 해왔다. 한 번 만나자는 것이다. 윤 고문은 '은행장' 영입 제안이 있는 것으로 생각했다. 당시 어 회장이 본인과 보조를 맞출 신

　　　　　　　　　　　　　　　　　　　　담대하고 끈덕지게

임 은행장을 찾고 있었기 때문이다.

윤 고문은 바로 김앤장에 통보했다. 은행장으로 돌아가고 싶다고 했다. 하지만 여기저기 상황을 체크한 김앤장의 조언은 "(원하는 대로) 쉽지 않을 것 같다. 이대로 머물러 있는 게 좋겠다"는 것이었다.

그래도 윤 고문은 어 회장을 만나 보기로 했다. 롯데호텔이었다. "여러 사람에게서 좋은 얘기를 많이 들었어요. 좀 도와줄 수 없나요?" "기회만 주신다면 당연히 회장님을 도와 일을 하고 싶습니다." "답변 감사해요. 은행장도 고려해보겠으나, 여의치 않은 경우 지주회사 CFO로서 도와주시면 고맙겠습니다."

김앤장의 예측이 맞았다. 실망한 윤 고문은 "은행장이 아니면 생각이 없다. CFO는 이미 했다"고 잘라 말했다. 어 회장은 "예전에는 은행 CFO였지 않느냐. 지금은 그룹 전체를 관리하는 지주사 CFO다. 위상이 다르다"고 설득했다. 하지만 윤 고문은 "당시 은행은 지주회사 체제만 아니었을 뿐 지금 지주사와 위상이 다르지 않았다. 저는 은행장으로서 회장님을 보필하고 싶지, CFO는 생각이 없다"며 자리를 일어섰다.

한번 만남으로 끝나지 않았다. 다시 만나자는 연락이 왔다. 두 번째 만남에서 어 회장은 "윤 고문이 KB를 5년 이상 떠나 있었음에도 직원 설문조사에서 폭넓은 지지를 받는다는 얘기를 최근 들었다"며 놀라움을 표시했다. 하지만 이번에도 어 회장은 은행장 영입은 여의치 않다며 지주사 CFO를 요청했다.

실망감이 컸지만, 실은 윤 고문도 속으론 '다른 생각'이 들고 있었다. 두 가지였다. 첫째는 여기서 거절하면 공백 기간이 너무 길어질 것이란 걱정이었다. 2004년 은행 CFO에서 물러나 이미 5년 넘는 시간이 흐른 상태였다. 그 사이 나이는 55세를 넘어섰다. 지금 은행에 돌아가지 않는다면, 또 언제 기회가 올지 모를 일이었다. 둘째로 현직에 복귀하는 것 자체가 징계로 상처 입은 명예를 회복하는 일이 되는 것일 수 있겠다는 생각이 들었다.

윤 고문은 여지를 남기기로 했다. "지난번엔 그렇게 말씀을 드렸지만, 한 번 더 생각을 해보겠습니다. 시간을 얼마나 주실 수 있습니까?" "오늘이 목요일이군요. 다음 주 수요일까지는 답을 주시면 좋겠습니다."

윤 고문은 곧바로 김정태 전 행장을 찾아갔다. 전에 모셨던 사람의 재가를 받는 게 도리라 생각했다. 예상대로 김 전 행장은 은행장이 아닌 CFO로 돌아가는 데 부정적이었다. 김 전 행장을 설득하기로 했다.

"현재 KB가 많이 흐트러져 있는 상황입니다. 제가 돌아가면 할 일이 많을 겁니다. 다행스럽게도 은행의 기본 체계는 5년이 흘렀지만 제가 아는 기본 내용과 크게 달라지지 않았을 겁니다. KB의 문제를 치유하는 데 제가 누구보다도 적임자라는 걸 잘 아시지 않습니까."

그래도 김 전 행장의 대답이 없자, 윤 부행장은 좀 더 결의에 차 얘기했다. "맞습니다. 제 자존심에 좀 차지는 않습니다. 다시 CFO로 돌아가는 게 마음에 썩 들지 않습니다. 하지만 제가 금융계로 다시 돌아가려면 지금이 타이밍인 것 같습니다. 이걸 놓치면 또 기회가 올까 의문입니다. '백의종군'하는 기분으로 맨땅에서 다시 시작

해 보겠습니다." 그제서야 김 행장은 "그런 생각이라면 할 수 없겠
다"고 답했다.

그날 저녁 윤 고문은 바로 어 회장에 "CFO로 돌아가겠다" 연락
했다. 임직원 단합대회를 마친 후 회식 중이던 어 회장은 상기된 목
소리로 환영했다. 다음 날 윤 고문은 김앤장 사무실에도 "KB에 돌
아가겠다"고 통보했고, 사무실은 "썩 내키지는 않지만, 이미 결심을
내렸으니 어쩔 수 없다. 잘 되기 바란다"고 답했다.

2장.
뱅커의 덕목, 단호함

리딩뱅크를 뺏긴 KB

최고재무관리자(CFO)와 최고위험관리자(CRO)를 겸임한 '부사장'으로 복귀했다. 윤종규 부사장이 KB를 쭉 살펴보니, 상처를 많이 입은 상황이었다. 전임 회장과 행장 사이 갈등이 있었고, 대규모 투자 손실 문제도 있었다. 그 사이 은행 위상은 많이 떨어져, 신한에 리딩뱅크 자리를 내주고 있었다.

KB의 당기순이익은 2009년 기준 5400억원으로 신한(1조 3050억원)에 크게 못 미치는 것은 물론, 우리(1조 0260억원), 하나(3060억원)에도 처지거나 비슷했다. 주식시장에서 시가총액은 2010년 초부터 신한에 역전된 상태였다. 2010년 연말 기준 KB의 시가총액은 23.2조원으로 신한(27.4조원)보다 4조원 가까이 작았다. 시장에선 은행업이 신한과 나머지로 재편되고 있다는 평가까지 나오고 있었다. 윤 부사장이 부행장으로 있던 2003년엔 KB의 총예금 시장점유율이 24.5%로, 신한(14.5%)을 크게 앞질렀던 것을 감안하면 충격적인 현실이었다.

KB는 자산 건전성에도 3가지 문제를 안고 있었다. 첫째, 자산 확대 경쟁 과정에서 중소기업 대출을 급격히 늘리며, 신용등급 A가 안 되는 B 등급 기업에 대한 대출이 급격히 늘어난 상태였다. 신용등급이 열악한 기업에 대한 대출이 급증해 있는 것이다. 둘째, 조선, 해운, 건설 등 위험 업종에 대한 대출이 급증해 2008년 금융위기를 전후해 관련 대출이 대거 부실화된 상태였다. 셋째, 카자흐스탄 BCC 은행 투자에 실패해 거대한 부실이 잠재해 있었다.

상황 해결을 위해 윤 부사장은 부임 즉시 부실 규모 파악부터 했다. 부실을 정리하고 축소하기 위해 민낯부터 확인한 것이다. 첫 조치는 금리 결정 구조를 손보는 것이었다. 당시 국민은행의 금리 구조는 신용도가 높은 고객에게는 경쟁은행보다 높게, 신용도가 낮은 고객에게는 경쟁은행보다 낮게 적용하는 것이었다. 자칫하면 부실 위험이 높은 여신이 유입될 위험성이 컸고, 경쟁은행에 비해 우량 고객 비중이 낮을 수밖에 없었다. 윤 부행장은 불합리한 금리 구조를 손보면서, 대손비용을 반영한 영업점 평가를 통해 내실 있는 대출 영업을 유도했다.

다음으로 영업현장에 디마케팅 지침을 내렸다. 정상적인 상황이라면 은행들은 새 고객을 확보하는 직원에게 좋은 평가를 한다. 대출을 늘린 직원에 가점을 주는 것이다. 반면 '디마케팅'은 다른 은행에 대한 대환 등의 방식을 통해 부실 위험이 있는 대출을 밖으로 내보내는 활동을 뜻한다. 윤 부사장은 부실 위험이 있는 대출을 열심히 줄인 직원에게 가점을 주는 '디마케팅' 지침을 밝혔다. 부실 가능성이 있는 대출을 많이 줄인 직원을 우량 대출을 많이 늘린 직원과 동등하게 평가하겠다는 것이다. 고객 기반을 확대하는 마케팅과 반대 상황이다. 전체 차원에서 부실 대출을 내보내는 가장 확실한 방법은 금리 인상이다. 부실 가능성이 있는 기업이나 개인 고객에게 적용되는 금리를 높임으로써, 다른 금융회사로 갈아타게 하는 것이다. 윤 부사장은 대외적으로 보안을 유지하면서 반발이 없도록 조용히 디마케팅을 진행했다.

윤 부사장은 또 재무제표 의존도가 높은 심사 관행을 개선해 미래 현금흐름 비중을 높이도록 개선했다. 과거 재무제표만 보면 호황이었다가 업황이 나빠지는 기업에게 대출할 위험이 커진다. 반면 미래 현금흐름을 중시하면 이런 위험이 작아진다.

이미 부실이 커져서 받아줄 다른 금융회사가 없는 기업이나 개인에 대해서는 '프리워크아웃'을 실시했다. 상환 기간 연장, 일부 이자 또는 원금 탕감 정도로 살릴 수 있는 기업과 개인에 대해선 기회를 주는 것이다. 경우에 따라 부실기업에게서 전환사채나 우선주를 받고 원리금을 일부 탕감하는 방법도 병행했다.

그러면서 은행 자체적으로 대손충당금을 열심히 쌓도록 했다. 대출을 떼이는 등 손실이 예상되는 만큼 미리 현금을 쌓아 대비하는 것을 뜻한다. 실제 손실이 발생하면 대손충당금을 헐어 손실을 메

  담대하고 끈덕지게

구게 된다.

부실 조선사 처리 원칙

당시 금융계는 여러 부실 기업이 골칫거리였다. 윤 부사장은 부실 규모와 회생 가능성만 보기로 했다. 성동조선과 STX조선해양 처리 과정을 보면, 될 기업은 확실하게 도와주고 안 될 기업은 과감하게 정리하는 윤 부사장의 부실 기업 처리 스타일을 잘 알 수 있다.

성동조선의 경우 주채권은행인 수출입은행은 KB 등 다른 채권은행을 상대로 추가 대출을 강력 주문했다. 하지만 KB는 끝까지 반대했고, 결국 소송전까지 이어졌다. 당시 KB 분석에 따르면 성동조선에 대한 추가 대출은 더 이상 하면 안 되는 상황이었다.

윤 부사장이 성동조선의 회생 가능성이 낮다고 본 이유는 크게 3가지였다. 첫째, 성동조선을 실사한 안진회계법인과 삼정회계법인의 결과가 너무 달랐다. 안정적인 회사라면 회계법인이 달라도 결과가 하나로 모여야 하는데, 불안한 회사라 결과가 일치하지 않는다고 판단했다. 둘째, 성동조선은 부가가치가 떨어지는 전통적인 선박에 집중하고 있었다. 중국의 저가 공세를 막을 방법이 없어 보였다. 셋째, 지속 가능한 회생을 하려면 신기술 개발 등 투자가 필요한데 추가 대출을 해도 이는 불가능해 보였다.

성동조선은 은행권 추가 대출에도 불구하고 법정관리에 들어가면서 큰 피해를 남기게 된다. 반면 KB는 기존 대출을 손실로 확정하고 추가 대출에 참여하지 않은 덕에 손실을 최소화할 수 있었다.

STX조선해양의 경우 윤 부사장은 부실이 불거지기 시작하자 사전적으로 대출을 상환받는 전략을 썼다. 금리 인상 등 적극적인 대환 전략을 구사하면서, 만기가 돌아온 대출에 대해선 상환을 요구했다. 회사채 발행을 통해 채무를 상환하도록 압박하는 전략도 썼다. 그 결과 STX에 대한 KB의 대출 잔액은 5000억원에서 500억원까지 급감했다. 당시만 해도 STX의 회생 가능성을 긍정적으로 전망하는 곳이 있어서, 대출을 다른 은행으로 '내보내는' 것이 가능했던 덕이었다.

이런 움직임에 대해 STX는 KB에 '자사주 교환'을 제안한 바 있다. KB와 STX가 각자 가진 자사주를 맞교환해서, KB는 STX 주식을 갖고, STX는 KB 주식을 갖도록 하자는 것이다. 이에 대해 KB 내부에서 일부 긍정적인 견해가 있었지만, 윤 부사장은 강력하게 반대했다. 서로 좋은 회사가 아니면, 교환을 해선 안 된다는 주장이었다. 윤 부사장은 주식 교환을 막은 후 STX에 대해 끊임없는 유동성 점검, 핵심 자산 처분, 리스크 관리 체계 재편 등을 요구했고, 그런 요구가 받아지지 않았다는 것을 이유로 대출 만기 상환 등을 진행하면서 최종적으로 STX에 대한 대출 잔액을 5000억원에서 500억원까지 줄일 수 있었다. 남들이 '아직은 괜찮다'고 생각할 때 우리는 '아니야'라고 하면서 먼저 치고 들어간 결과였다.

이에 대해 당시 금융계에선 KB를 비판하는 시각도 있었다. 조금이라도 문제가 있다고 생각하면 익스포져(위험에 대한 노출)를 줄여버림으로써, 채권단으로서 의무를 다하지 않는다는 비판이었다. 하지만 결국엔 KB가 맞았다. KB가 회생이 어렵다고 본 기업들은 대

   담대하고 끈덕지게

부분 문을 닫거나 매각됐다.

도대체 이 은행을 왜 샀을까

윤 부사장은 국민은행의 오랜 골칫거리였던 BCC 처리에도 참여하게 된다. 취임 후 얼마 안 돼 카자흐스탄 일주일 출장을 다녀온 후 가장 먼저 든 생각은 '도대체 이 은행을 왜 샀을까'였다고 한다. 윤 부사장에 따르면 리테일 뱅크가 성공하기 위한 첫째 요건은 '인구'다. 인구가 많고 밀집해 있어야 지점 설치 등 투자 대비 은행 이용률이 올라가 수익성도 높아진다. 그런데 카자흐스탄은 땅이 넓고 인구는 적다. 지점 운영 효율성이 무척 떨어지는 것이다. 띄엄띄엄 읍 단위 별로 은행 지점을 둘 수는 없는 노릇이다.

윤 부사장이 점검하니 은행 인수 방식에도 문제가 있었다. KB가 자본금을 증자하는 방식으로 인수했다면, 그 자금이 은행에 들어가 쓰였을 수 있다. 하지만 KB는 기존 주주로부터 지분을 매입하는 방식으로 BCC를 인수했다. 인수 자금이 은행이 아니라 BCC 기존 주주의 주머니로 들어간 것이다. 그러면서 은행 가치 평가는 매우 높게 됐다. 무척 비싸게 싼 자금이 기존 주주 배만 불린 셈이 됐다.

마지막으로 의사 결정권을 KB가 가져오지 못한 게 문제였다. 현지 사정을 잘 아는 현지 경영진에 자율 경영권을 보장한다는 명목으로, KB는 BCC의 효율성을 개선할 기회를 놓치고 있었다. 인도네시아 BII를 인수할 때와는 정반대 상황이었다.

윤 부사장은 BCC 구조 개혁을 위해 경영진 교체 결정을 내렸

다. 지배 구조도 개선해 의사결정 체계를 바꾸고, KB의 경영 관여
도를 높였다. 하지만 이 정도로 BCC의 상황을 되돌리기는 어려웠
고, BCC는 계속 KB의 골칫거리가 되고 만다. 윤 부사장은 결국 아
무리 노력해도 BCC 정상화가 쉽지 않을 것이라 판단하고 BCC 투
자금액에 대한 감액손실을 결정하게 된다. 윤 부사장은 단기 성과
보다는 지속 가능한 기업가치 증진을 중시하는 스타일이다. 또 문
제를 뒤로 미루는 미봉책보다는 근본적 해결을 선호한다. 감액손실
결정은 그 기조에 의한 것이었다.

(윤 부사장은 이로부터 4년이 지나 회장 취임 후 BCC 매각 결정
을 내린다. BCC 회생을 위해 추가 증자를 해야 할 상황이 되자 아예
팔아 버린 것이다. 증자를 해서 턴어라운드가 되면 좋겠지만, 어렵
다고 판단해 매각 결정을 내리게 된다. KB가 BCC 지분을 매각해서
받은 대금은 1000억원이 채 안 된 것으로 전해졌다. 9541억원의 인
수 자금에 턱없이 못미치는 수준이다. KB는 그만큼 결손을 보게 됐
지만, 계속 붙들고 있느니 차라리 결손을 인정받고 세금이라도 아
끼는 게 낫다고 판단했다. 잘못 증자에 참여했다가, 보다 깊은 수렁
에 빠지는 것은 막아야 한다고 본 것이다. 판단은 맞았다. KB로부터
BCC 지분을 매입한 주체는 결국 2년 후 손실을 이기지 못하고 파산
한 것으로 전해진다.)

   담대하고 끈덕지게

3장.
혼돈에 빠져든 KB

끝내 성사되지 못한 메가뱅크

윤종규 부사장도 우리금융의 낮은 주가를 감안할 때 인수해볼 만하다고 생각했다. 주가가 장부가에 비해 훨씬 낮은 상황이라 우리금융에 충분한 충당금을 설정하더라도, KB의 전체적으로 ROE 개선과 기업가치 증대를 통해 주주이익에 기여할 수 있다고 봤다. 다만 이사회의 부정적 의견 등을 고려해 어 회장에게 신중한 검토와 추진을 건의했다. 크게 3가지 방향을 정했다.

첫째, KB금융지주와 우리금융지주를 합병해 하나의 금융지주를 출범시키고, 그 아래 KB국민은행과 KB우리은행으로 은행을 따로 두는 구조를 생각했다. 현대자동차와 기아자동차가 따로 있는 것과 비슷하다. 계열사는 상황에 따라 보유, 매각, 합병 등 처리 방법을 달리하기로 했다. 예를 들어 경남은행, 광주은행 등 지방은행은 적정한 구매자가 있으면 매각할 수 있다.

둘째, 정부가 우리은행 지분을 갖고 있으니, KB와 우리가 합병하면 정부가 합병 지주의 지분을 갖는 일이 벌어지게 되는데, 해당 주식을 의결권이 없는 우선주로 전환하는 것이다. 정부가 경영에 관여할 수 없는 구조로 만들어야 한다는 얘기다. 또 당시 우리은행 등은 정부 소유나 마찬가지라 감사원 감사를 받고 있었는데, 합병된 KB가 이런 감사를 받아서는 안 된다고 생각했다. 대신 일정 기간 내 정부에 지분 가치에 해당하는 금액을 상환하겠다는 입장을 정했다. 정부 간섭 없이 경영하면서, 정부는 빠르게 공적자금을 상환받을 수 있도록 하겠다는 것이다.

셋째, 국민은행과 우리은행이 IT 시스템을 공유하는 등 경비 절감 체계를 만들기로 했다.

어 회장과 윤 부사장은 이런 세 가지 틀 하에서 합병안을 검토하기로 하고, 완전한 합병안이 나오는 대로 이사회를 설득하는 타임라인 계획도 세웠다.

합병 계획은 곧 금융계에 화제가 됐고, 그 과정에서 자연스레 전체 금융산업의 그림도 그려졌다. 당시 산업은행은 민영화와 맞물려 소매금융으로 활발하게 진출할 때였다. 그러면서 HSBC 소매점포 인수가 추진됐는데, KB와 우리은행이 합병하면 남는 소매점포가 나오게 되고, 그걸 산업은행이 인수하는 그림이 나온 것이다. 경쟁력 수준에서 국민은행이나 우리은행의 소매 점포는 HSBC와 비

　　　　　　　　　　　　담대하고 끈덕지게

교하기 어려운 수준이다. 이런 전망에 따라 산업은행의 HSBC 소매점포 인수는 중단됐고, 산업은행은 KB-우리 메가뱅크 진행 상황을 지켜보게 됐다.

하지만 메가뱅크는 끝내 성사되지 못했다. 진행 과정에서 대선이 있었고, 진행을 하더라도 새 정부 검토 후 해야 한다는 정부 내 분위기가 형성되면서 결국 합병 논의는 없던 얘기가 되고 말았다. 합병에 대해서는 실무적으로 해결해야 할 쟁점들이 있었고 부정적 여론도 적지 않은데다 노조의 반대는 불문가지이므로, 정책 당국의 강력한 의지와 지원이 없으면 어려운 게 현실이었다.

메가뱅크 추진 중단은 어윤대 회장과 이사회 사이 의견 불일치에도 원인이 있었다. 어 회장은 강력 추진을 원했지만, 이사회는 메가뱅크에 회의적이었다. 윤 부사장이 지속적으로 이사회에 설명했지만, 수익성 측면에서 합병 효과가 의문이란 게 당시 이사회의 의견이었다. 덩치만 커질 뿐 효율성 떨어지는 공룡이 될 것이란 지적이었다. 이에 대해 윤 부사장은 "논의조차 안 하고 그만둘 건 아니다. 이사회에서 치열하게 검증할 만한 가치는 충분히 있다고 생각한다"고 설득했지만, 대선과 맞물려 없던 일이 됐다. 메가뱅크 추진은 지금 와서 보면 아쉽다는 시각이 있다. 국제경쟁력을 가진 은행을 탄생시킬 수 있는 기회였다는 것이다.

ING생명 인수 무산과 베이징 사태

메가뱅크 중단 이후 관심은 ING생명으로 집중됐다. KB 내에는 KB

생명이 있었지만, 방카슈랑스 관리 수준에 그치고 있었다. 이런 상황에서 ING생명이 매물로 나오자 KB는 매우 적극적으로 인수전에 뛰어들었다.

KB가 ING생명 인수에 성공하려면 이사회 승인이 필요했다. 그런데 이사회는 어 회장의 메가뱅크 추진 과정에서 어 회장에 대해 불만이 생긴 상태였다. 의견 불일치 문제도 있었지만, 이사회와 상의도 없이 우리금융이나 생명사 인수 등을 검토하면서 이사회는 뒤늦게 아는 모양이 됐다는 게 불만의 근원이었다. 결국 이사회는 ING 인수에 대해 '생명보험의 전망이 불투명한 상황에서 2조 7000억원의 가격이 너무 비싸다'는 이유로 강한 반대 의견을 제시했다.

CSO 주도로 진행되던 안건은 이사회와 불협화음 이후 윤 부사장 주도로 넘어왔다. 윤 부사장은 바로 이사회 설득에 나섰다. 이사회가 문제 삼은 생명보험 전망에 대해선 일본의 사례를 들었다. 일본은 이사회 지적대로 인구 감소 등으로 한국에 앞서 생명보험 시장이 위축됐다. 많은 회사가 파산하기도 했다. 하지만 좋은 보험사들은 더 성장했다. 성장의 축은 두 가지. 건강 관련 보험과 연금보험이었다. 이 분야에선 지속적인 성장의 기회가 있다는 게 윤 부사장의 설득 포인트였다. 특히 연금은 변액연금 등 상품을 기반으로 은행의 자산 운용 노하우를 키우는 데 기여할 수 있다. KB는 개인 자산 관리 역량 강화의 과제를 안고 있었는데, 연금보험이 강한 ING를 인수하면 시너지가 난다는 게 윤 부사장의 설명이었다. 연금에 역량이 있는 ING 생명과 한국에서 가장 고객이 많은 KB가 만

 담대하고 끈덕지게

나면 강한 시너지가 난다는 것이다.

2조7000억원의 가격에 있어선 낮춰보겠다고 제안했다. ING 측을 압박하면 가격 협상의 여지가 있다고 봤기 때문이다. 당시 ING는 자국에서 보험 부문 처분 시한에 몰리고 있었다. ING는 2008년 금융위기 직격탄을 맞아 자금난을 겪고 있었고, 보험 부문을 빠르게 처분해 자금난을 해결하라는 압박을 안팎으로 받고 있었다. 이런 ING의 처지를 잘 활용하면 가격을 깎을 수 있다는 게 윤 부사장의 생각이었다.

다만 어 회장은 윤 부사장의 가격 조정 시도를 불편해한 것으로 전해진다. 가격 협상이 어느 정도 이뤄진 상황에서 사외이사들의 의견을 들어주느라 시간만 끄는 일이 될 수 있다는 것이다. 윤 부사장은 어 회장을 설득했다.

"만일 KB가 물러나면 ING생명에는 두 개의 선택지가 남을 겁니다. 하나는 증시 상장, 남은 하나는 펀드에 매각하는 겁니다. KB 외에 금융사 중에는 마땅한 인수자가 없으니까요. 상장에는 오랜 시간이 걸리니 아마 펀드에 매각하게 될 겁니다. 펀드는 가격 깎는 데 선수들입니다. ING생명도 이 점은 충분히 알고 있을 테고, 그런 입장을 생각하면 우리가 보다 강하게 밀어붙여도 된다고 생각합니다. 2조원 아래 가격이 충분히 가능하다고 봅니다."

어 회장은 가격 조정을 허락했고, 1차 협상에서 2조2,500억원 대까지 가격이 내렸다. 윤 부사장은 2차, 3차 협상을 하면 2조원 아래 가격이 가능할 것이라고 어 회장에 보고했다. 동시에 윤 부사장은 이사들을 개별적으로 만나 1:1 설득도 했다. 안건 처리를 유보하고 좀 더 시간을 주면 몇 번의 재협상을 통해 가격을 떨어뜨려 보겠다는 것이다.

그런데 어 회장이 더는 기다리지 않았다. 2조 2,560억원이란 1차 협상 가격을 이사회 표결에 부쳐버린 것이다. 이에 대해 금융계에선 어 회장이 안건에 대한 이사들의 찬반을 지나치게 낙관적으로 보았거나 이사회와 어 회장 간 대립이 격화하면서 어차피 부결될 것, 그냥 던져진 것 아니냐는 분석이 나왔다. 가격 협상이 이뤄지는 동안 이사회와 어 회장의 갈등이 더 격화됐던 것이다.

윤 부사장은 나름 끝까지 중재 노력을 했다. 이사들에게 "결정 보류를 해주면 재협상을 완수하겠다"고 설득한 것이다. 하지만 이사회는 ING생명 인수 안건을 부결시켜 버렸다.

ING생명은 결국 MBK파트너스를 거쳐 2018년 신한금융에 3조 9000 가치에 매각됐다. 신한이 확보한 지분율은 59.15%로, 이를 위해 신한은 MBK에 2조 3000억원을 지급했다. 윤 부사장 주장대로 KB가 2조원 이하로 ING생명을 살 수 있었다면, 괜찮은 계약이 됐을 것이란 추정이 가능하다.

이 과정에서 터진 유명한 사건이 이른바 베이징 사건이다. KB경영진은 2012년 11월 중국 베이징 지점 관련 행사에 사외이사들과 동행했다. 경영진과 사외이사들이 다시 화합하자는 의도가 있었다. 하지만 의도와 달리 저녁 술자리에서 사건이 생기고 만다. 평소 술을 즐기지 않던 어 회장은 이날 따라 술이 다소 과했고, 이사회에 대한 본인의 섭섭한 감정을 그대로 노출했다. 좋은 금융그룹을 만들고 싶을 뿐인데 이사회가 도와주지 않고 있다는 것이다. 그러면서 술잔을 들고 있던 손을 테이블에 강하게 내리쳤는데, 술잔이 깨져 버리고 말았다. 파편이 주변으로 튀면서 술자리는 파장이 됐다.

사태 수습은 동석했던 윤 부사장 등 임원들의 몫이었다. 그나마 경영진에 호의적인 사외이사 한 명을 설득해 이사들을 진정시켜 달라고 요청했다. 또 현장에 있던 다른 직원들과 식당 관계자들에게도 절대 발설하지 말 것을 요청했다. 다행히도 이사들은 "취중에 벌어진 일이니 없던 일로 하겠다"고 약속했다.

하지만 비밀은 없었다. 사실은 새어나갔고, 언론에 대서특필되며 금융계를 떠들썩하게 했다. 금융당국 진상조사까지 받게 됐다. 사측의 무리한 이사회 장악 시도가 있는 게 아닌지가 조사 주제였다.

조직 재정비를 위한 임원 일괄 사표

극도로 혼란스러운 상황. 윤 부사장은 어수선한 조직을 일거에 정비하기 위해선 임원 일괄 사표가 필요하다고 판단했다. 일괄 사표를 어 회장에게 내고, 회장의 판단에 따라 조직을 재정비할 기회를 주자는 것이다. ING생명 인수 안건을 통과시키지 못한 것은 일차적으로 사외이사가 아닌 경영진 책임이고, 베이징 사건이 새어나간 것도 경영진의 책임이므로 그에 상응하는 조치가 경영진 전체에 있어야 한다고 봤다. 윤 부사장은 임원 전체를 설득했고, 외부에 알리지 않고 일괄 사표를 추진하기로 했다.

그런데 갑자기 금융당국에서 '일괄 사표 반대' 연락이 왔다. 임원진 내부에서 기밀로 추진하던 일이 금융당국 귀에 들어간 것으로,

일괄 사표 반대측 임원이 제보한 듯했다.

윤 부사장은 금융당국 호출을 받아 고위 관계자를 면담했다. "금융당국이 임원 사표 내는 것까지 일일이 관여를 하는 겁니까?" 금융당국 고위 관계자는 "경영 간섭을 하는 게 아니다. 일괄 사표는 안 된다. KB의 조직 안정을 위해 묵과할 수 없다"고 맞섰다.

윤 부장은 차분한 어조로 설명했다. "KB가 잘 운영되도록 하자는 뜻은 이해합니다. 하지만 생각해 보십시오. 우리는 ING 인수에 실패했고, 베이징 사건 보도로 조직이 뒤숭숭합니다. 조직이 흐트러졌으니 재정비를 하는 게 맞는다고 생각합니다. 그리고 그 결정권은 회장에 있다고 생각합니다. 사태를 어떻게 수습할지는 회장이 결정해야 할 부분이고, 임원들은 책임을 지는 자세를 가져야 하는 것 아닙니까? 그게 조직에 필요한 일 아니겠습니까? 이런 점에서 금융당국이 왜 이렇게 나서는지 저로서는 솔직히 의아합니다. 그리고 이렇게 금융당국이 의견을 밝힌 사실을 외부에 공표해도 되겠습니까? 다른 임원들도 알아야 하니까요. 그 점을 명확히 해주십시오."

결국 금융당국은 명시적인 반대 의사는 내지 않았고, 일괄 사표는 대부분 임원이 사표를 제출하는 선에서 진행됐다. 어 회장은 제출된 사표에 대해 전원 반려를 했고, 그렇게 내분 사태는 일시적이나마 수면 아래로 가라앉았다.

ISS 사태와 행장 도전 실패

이사회와 어 회장의 의견 대립은 결국 ISS 사태로 폭발하고 만다.

ISS 사태는 당시 KB 전략담당부사장이 일부 사외이사의 재선임을 막기 위해 미국의 주주총회 안건 분석회사인 ISS(Institutional Shareholder Services)로부터 '일부 사외이사를 재선임하지 말 것을 권고한다'는 의견을 받은 사건을 말한다. 그 부사장은 ING생명 인수 계약을 부결시킨 이사회의 결정이 '회사와 주주의 이익'을 훼손했다고 판단했고, 사외이사 교체가 필요하다고 생각해 이 같은 일을 했다. ISS의 의견은 법적 구속력은 없지만, 외국인 투자자들이 ISS의 의견을 참고하는 경우가 많아 영향력이 있었다. 이에 따라 ISS 의견 조회는 KB 경영진의 사외이사들에 대한 공격으로 해석될 여지가 있었다.

윤 부사장은 그 임원의 ISS 의견 조회 사실이 세상에 알려지기 전 먼저 알게 됐다. 깜짝 놀라 그 임원을 찾아갔다. ISS에 접촉한 적 있는지를 물었다. 그 임원은 '없다'고 했다. 윤 부사장은 "아니면 좋겠지만, 만일 접촉했다면 중단하면 좋겠다. 회장을 진정으로 돕는 방법이 아니다"고 했다. 이사회와 어 회장의 대립이 보다 심화될 수 있다는 것이다.

하지만 이후 사외이사 연임을 반대하는 ISS 보고서가 발표됐다. ISS 보고서에 따르면, 그 임원의 답변과 달리 KB와 ISS의 접촉은 사실이었다. 혼란은 불보듯 뻔했다. 큰 논란이 벌어졌고, 그 임원의 기대와 달리 주주총회에선 사외이사들 재선임안이 그대로 통과됐다. ISS 의견 조회가 소기의 목적을 달성하지 못한 채, 조직 분란의 계기만 된 것이다.

그러는 사이 어 회장의 임기 만료가 돌아왔다. 대결 상황은 일괄 사표 이후 일시적으로 가라앉은 것일 뿐 해소된 것은 아니었고 ISS

사태로 최악으로 치닫고 말았다. 이사회와 관계 복원 없이 회장 연임은 불가능했다. 결국 어 회장의 임기는 한 번으로 끝났고, 이사회를 거쳐 다음 바통은 임영록 회장이 이어받았다.

다음 관심은 누가 행장이 될지였다. 윤 부사장도 후보군에 들었지만, 행장 자리에 오른 건 이건호 행장이었다. 당시 8명 정도가 면접을 봤는데, 윤 부사장은 의례적인 질문만 받으면서 이번은 아니구나 직감했다고 한다. 그래도 차기 행장 발표일 일말의 기대는 했으나, 결과는 탈락이었다. 이후 자연스레 임기 만료로 연임 없이 부사장에서 퇴임하며 KB 2기를 마무리했고, 김앤장 고문으로 되돌아갔다.

KB엔 더 이상 미련을 갖지 말자

윤종규에게 KB금융지주 부사장 시절은 짙은 아쉬움이 남는 기간이다. 신한에 리딩뱅크 지위를 뺏긴 조직으로 돌아와 하고 싶은 일이 많았지만 임기 초반은 부실 대출 해결에 대부분 시간을 써야 했고, 임기 후반엔 메가뱅크 추진과 ING생명 인수 등 의욕적으로 추진했던 일에서 모두 실패했다.

윤종규는 임기를 마치면서 KB에 대한 마음을 접기로 했다. 'KB는 이제 미련을 갖지 말자. KB에 대한 사랑은 할 만큼은 다 했다.' 그가 2번째로 은행 문을 나서면서 마지막으로 한 결심이다.

그런데 윤종규의 마음 정리와 달리 KB와 그의 관계는 끝난 게 아니었다. 2014년 KB는 물론 금융계 전체를 강타한 이른바 KB 사태

담대하고 끈덕지게

가 터진 것이다. 임영록 회장과 이건호 행장은 시작부터 생각이 달라 충돌 여지가 컸던 것으로 전해진다. 서로 공감대가 부족하던 상황에서, 전산 시스템 개편이 갈등 촉발의 결정타가 됐다.

당시 금융계 전산 시스템은 IBM과 유닉스가 양분하고 있었다. 전산 시스템은 보통 10년 정도 주기로 개편하는데, 기존 쓰던 것을 업그레이드하거나 다른 회사 시스템으로 교체하게 된다. 기존 KB는 IBM 시스템을 쓰고 있었다. 은행은 유닉스로 교체하는 데 많은 비용이 드니 IBM 시스템을 업그레이드해서 쓰자는 입장이었다. 이 입장은 어윤대 회장 시절 이미 만들어진 것이었다. 하지만 임영록-이건호 체제 출범과 함께 어 회장 시절 임원들이 대거 퇴직하면서, KB의 전산 시스템에 대한 스탠스는 애매해져 버리고 말았다. 이를 우려해 윤종규 부사장은 퇴임하면서 '전산 시스템 개편 문제가 이슈가 될 수 있으니 잘 처리하라'는 인수인계 보고를 남겼지만 제대로 전해지진 않았던 것으로 전해진다.

그러면서 KB와 IBM 간 계약 기간 만료가 다가왔고, KB금융지주는 유닉스 체제로 전환하자는 쪽으로 의견을 모으게 됐다. 반면 전산 시스템을 실제 쓰는 국민은행은 IBM 체제를 그대로 쓰자는 입장을 고수했고, 결국 유닉스 vs IBM이란 극심한 의견 대립 상태에 놓이게 된다. KB금융지주는 많은 금융사가 유닉스를 쓰는 만큼 유닉스로 가야 한다는 주장을 했고, 국민은행은 굳이 추가 비용을 들여가면서까지 시스템을 바꿀 필요가 없다는 주장을 했다.

사실 두 주장 가운데 뭐가 맞고 뭐가 틀린지 정답은 없다. 경영진의 판단과 합의의 영역이다. 하지만 이미 대립 상태에 있던 KB금융지주 회장과 국민은행장은 어느 한쪽도 물러서지 않았고, 자체 의견 조율이 안 되는 상황이니 금융당국이 감사를 해서 누가 맞는지 판별해 달라는 자진 감사 요청까지 하게 됐다. 이 과정에서 KB금융지주와 국민은행은 내밀한 정보가 대거 유출됐고, 언론을 통해 현장 중계되다시피 하면서 조직은 와해 상황에 이르게 된다.

결국 회장과 행장 모두 물러나지 않으면 안 될 상황이 됐고, 금융당국 중징계 이후 이사회 해임 및 자진 사퇴로 결론이 나고 말았다. 아직도 금융계에선 임영록 회장과 이건호 행장이 서로를 조금만 존중하고 배려하면서 협의했다면 사태 없이 넘어갔을 것이란 아쉬움이 있다.

4장.
끝내 꿈을 이루다

KB 사태로 다시 열린 도전의 기회

2014년 7월 금융계 사정에 밝은 한 인사가 윤종규 당시 김앤장 고문을 찾아왔다. 서울 정부청사 맞은편 김앤장 사무실이 있는 건물의 1층 스타벅스였다.

"요즘 어떻게 지내세요?"

"그럭저럭 잘 지냅니다."

"한가해 보이시네요. 그러고 계시면 어떡합니까? 준비를 하셔야죠."

"무슨 소리입니까?"

"답답하네요. KB 사태가 수습되지 않을 것 같습니다. 아마도 회장과 행장을 다시 뽑아야 할 것 같으니 그렇게 한가하게 계시지 말고 준비를 하세요."

당시는 KB 사태가 한창 진행되던 상황이었다. 그래도 금융계에 선 극적인 협의를 하면서, 파국에 이르진 않을 것이란 전망이 많던 때였다. 더구나 당시 윤종규는 'KB와 나는 더 이상 인연이 아니다' 는 체념을 하고 있었다. 그런데 준비를 하라니. 한 대 얻어맞은 기 분이었다. 윤종규는 곰곰이 다시 생각했다. 준비를 해서 나쁠 건 없 다는 생각이 들었다.

KB 재직 시절 '앞으로 행장이 되면 뭘 해야겠다'고 생각날 때마 다 기록하던 수첩을 꺼냈다. 이제는 판이 바뀌었다. 바로 회장이다. 수첩에 '내가 KB를 맡으면 뭘 잘할 수 있는지'를 정리했다. 그렇게 두 달여 개인적인 준비를 했고, 결국 KB는 파국을 맞아 새 회장 선 임에 들어가게 됐다.

회장이 되려면 두 가지 조건이 갖춰져야 했다. 첫째는 뽑는 사람 들의 지지를 얻는 것이고, 둘째는 바깥의 지지를 얻거나 최소한 방 해는 안 받는 것이다. 여기서 첫째는 이사회를 뜻하고, 둘째는 금융 당국 등 KB를 둘러싼 세력을 뜻한다. 첫째는 자신이 있었다. KB 재 직 시절 경험을 바탕으로 진솔하게 접근하면 승산이 있다고 판단했 다. 둘째는 하늘에 맡기기로 했다.

주변에선 말리는 목소리가 많았다. 누군가 정해진 사람이 있을 수 있다는 얘기였다. 어떤 후보는 이미 캠프를 차렸다는 얘기가 나 왔고, 또 어떤 후보는 본인이 속한 조직의 강력한 후원을 받고 있다 는 얘기도 나왔다. 가능성을 회의적으로 본 김앤장의 동료들도 만 류했다.

 담대하고 끈덕지게

윤종규는 얘기했다. "굉장히 어려운 도전인 것. 저도 압니다. 하지만 훗날 '그래도 그때 도전했어야 했는데' 후회는 안 하고 싶습니다. 해보고 안 되면 어쩔 수 없습니다. 저 때문에 누군가 피해 보는 사람만 없다면 도전해 보겠습니다. 해서 안 될 때 이후는 그때 생각하겠습니다."

후배들에게 부담이 될까 해서 캠프를 차리지 않았다. 확률이 높지 않으니 고군분투를 선택한 것이다. 필요한 자료가 있으면 개인적으로 친한 후배에 부탁하는 정도만 했다.

윤종규는 믿는 구석이 있었다. 최소한 최종 후보에는 이름을 올릴 수 있을 거란 자신감이었다. 외부에서 아무리 센 후보가 추천돼 온다 하더라도, 최종 면접에 들어가는 후보에서 내부 출신 인사를 뺄 수는 없고, KB를 두 번 거쳐간 본인은 내부 출신 인사로 분류될 것이라고 생각했다. 다행히 윤 고문이 KB를 떠나 있는 시간이 1년이 채 되지 않던 때였다. 윤 고문은 사외이사 대부분을 알고 있었고, 사외이사들은 자신에 대해 '본선에 올라갈 실력 정도는 된다'는 평가를 할 것이라 믿었다.

예상이 맞았다. 유력 후보로 거론되던 외부 인사들이 줄줄이 본선 명단에 이름을 못 올린 대신, 윤종규 이름은 최종 명단에 들었다. 분위기가 우호적이라 느껴졌고, 마음 한 구석 희망이 피어올랐다.

윤종규는 본인이 3가지 우위가 있다고 생각했다. 첫째는 이제는 똘똘 뭉쳐야 한다는 직원들의 열망이었다. 내부 출신인 본인이 유리하다고 생각했다. 둘째는 누가 사태 수습을 잘할 수 있는 사람인가였다. 누구보다 자신있다 생각했다. 셋째는 속도감이었다. 누구에

게도 빠른 실행력에서 뒤지지 않을 자신이 있었다. 이를 면접에서
확실히 어필하기로 했다.

12년 만에 이룬 필생의 꿈

예상 질문은 크게 4가지로 방향을 잡았다. 첫째, KB 사태로 드러난
문제를 어떻게 해결할지. 둘째, KB를 앞으로 어떻게 성장시킬지. 셋
째, 윤 회장 개인에게 제기될 수 있는 이슈, 이를테면 '금융회사의
수장으로서 경영해 본 경험이 없다', 'KB 재직 경험이 두 차례 있지
만, 정통 국민은행 출신은 아닌데 내부 출신이라 할 수 있느냐', '회
계 전문가이지 경영 전문가는 아니잖느냐'. 넷째, 회장이 되면 조직
을 어떻게 융합하고 직원들의 사기를 진작시킬지였다.

윤종규는 예상 질문의 큰 줄기를 뽑은 다음 세부 질문과 답변을
만들어 KB 사정에 밝은 지인 두 사람에게 감수를 맡겼다. 실제 해
당 질문이 제기될지, 그에 대한 답변은 적절한지를 검토했다. 지인
들은 윤 회장의 예상 질문에 대한 답변을 보고 답변의 수위가 어떤
지, 어떤 내용을 빼고 추가할지 등을 조언했다.

추가로 면접 시행 경험이 많은 한 교수에게서 답변의 기술에 대
한 조언을 얻었다. '말의 속도가 느리지 않은데, 경우에 따라 무게
감이 떨어지는 듯한 느낌을 줄 수 있다'는 지적을 받았다. 상대적으
로 천천히, 그리고 진중하게 발언하는 연습을 했다.

그렇게 답변의 톤앤매너를 정한 뒤 2014년 10월 20일 면접장으
로 향했다. 회장 선임 투표를 하게 될 KB 사외이사 9명 중 5명은

부사장 재직 시절 멤버라 일면식이 있었고, 4명은 퇴임 후 선임된 사람들이라 알지 못했다. 윤 고문은 면접 전 일면식이 있는 5명의 사외이사들에게 연락할지 고민했지만 하지 않았다. 굳이 득될 것이 없다고 판단했다.

그렇게 사전 접촉 없이 참여한 면접은 90분 정도 진행했다. 중간에 쉬는 시간 없이 밀도 높은 질의응답이 이어졌다. 다양한 질문이 쏟아졌고, 나름 확신에 찬 답변을 했다. 질문이 예상 범위를 크게 벗어나지 않았다. 촉박한 시간 제약으로 연습했던 것과 달리 때로 말이 빨라지기도 했지만, 최대한 생각을 요약해 진솔하게 답변했다.

부정적인 질문도 예상 범주를 크게 벗어나지 않았다. CEO로서 경험이 없다는 지적에 대해선 다음과 같이 답했다. "좋은 지도자는 기회를 잘 활용하는 사람이라고 생각합니다. 처음부터 경험했던 사람은 아무도 없습니다. 잠재력 있는 사람에게 기회를 주는 게 여기 계신 이사님들이 하셔야 할 일이고, 그런 역할에 대해 충분히 알고 계시기 때문에 저에게 여기까지 기회를 주셨다고 생각합니다."

수긍할 수 없는 질문엔 단호하게 입장을 밝혔다. 면접 말미 한 사외이사가 "회장이 안 된다면 행장을 하는 건 어떻겠냐"고 질문하자, 오히려 되치기를 했다. "저를 뽑으시겠다면 행장을 겸임하는 회장을 뽑아 주십시오. 그래야 현재 벌어져 있는 극심한 혼란을 잠재울 수 있습니다. 이게 사태 해결의 핵심입니다. 회장과 행장을 다시 분리하는 순간 사태 수습은 속도를 잃고 시기를 놓쳐버릴 것입니다. 회장과 행장을 분리하겠다면 저를 뽑지 마시고, 겸임을 시키겠다면 저에게 기회를 주십시오."

그리고는 역설했다. "CEO가 얼마나 중요한지는 KB와 신한의 사례가 명확히 보여주고 있습니다. 2004년 KB의 시가총액은 13.6조였고, 현재는 14.9조로 10% 증가했습니다. 반면 신한의 시가총액은 2004년 7.2조였는데, 어제(2014년 10월 21일)기준 22.6조로 3배가 되었습니다. CEO와 조직이 혼연일체가 되어 달린 조직과 그러하지 못한 조직이 10년 후 얼마나 극명한 차이가 나는지 명확히 보여주고 있습니다. 저는 지주와 은행에서 일했고 재무, 전략, 리스크, 영업부문 등 대부분의 요직을 섭렵해서 내부 상황에 정통합니다. 또 직원들의 신뢰를 받고 있습니다. 지주와 은행의 불협화음을 최소화하고 은행내 채널 갈등을 해소해 누구보다도 KB를 빨리 정상화시킬 수 있다고 감히 말씀드립니다."

면접을 마치고 그에 대해 3가지 피드백이 나왔던 것으로 전해진다. 첫째는 다른 후보들에 비해 갖고 있는 정보의 양이 2배는 되는 것 같다는 평가였다. 정해진 시간 내 답변의 양이 그만큼 많았다는 뜻이다. 둘째는 굉장히 많은 준비를 했다는 것이다. 현상을 정확히 진단하고 비전과 과제를 설득력있게 제시했다는 평가가 나왔다. 셋째는 KB 금융의 과제와 비전제시가 일목요연했다는 것이다. 질의응답 과정에서 사외이사들 스스로 KB를 둘러싼 이슈에 대해 정리가 됐다는 소감도 나왔다.

면접이 끝나고 사무실에 도착하니 점심시간이 지난 오후였다. 떨리는 마음을 진정시킬 수 없었다. 헛일이 될 수도 있지만, 마음 안정을 위해 선임 소감을 썼다. 직원 사기, 고객 신뢰, 차별화 세 가지

   담대하고 끈덕지게

를 키 포인트 삼아 썼다.

오후 6시 정도 연락이 올 줄 알았는데, 6시 30분이 돼도 연락이 없었다. '이번에도 틀렸나' 체념하려던 순간 휴대폰이 울렸다. 김영진 사추위원장이었다. "축하합니다. 취임 준비를 해주십시오." 그렇게 꿈에 그리던 KB의 CEO가 되는 데 성공했다. 2002년 KB에 온 지 12년 만이었다. 옮길 때만 해도 3~6년이면 될 줄 알았던 자리. 천신만고 끝의 성취였다.

그는 감사기도를 드렸다. "하나님, 지나간 줄 알았던 기회를 다시 주셨는데, 그 뜻이 무엇이온지요?"

투표에서 윤종규는 총 9표 가운데 5표를 얻은 것으로 밝혀졌다. 과반수 득표를 한 것이다. 다만 당시 KB금융의 회장 선임 기준은 2/3 이상 득표였다. 딱 한 표가 모자라 2차 결선 투표를 한 끝에, 한 명의 사외이사가 윤종규 지지로 넘어오면서 6표 획득에 성공했다.

윤종규는 결선투표를 통과하기까지 KB 안팎 누구에게서도 전화를 받은 일이 없다고 했다. 대개의 은행 CEO는 어느 정도 내정된 후 면접과 투표는 요식인 경우가 대부분이다. 청와대의 누가 밀어서, 정권의 실력자 누군가 후원을 해서 되는 식이다. 한국 금융에서 면접을 잘 봤다는 이유로 회장이 되는 건 사실상 있을 수 없는 일이다. 그 일을 윤종규가 해냈다. 실력으로 꿈을 쟁취한 것이다. 지금도 그는 사외이사들의 결정에 감사해 하면서 이후 공을 그들의 덕으로 돌리고 있다.

3부

—

Bold Decisions
Tenacious Execution

—

1장.
1등 KB의 밑그림과 리더의 자격

KB금융지주 회장 정식 취임

선임 사실은 곧 언론에 알려졌고, 윤종규의 전화는 불이 나기 시작했다. 그는 기자들 전화는 안 받기로 하고, KB 홍보실에 '준비한 소감문을 보낼 테니 배포 준비를 하라'고 일렀다. 집 앞에 기자들이 진을 칠 것이 뻔해 집에는 들어가지 않기로 했다. 하룻밤을 호텔에서 묵을까 했으나 예약이 여의치 않았다.

서울 남산 근처에 있는 후배 집에서 하루 신세를 지기로 했다. 신문 마감이 끝난 자정 무렵 휴대폰을 켜니, 걸려온 전화와 메시지가 수백 통이었다. 일일이 답신 메시지를 하니 아침이 환히 밝아, 후배 집을 나섰다. KB금융지주 회장이 이 정도로 조심해야 할 자리인가 생각이 들 수 있지만, 당시는 KB사태 이후 뽑은 새 회장이란 상징성이 있었다. 어느 때보다 언론의 관심이 높았다.

다행히 아침 언론과 시장은 호평과 기대가 주류였다. 박근혜 정부 기간 이뤄진 인사 중 가장 잘 된 인사라는 평이 있기도 했다. 곧장 출근해 기자들 앞에서 소감을 밝히고, 회장 내정자 신분으로 인수인계에 들어갔다.

금융지주 회장 내정자는 취임 전 일종의 경영권 인수 기간을 갖는다. 통상 호텔을 사무실로 잡는 경우가 많은데, 윤종규는 서울 명동에 있는 KB금융지주 내 사무실을 쓰기로 하고, 내정자에게 지급되는 급여 등도 받지 않았다. 골프, 언론 인터뷰, 사외 강의를 하지 않는 것에 대해 대외적으로 양해도 구했다. 회장과 행장을 겸임하는 업무 부담에 따라 시간 확보가 필요했기 때문이다. KB금융지주 부사장에서 물러난 지 1년이 되지 않은 시점이라 특별히 파악할 현안은 많지 않았다. 오히려 해결 방안과 실행 역량으로 머리가 가득했다.

회장과 행장이 공석이었던 상태라 짧은 경영권 인수 기간을 마치고 내정자 신분에서 바로 업무에 들어가기로 했다. 취임 전 두 가지 일을 끝내기로 했다. 처음 한 일은 KB사태의 도화선이 된 전산 시스템을 어디로 할지 결정하는 일이었다. 회장을 대신하던 윤웅원 회장 대행과 행장을 대신하던 박지우 행장 대행을 호출해 전산 시스템 결정을 위한 근거 자료 재검토를 요청했다. 윤종규의 생각은 IBM 체제로 유지하되, 값을 떨어뜨려 장기 계약을 하는 것이었다. 장기적으로는 기존 시스템을 유지하면서 향후 클라우드 등 오픈 시스템으로 전환하자는 포석도 들어 있었다. 윤종규는 한 달 내 마무리를 주문했다.

의도는 적중했다. 자칫 계약을 잃을 수도 있었던 IBM은 기존보다 불리한 계약안을 받아들였다. 후속 절차는 일사천리로 마무리됐고, 10년의 장기 계약이 체결됐다. KB를 격량으로 몰아넣었던 전산 시스템 교체가 결국 경비 절감으로 귀결된 셈이다.

두 번째 한 일은 직원이 체감할 수 있는 비전을 제시하는 것이었다. 윤종규는 각 부서로부터 현안 보고를 받은 뒤, CFO 시절부터 틈날 때마다 10년 넘게 정리했던 수첩을 실무진에게 전달했다. 리딩 금융 그룹이 되기 위해 추진해야 할 과제와 추진 방안이 나열돼 있었다. 직원 사기 진작, 고객 신뢰 회복, 장기 경쟁력 제고의 세 가지 부문에서 본인이 정리한 생각을 바탕으로, 바로 실현할 수 있는 비전 실천 방안을 만들라고 주문했다. 그 방안은 취임 후 첫 번째 액션 플랜의 골간이 될 것이라고 당부했다.

넘버원 KB, 1등 KB人

KB의 상황은 녹록지 않았다. 만신창이란 표현이 어울렸다. KB를 둘러싼 금융 환경은 글로벌 금융위기 이후 불안정한 상황이 이어지고 있었고, 직원들의 사기 저하와 고객 신뢰 상실이 겹쳐 있었다. 서비스 면에서는 차별성이 부족했다.

금융계에선 윤종규를 새 선장으로 맞이한 KB에 대해 크게 3가지 의심을 했다. 찢기고 갈라진 KB의 내홍은 정말 수습 가능한지, 새 경영진과 이사회의 갈등 등 다른 불안 요소가 부각되는 것은 아닌지, 한없이 추락한 경쟁력은 회복 가능한 것인지였다. 이런 의심에 대해 윤종규는 직원들의 자긍심을 어떻게 회복할지, KB 고유의 차별성을 어떻게 부각할지를 고민했다. 이 고민들을 해결할 수 있다면 금융계의 KB에 대한 의심도 거둬질 터였다.

2014년 11월 21일 윤종규는 KB금융지주 회장으로 정식 취임했다. 취임하면서 그가 밝힌 비전은 명료했다. 리딩금융그룹, 1등 KB가 되겠다는 것이다. 1등이 되면 사람들은 'KB가 최고', '한국의 리딩'이란 인식을 하게 되고, KB인(人)이 업무상 느끼는 뿌듯함과 자긍심이 커진다고 했다. 또 고객 신뢰가 형성되면서 고객 선택을 받을 가능성이 높아지고 위상이 확고해지는 효과도 생긴다. 1등을 하면 거래 업체도 줄을 선다. 예를 들어 핀테크 업체가 뭔가 개발했다면 당연히 1등 은행부터 접촉할 것이고, 1등 은행은 그렇게 모인 정보로 모든 시장을 선점할 수 있게 된다. 시장의 핵심 정보를 바탕으로 'First Mover'로서 시장을 주도할 수 있는 것이다. 변화에 탄력적으로 대응하고 한 발 앞서 새로운 기회를 발굴해 차별성을 높여 나갈 수도 있다. 조달비용 등 재무적인 부분에서도 경쟁우위를 갖게 된다.

전사(戰史)나 기업경영사를 보면 원래 강했던 시장을 잃은 상태에서 원정을 나가 성공한 케이스는 거의 없다. 본성(本城)이 튼튼해야 원정에서 실패하더라도 보급품을 계속 보내 줄 수 있다. 잠시 지지부진 하더라도 그것을 견뎌내며 뚫고 나갈 힘이 생기고, 최악의 경우엔 다시 돌아올 수도 있다. 그래서 우선은 KB국민은행이 리딩뱅크로 돌아와야 했다. 그룹의 자산과 이익에서 은행이 차지하는 비중이 압도적인 상황이라 KB국민은행의 리딩뱅크 복귀는 더욱 절실했다. 그래야 자연스럽게 1등 금융그룹의 위상을 되찾고 글로벌 경쟁도 가능해진다고 봤다.

윤 회장은 구체적으로 3년 안에 KB국민은행을 리딩뱅크로 만들고, 그 다음 3년 안에 KB금융그룹을 리딩 금융그룹으로 만들고, 그 다음 3년 안에 'Asia Regional Leading Banking Group', 즉 '아시아 지역 선도 금융그룹'의 일원이 되겠다는 목표를 제시했다. '리딩 금융그룹, KB넘버원, 1등 KB人'으로 요약되는 목표는 이뤄지는 순간 KB에 대해 업계와 시장이 가지고 있던 세 가지 의심을 해소할 수 있는 비전이었다.

그러나 한번 1등을 하던 기업이 그 1등을 뺏긴 후 다시 복귀하는 것은 말처럼 쉽지 않다. 맥주의 OB, 가전의 LG 등 사례는 부지기수로 많다. 과거 1등 기업들은 상당한 연륜과 규모가 있고, 조직만의 관성과 타성과 습속과 문화가 있다. 이를 타파하고 개선해 1위로 복귀하는 것은 새로운 조직이 1등에 도전하는 것 못지않게 어렵다. 특히 KB는 10년 이상 위상이 약화돼 온 상황이었다.

그래도 다행인 건 윤 회장의 CFO 재직 시절과 비교해 그룹의 기본 틀이 달라져 있진 않았다는 것이었다. KB사태로 흩어져 있던 조직 융합만 잘 된다면 곧 정상궤도로 돌아올 수 있다고 봤다. 윤 회장은 직원들에게 "중장기의 긴 호흡을 갖고, 담대하고 끈덕지게 추진해가자"며 "쫓아가는 일은 힘들지만, 한번 1등이 돼 앞서가면 같은 거리도 힘들지 않다. 이왕이면 조금 더 노력해서 1등 프리미엄을 누리자"고 호소했다. 또 취임사 등을 통해 '화이부동'(和而不同)을 강조했다. 각자 생각은 다를 수 있지만 화목하고 단합하자는 뜻으로 내부 단결을 양보하고 배려하는 마음가짐을 갖자는 메시지였다.

이런 뜻에서 내부모임에선 종종 '모바일'이라는 건배사를 했다. 디지털 경쟁력의 핵심인 모바일의 차별적 경쟁력을 강조하면서, KB인 (모)두가 (바)라는 (일)등이라는 뜻도 담은 중의적 의미였다.

회장과 행장을 겸임한 이유

가장 중요한 은행장 자리는 면접에서 밝힌 대로 윤 회장이 겸직하기로 했다. KB 사태 충격에서 벗어나려면 조직 화합이 시급한데, 이를 위해서는 충돌을 원천 봉쇄할 강력한 리더십이 필요하다고 봤다. 비용 측면에서도 유리했다. 회장과 행장의 연봉은 각각 수십억 원에 달하는데, 겸직을 하면 한 사람의 급여를 아낄 수 있다.

다만 겸직을 계속할 수는 없었다. 내부 체계 정비가 완료되면, 승계 구조를 통해 은행장을 별도로 두겠다고 결정했다. (윤 회장은 당초 2년 겸직 계획을 세웠다가 실제론 3년 간 겸직을 했다.) 지금도 윤 회장은 은행이 안정돼 있지 않다면 회장과 행장을 겸직하는 게 낫다고 생각한다. 권력을 독점하겠다는 욕심만 부리지 않는다면, 빠른 결정과 판단으로 조직을 조기에 안정시킬 수 있는 지배구조가 겸직 체제란 것이다. 겸직 결정 당시 국민은행 노조도 꽤 협조적으로 나왔다. 조직을 조기에 안정시키는 데 임기 초 노조가 기여했다는 게 시장의 평가다.

　　　　　　　　　　　　담대하고 끈덕지게

겸인을 결정한 이후 첫 번째 액션플랜은 합리적인 인사였다. 금융계의 3가지 의심에 답하기 위해 누구나 수긍할 수 있는 임직원 인사부터 필요하다고 생각했다. 일단 취임 후 바로 전체 인사를 내지 않고 한 달여 남은 연말까지 시간을 두기로 했다. 직접 보좌하는 비서실 인원까지 바꾸지 않고, 연말까지 모든 자리를 그대로 유지했다. 윤 회장이 조직 전체 인사를 파악할 수 있을 때까지 모든 사람을 그대로 쓰는 게 조직의 안정에 낫다고 판단했기 때문이었다. 우선 조직 수습부터 한 뒤 연말에 쇄신 인사를 해서 2015년 1월부터 환골탈태해 새 출발하자는 구상이었다. 여기에 본인이 10월에 선임된 것도 고려했다. 4분기가 진행 중인 상황에 회장이 됐으니, 4분기를 최선을 다해 마감하고 그 결과까지 반영해 인사를 하겠다는 것이다.

윤 회장은 계열사 사장과 주요 임직원을 불러 강한 어조로 당부했다. "각자 연임을 바라시지요? 지난 KB 체제 마감을 최대한 깔끔하게 해야 합니다. 그게 여러분들 연임의 가장 빠른 길입니다."

임원 인사의 원칙

윤 회장은 계열사 임원 인사를 위해 3가지 큰 줄기를 잡았다. 첫째는 KB금융의 현재와 미래를 위해 가장 이상적인 인적 구성은 무엇인가, 둘째는 현재 임원 가운데 사임시켜야 할 사람은 누구인가, 셋째는 현재 임원 가운데 꼭 임기를 연장해야 할 사람은 누구인가였다.

여기에 KB 사태와 관련한 금융당국 등의 의견을 고려하지 않을 수 없었다. KB에 꼭 필요한 사람이지만 감독당국 등이 내보냈으면 하는 경우가 있을 수 있고, 반대로 금융당국 등이 선임을 요구하지만 절대 써서는 안 되는 사람이 있을 수 있다. KB 사태의 여진이 아직 남아 있는 상황에서 감독당국 등의 의견을 마냥 무시할 수는 없었다. 과거 그와 김정태 행장이 중징계를 받은 이유 중 하나도 감독당국 등의 인사 관련 요청을 무시한 데 있었다. 인사 요청 무시를 시작으로 감독당국 등에 미운 털이 박히면서 사안의 중대성 이상으로 강한 징계를 받았다는 게 금융계 안팎의 분석이었던 것이다. 이후 '하나를 양보하면 큰 틀에서 이길 수 있다'는 교훈을 얻었던 터였다. 특히 윤 회장 선임 당시 금융당국은 적잖이 당황했던 것으로 전해졌다. 그들의 예상과 다른 결과였기 때문이다. 윤 회장 입장에선 금융당국과 원만한 관계로 시작해야 하는 과제가 있었다. 이런 상황에서 당시 언론 보도들에 따르면 KB금융지주 사장, 국민은행 감사 등 자리에 특정인을 보내려는 강한 압박이 있었다. 하지만 윤 회장은 한 번 양보하기 시작하면 끝이 없다고 판단했다. 원칙과 기준을 세우고 '지켜야 할 큰 틀은 반드시 지키자'고 생각했다.

개혁 수준의 인사 원칙 정립이 필요했다. 역량과 성과에 의한 인사 원칙을 천명하고 '청탁하는 사람은 반드시 기록하고 불이익을 주겠다'는 것을 분명히 했다. 이는 회장 추천 확정 후 사무실 앞에서 기다리던 기자들에게 가장 먼저 밝힌 이야기이기도 했다. 윤 회장은 또 투명성과 공정성을 강조하면서 직원들에게 '본인의 역량을 발휘해 성과를 내는 데 집중하라'는 메시지를 반복적으로 냈다. 또 금융당국 등에 '의견을 참고는 하겠지만 원칙과 기준은 지키고 싶

 담대하고 끈덕지게

다'는 메시지를 전달했고, 원칙과 기준을 지키기 위해 '뱀처럼 지혜롭게, 비둘기처럼 순결하게 해야 한다'면서 안간힘을 썼다.

그렇게 첫 번째 계열사 CEO와 임원 인사를 매듭지었다. 기존 CEO와 임원 중에 조직 통합에 필요한 사람이라면 연임을 통해 다시 기회를 주고, 나머지는 쇄신했다. 윤 회장은 새로 선임된 경영진들에게 KB의 전체 전략 방향에 맞춰서 제대로 된 인사 원칙을 세우라고 강조했다. 이후 있을 인사를 그 원칙에 따라 하겠다는 것이었다. 일부 논란이 있을 수 있는 인사들에 대해선 철저한 본인 단속을 요구했다. 여러 가지로 주목의 대상이 될 수 있는 만큼 더 높은 자리에 대한 욕심을 내선 안 되며, 회장과 운명 공동체로서 오로지 조직을 위해 헌신하라는 메시지였다. 그리고 오해를 초래할 언론 등 대외 활동은 되도록 삼가 달라는 요구도 했다.

인사 원칙의 정립과 실행에 대해 윤 회장 스스로 '최선을 다해 외풍을 차단하고 인사 청탁에 대한 우려를 잠재우면서 KB의 과거 폐습을 타파하기 위해 노력했다'고 평가한다. 그 과정에서 개인적으로 본인과 가족에 대한 세무 조사 등 불이익을 감수한 것으로 전해진다.

KB의 전략 방향과 1등의 정의

회장으로서 첫 번째 경영진 선임을 매듭짓고, 가장 먼저 한 고민은 '어떻게 성장 동력을 찾을까'였다. 우선 임직원 사기 진작이 필요하다고 판단했다. 윤 회장은 전국을 누비며 직원을 독려하기 위해 애쓰면서, 직원들의 열망을 고취할 수 있는 명확한 비전과 전략 방향을 제시하기로 했다. 우문현답을 내세우면서 영업 일선의 의견을 적극적으로 들어 반영했고, 본부 조직은 영업 지원에 매진하도록 독려했다. 모든 것을 고객 중심으로 생각하고 행동할 것도 주문했다.

새해가 되면서 그룹 전체 경영 전략 회의를 열었다. 윤 회장은 그간 생각해온 경영 전략 방향을 직접 프리젠테이션했다. 모두가 비전을 공유하면서 회사가 어디로 가야 하는지 방향을 알려주는 목적이었다. (KB는 지금도 상하반기 두 번의 경영 전략 회의를 하고 있다. 윤 회장은 재임 기간 계열사 별로 타운홀 미팅도 자주 갖기 위해 애썼다. 최대한 자유로운 분위기를 연출해, 윤 회장이 직원 질문을 받아 즉석에서 답변하는 방식으로 진행했다. 목표는 그룹 전체 비전의 공유였다. 화상 미팅으로 하는 e-소통 라이브, 점심 도시락 미팅 등 소통 노력도 했다.)

이 자리에서 윤 회장은 "경영진은 같은 생각을 공유해야 한다. 토론과 협의를 거쳐 모두가 동의하는 중장기 전략을 만들자"는 메시지를 냈다. 새해 일성으로 One KB, One Firm의 조직 통합을 강조한 것이다.

경영 목표도 제시했다. 당시 KB금융그룹 이익력은 연간 1조 4000억원에 불과했다. KB의 고객 기반을 생각하면 턱없이 적은 수준이었다. 윤 회장은 은행이 3조원 이상 해주고 은행을 제외한 비(非)은행이 2조원 정도 이익을 올리면 금융 그룹 전체로 5조원 이상 이익을 올릴 수 있다는 목표를 제시했다. 그러면 ROE(자기 자본 대비 이익률) 10% 이상이라는 괜찮은 은행 그룹의 구조를 갖출 수 있다는 게 윤 회장의 비전이었다.

    담대하고 끈덕지게

이를 위해선 체질 개혁이 급선무라고 강조했다. 4%에 불과한 ROE를 두 배 이상으로 높이려면, 비용과 수익 모든 측면에서 근본적으로 혁신을 해야 하는 것이다. 개선 정도로는 원하는 목표를 이룰 수 없고, 완전히 바뀌어야 한다고 역설했다.

윤 회장은 전략을 설정하면서 1등의 정의를 새로 했다. 단순히 이익을 가장 많이 내거나, 자산 규모가 가장 크거나, 직원 수가 가장 많다고 해서 1등이 되는 것이 아니라고 천명했다. 고객의 신뢰를 가장 많이 받고 가장 사랑받는 은행이 1등이라고 했다. 윤 회장은 리딩뱅크의 조건으로 두 가지를 제시했다. 첫째는 직원이 그 업계에서 리더가 되는 것이다. 1등 직원이 모여 있으면 저절로 1등이 된다고 했다. 입사했더니 훌륭한 선배가 있고, 어떤 부서에 가도 나보다 뛰어난 동료가 있고, 나중에 우리 아이도 저랬으면 좋겠다는 후배가 있으면 1등 조직이 된다는 것이다. 둘째는 정직하고 믿을 만한 직원이 주인의식과 전문성을 갖고 혁신적으로 일함으로써 고객의 신뢰와 사랑을 얻는 것이다. 그러면 친구나 가족에게 권유할 수 있는 은행이 되고, 저절로 많은 고객이 모이면서 진정한 1등이 된다고 강조했다.

윤 회장은 1등이 되려는 팀은 반드시 그 팀만의 핵심 가치를 가져야 한다고 생각했다. 그가 핵심 가치를 통해 지향한 바는 '지속 가능한 성장'이었다. 무리를 해서 1년 성적이 좋은 것은 의미가 없다. 올해 뿌린 씨의 열매는 한참 뒤에야 맺힐 수도 있다. 당장의 성과가 없더라도 미래를 위해 씨를 뿌리는 경영을 해야 한다는 게 윤 회장의 생각이었다.

지속 가능한 성장을 하려면 군살 빼기와 근육 단련을 일상화해야한다. 구조조정은 조직의 문제를 해결하기 위해 몸에 낀 지방을 제거하는 것에 해당하고, 신성장 동력을 발굴하는 작업은 새로운 근육을 만드는 작업에 해당한다. 윤 회장은 평소 잘하는 일을 더 잘하는 게 가장 중요하다고 강조했다. 그 다음 여력이 있다면 모자라는 부분 중에서 성장 가능성이 높고 필수적인 것을 찾아 키우면 된다.

이런 기조에 따라 윤 회장이 내세운 전략 방향은 4가지였다. 첫째는 핵심 경쟁력의 강화다. 잘하는 영역에서 남이 따라올 수 없는 확실한 1등을 하겠다는 것이다. 둘째는 성장 가능성이 있는 분야를 선점하는 것이다. 셋째는 디지털, ESG 등이 강조되는 새 금융 환경에 맞는 트랜스포메이션이다. 넷째는 조직의 생산성과 효율성을 높이는 것이다.

리딩 금융그룹을 향한 KB의 4대 이정표

윤 회장은 4가지 전략 방향을 기반으로 실적 목표 달성을 위한 4가지 세부 이정표를 제시했다. 첫째는 디지털 부문을 강화해서 KB의 핵심 경쟁력인 리테일 시장에서 아무도 넘볼 수 없는 확실한 1위가 되는 것이다. 점포 채널이 강한 대면서비스는 물론이고 비대면 서비스도 디지털 강화를 통해 소비자들의 접근성을 높여, 소비자 금융의 불가침 1등이 되겠다는 것이다. 하지만 당시 KB의 디지털 전환 속도는 가장 늦은 편이었다. 고객 수는 가장 많았지만 은행 애플리케이션 사용자 수는 1위를 차지하지 못하고 있었다. 윤 회장은

   담대하고 끈덕지게

여러 개로 흩어져 있는 애플리케이션 사용자를 통합해서 맞춤형 서비스를 제공하자는 등의 세부 방향을 제시했다.

둘째는 기업 금융을 강화하는 것이다. KB의 기존 성장 동력은 가계 대출이었다. 부동산 경기 활황에 힘입은 것이었다. 하지만 부동산 경기가 정점을 지나면서 가계 부채가 한계에 도달하고 있는 상황이었다. 기업 금융에서 활로를 찾는 일이 필요했다. 윤 회장은 그중에서 IB(투자 금융)에 주목했다. 중소기업 대출 일색의 기업 금융에서 벗어나, 대기업을 상대로 한 M&A 자금 조달, 인프라 금융, 구조화 금융 같은 고부가가치 기업 금융을 해보자는 것이다. 당장은 중소기업 중심 기업 금융을 하더라도, 중장기적으로 대기업 중심 기업 금융을 가미해 체질을 변화시켜야 한다는 게 윤 회장의 생각이었다. 이를 위해서는 대기업을 타깃으로 한 기업 금융 상품 개발 등이 필요했다. 핵심 경쟁력이 있는 SOHO 등 중소기업에 대해서는 비금리 부가 서비스 강화를 주문했다. 자금 관리, 정책 금융 활용 지원, 외환, 수출입, 정보 제공을 강화하여 차별화시켜 나갈 것을 주문했다. 아울러 수출의 의존도가 높은 한국 기업의 특성상 환율 위험에 대처하는 다양한 기법을 제공할 수 있는 딜링과 구조화 역량의 제고를 독려했다.

셋째는 고객 웰스매니지먼트(자산관리) 역량을 강화하는 것이다. 고객 입장에서 금리가 높을 때는 예금만 해도 되지만, 저금리 시대엔 다른 수익 제고 수단이 필요하다. 은행이 그 서비스를 제공할 수 있어야 고액 자산가를 고객으로 붙들어들 수 있다는 게 윤 회장의 생각이었다. 자산운용 역량이 은행의 선택이 아닌 필수 영역이 된 것이다. 2023년 말 기준 한국 은행들의 예대율은 98.1%를 기록하고 있다. 대출액을 예금액으로 나눈 것으로, 100만원의 예금이 들어오면 98만1000원을 대출하고 있다는 뜻이다. 윤 회장은 이 예대율이 장기적으로 일본처럼 70%까지 떨어질 수 있다고 봤다. 저성장이 고착화되면 대출 수요가 크게 떨어지기 때문이다. 그렇게 되면 남은 30%에 대한 운용 능력이 중요해진다. 그래야 고객에 예금 이자를 지급하면서도 은행이 수익을 낼 수 있다. 이를 위해 윤 회장은 은행의 자산운용 능력의 제고가 시급하다고 봤다.

넷째는 비(非)은행과 글로벌 영역을 키우는 것이다. 비(非)은행 영역은 당시 한국의 은행들, 특히 KB의 가장 큰 약점이었다. KB는 카드를 제외한 전 영역이 허약했다. 카드업만 시장에서 의미있는 점유율을 차지하고 있었고, 증권, 보험 등 나머지 영역의 시장 점유율은 미미했다. 상황을 반전할 수 있는 확실한 대책이 필요했다. KB는 글로벌 사업도 미흡했다. 글로벌 역량의 확충은 긴 호흡이 필요하므로, 시작은 미약할지라도, 차근차근 준비하고 축적해가야 할 그가 즐겨쓰던 '담대하고 끈덕지게' 추진해야 할 영역이었다.

윤회장은 이렇게 4가지 분야에서 그룹의 핵심인 KB국민은행이 차별화된 경쟁력 확보에 성공하고 비은행 부문까지 강해진다면 그가 내세웠던 리딩금융 그룹이 되는 게 가능하다고 판단했다.

숲속에서 길을 잃지 않고 나아가는 힘

윤 회장이 KB의 성장 전략을 마련하면서 가장 많은 고민을 한 지점

담대하고 끈덕지게

은 '내가 과연 적절한 예지력과 통찰력으로 방향을 설정하고 있는가'였다. 예지력과 통찰력은 숲에서 길을 잃지 않고 앞으로 나아갈 수 있는 힘을 뜻한다. 전략을 짜고 실행 계획을 준비하는 단계에 중요한 능력이다. 전쟁터로 얘기하면 어느 쪽에서 적이 올지, 실제 적이 오면 어떻게 할지 등을 미리 생각해 준비하는 것이다. 둘을 구분하자면 통찰력은 문제의 본질과 핵심이 뭔지를 꿰뚫어 파악하면서 어떻게 판을 바꿀지 고민하는 것이고, 예지력은 완벽하진 않더라도 앞으로 일어날 일에 대해 최대한 나름의 예측을 하는 능력이다.

윤 회장은 예지력과 통찰력이 나와 조직에 대한 정확한 이해에서 출발한다고 생각했다. 그래야 어떤 문제에 직면하더라도 언제든 원점으로 돌아가, 나와 조직이 어디에 있고 강점과 약점이 뭔지 파악한 후, 조직을 둘러싼 환경을 분석해 해결책을 찾아낼 수 있다는 것이다.

통찰력과 예지력은 일정 부분 타고 나는 것이지만 노력으로 극복이 가능하다. 윤 회장은 거경궁리(居敬窮理)란 말을 자주 인용했다. 궁리(窮理)는 이치에 다다를 때까지 가능한 모든 것을 떠올려 보는 것을 말한다. 한 마디로 치열한 고민이다. 궁리 앞에 붙은 거경(居敬)에서 거(居)는 현재 내가 처한 상황, 경(敬)은 겸손한 마음가짐을 의미한다. 종합하면, 마음가짐을 겸손하게 한 채 내가 처한 상황과 업무에 대해 고민하면서 일의 의미를 추적하고, 시나리오별로 실행했을 때 결과를 예측하면서, 어떻게 해야 잘할 수 있을까 치열하게 고민해야 답을 얻을 수 있다는 뜻이다.

격물치지(格物致知)란 말도 자주 인용했다. 현상(物)에 대해 앎(知)

에 이르기까지 통찰하고, 관찰하고, 생각하고 번민한다는 뜻이다. 그렇게 치열한 고민을 하다 보면 나와 조직에 대한 관(觀)을 얻을 수 있다. 업(業)의 본질이 무엇인지, 어떻게 난관을 뚫을 수 있을지에 대한 정제된 생각도 얻을 수 있다. 통찰에 이르는 것으로, 어떤 주제에 대해 골똘히 생각하고 오며 가며 여러 가지 고민을 하다 보면 생각이 정리되고 해답이 나온다는 뜻이다.

통찰과 예지를 위해선 끊임없는 자기 수련이 필요하다. 훈련을 통해 앞을 내다보는 능력을 길러야 하는 것이다. 주위 환경에 대해 끊임없이 살펴보고, 수시로 신문이나 잡지, 책을 보고, 전문가들의 코멘트를 보고, IB나 컨설팅사의 리포트를 봐야 한다고 윤 회장은 강조했고, 스스로 실천하기 위해 노력했다. 또 경쟁업체의 움직임을 보고 관련한 정보를 습득하는 것이 리더의 중요한 역할이라고 생각했다. 그래서 Leader는 Reader란 말을 즐겨 썼다. 빠르고 정확한 의사 결정은 정확하고 많은 정보를 갖고 있을 때 가능하다는 것이다.

윤 회장은 의도적으로 신속하게 의사 결정을 해야 한다는 Pressure를 스스로 주는 것도 중요하다고 생각했다. 그렇지 않으면 인간의 속성 상 한없이 뒤로 미루게 된다는 것이다. 또 직원의 마음을 읽기 위한 노력도 중요하다고 생각했다. 끊임없이 직원의 마음을 읽기 위해 노력하고, '뭘 해줘야 하고, 뭘 필요로 하는지, 뭘 도와야 하는지' 살펴야 한다는 것이다. 고객의 마음을 읽는 노력도 중요하다고 봤다. 고객의 Pain-Point, 고객의 Needs, 고객이 필요로 하는 혜택과 편의성이 뭔지 살피기 위해 노력해야 한다는 것이다.

윤 회장이 전략을 짜는 단계에서 필수로 꼽은 요소는 5가지로 정의할 수 있다. 금융권에선 C(customer), P(product), C(channel) 프레임이 많이 쓰는데, 여기에 E와 T를 추가했다. 일을 기획하고 실행하는 사람은 결국 '직원'이다. 그래서 Employee의 E를 추가했고, '기술'이 매우 중요해졌으므로 Technology의 'T'까지 추가해 전략을 짜는 데 활용했다.

윤 회장은 새로운 사업이나 아이디어를 구상할 때는 반드시 사업화 후 End-image를 그려 보라고 강조했다. 사업으로 회사가 뭘 얻을 수 있을지 명확화하는 것이다.

엔드이미지는 가능한 정교하게 수익 계산 모델을 만들어 수치화도 할 수 있어야 한다. 꼭 매출이나 이익일 필요는 없다. 예상되는 고객 증가 등 다른 결과치라도 숫자를 만들기 위해 노력해야 한다. 물론 모든 사업이 꼭 돈이나 성장을 보고 하는 것은 아니다. 사회 공헌을 하거나 브랜드 이미지를 높이기 위한 프로젝트도 있다. 다만 이때도 어떤 부가효과를 목적으로 한다는 점을 반드시 명시해서, End-image를 명확하게 해놓아야 한다고 강조했다. 그래야 사업이 완결성을 갖고 상대를 납득시킬 수 있다는 것이다.

KB의 핵심가치와 경영 3요소 쌓음. 섬김. 나눔

지속능한 성장을 하려면 회사와 개인 모두 가치 체계 철학이 있어야 한다고 생각했다. KB가 왜 사회에 존재하며, 내가 세상에 존재하는 의의는 무엇인지 답할 수 있어야 한다는 것이다. 조직의 미션과 비전, 핵심가치로 연결되는 가치체계다.

회사의 가치체계가 임직원들의 업무에 녹아드는 것는 쉽지 않다. CEO가 당위론에 기초해 탑다운방식으로 내리는 경우가 많기 때문이다. 반면 임직원들의 체험에 기반한 귀납적인 방식으로 가치체계를 도출할 수 있다면 자연스레 임직원들의 업무에 녹아들 수 있다.

윤회장은 취임 후 수 년에 걸쳐 직원들과 함께 KB의 가치체계를 정립했다. 직원들의 경험에 기반한 귀납적인 방식의 미션과 가치 설계였다.

'세상을 바꾸는 금융-고객의 행복과 더 나은 세상을 만들어 가는 것'을 KB의 미션으로 설정했고, '최고의 인재와 담대한 혁신으로 가장 신뢰받는 평생금융 파트너가 되는 것'을 비전으로 삼았다.

세부 핵심가치로는 고객 중심, 전문성, 혁신 주도, 신뢰 정직, 동반 성장을 내세웠다. 윤 회장은 직원들이 업무 계획을 세울 때, 상품을 설계할 때, 고객에게 상품을 권유할 때, 그 어떤 경우에도 고객의 행복과 더 나은 세상을 만들기 위한 것인지 자문자답하도록 했다. 그 가치 체계에 맞지 않는다면 설령 회장의 지시라 하더라도 과감하게 거부할 것을 주문했다. 직원이 상품을 팔고 열심히 일하는 것은 KPI 때문이 아니라, 고객의 행복과 보람 있고 가치 있는 일을 위한 것이란 점을 강조했다.

기업이 지속적으로 성장하기 위해서는 고객의 사랑을 받아야 한다. 고객의 사랑은 좋은 상품이나 서비스에서 나온다. 그리고 좋은 상품과 서비스는 직원 만족과 충성심에서 나온다. 좋은 상품과 서비스는 윽박지른다고 나오는 게 아니라, 직원 만족과 충성심에서

  담대하고 끈덕지게

나오는 것이다. 직원이 스스로 움직여야 하는 것이다. 전략은 리더가 짜지만 실행은 팀원이 한다. 직원들의 마음을 얻어 자발적인 참여를 끌어내야 하는 이유다.

윤 회장은 고객 만족을 위해 직원이 스스로 움직이게 하는 경영의 3요소를 삼일 회계법인 재적 시절 섬김, 쌓음, 나눔으로 정리한 바 있다. KB의 핵심 가치도 이 생각과 궤를 같이 한다. 모든 것을 고객 중심으로 혁신하고, 신속하게 실행하며, 자신의 자산을 운용하듯 주인의식을 가지고 정성을 다하는 것은 고객 섬김의 자세이다. 고객의 기대를 만족시킬 수 있도록 끊임없이 학습하고 탐구하여 전문성을 높이는 것은 쌓음의 자세, 동료에 대한 존중과 배려의 몸가짐으로 제 몫을 다하고 열매를 함께 나누면서 동반 성장하는 것은 나눔의 자세라고 정리했다.

윤 회장의 리더론

윤 회장은 타운홀 미팅 등을 통해 기회가 있을 때마다 리더의 자질을 애기했다. 그가 첫째로 꼽은 역량은 '소명의식을 갖고 모든 일을 본인 판단으로 하는 것'이다. 본부 지시나 공문이 아니라 스스로 옳다고 생각하는 일을 '나의 일'로 해야 한다는 것이다. 그는 리더의 힘은 문제의 해결과 책임에 있다고 봤다. 어려운 일이 있으면 해결하고, 책임질 일이 있으면 책임지는 자리란 것이다.

윤 회장은 평소 리더십 자체에 스트레스를 받을 필요는 없다고 강조했다. 내가 원하는 리더상에 나를 맞추기 위해 억지 노력을 할 필요는 없다는 말이다. 실제 사람마다 장점이 다르다. 디테일하게 작전도를 그려놓고 하나하나 세밀하게 실행하는 리더도 있고, 믿고 맡기는 리더도 있고, 부족한 부분을 조용히 돌봐주는 리더도 있다. 중요한 것은 직원이 일하도록 만드는 그 자체에 있고, 방법론에 매몰될 필요는 없다는 게 윤 회장의 말이다. 단점도 마찬가지다. 단점을 완벽하게 극복하는 것은 불가능하며, 극복에 대한 괜한 집착은 스트레스만 주는 일이 될 수 있다.

리더는 결국 본인의 장점은 더 키우기 위해 노력하고, 단점은 치명적인 문제만 되지 않도록 관리하는 노력으로 충분하다는 게 윤 회장의 지론이었다. 나도 모르게 짜증 내듯 이야기하는 게 단점이라면, 이야기하기 전 한 번 더 생각하려고 노력하고, 그런 태도가 상대에게 갑질로 읽히지 않도록 관리하는 식이다.

윤 회장은 디테일에 강한 리더상을 강조했다. 그는 팀장급 리더를 만날 때마다 "외국 CEO들을 만나보면 굉장히 디테일하고, 그걸 당연하게 여기는 문화가 있다"고 강조했다. 한국에서는 디테일한 것을 '쫀쫀하다'고 표현하면서 나쁜 쪽으로 인식하는 경향이 있다. 디테일을 챙기는 경영자에 대해 '큰 그림은 보지 않고, 지나친 간섭을 한다'며 폄훼하는 경우도 많다. 반면 윤 회장은 업무 내용을 세세하게 아는 상태에서 반드시 일의 진행 경과를 챙겨야 한다고 했다. '이런 방법이 더 좋지 않을까' 식의 코칭을 하는 것은 일의 성공 확률을 높이는 '디테일에 강함'에 해당한다는 것이다. 지금 꼭 해야 할 말이 있는데 '쫀쫀하다'는 얘기가 듣기 싫어서 하지 않는 것은 책임 방기일 뿐이다. 절대 디테일에 두려워해서는 안 되며, 존중과

담대하고 끈덕지게

배려를 바탕으로 부드럽게 전달만 한다면, 직원들은 오히려 디테일한 코칭을 반길 것이라고 윤 회장은 강조했다.

윤 회장은 좋은 리더의 덕목으로 '겸손'과 '철학'도 자주 얘기했다. 외국 CEO들은 'Intellectual Humility'라는 표현을 많이 쓰는데, 지적으로 겸손하다는 뜻이다. 윤 회장은 마이크로소프트사의 CEO인 사티아 나델라를 만나면서 메시지가 굉장히 심플하면서도 분명하다는 인상을 받은 바 있다. 평소 회사를 어떻게 발전시킬지, 사회에 대한 나의 역할은 뭔지 뚜렷한 철학이 있어야 가능한 일이다.

윤 회장은 리더에 대해 자주 "정원사(Gardener)이자 청(聽)지기가 돼야 한다"고 표현했다. 정원사가 나무에 물을 주듯 조직에 활력을 줘서 일을 할 수 있도록 하고, 일하는 데 있어 장애물과 장벽이 있다면 잡초 뽑듯 치우는 것이다. 청지기는 주인이 맡긴 것을 주인의 뜻대로 관리하는 위탁 관리인을 뜻한다. 청지기의 역할에는 다음 청지기를 잘 길러서 본인이 떠난 다음에도 잘 관리될 수 있도록 하는 것도 들어 있다. 한 회사의 임원이라면 지금 당장 내가 잘하는 것도 중요하지만, 후임자와 후배를 잘 육성하는 것도 못지않게 중요하다. 그래야 내가 나간 후에도 조직이 지속 성장을 할 수 있다. 그래서 리더는 자리에 오르자마자 후계 고민을 시작해야 한다는 게 윤 회장의 생각이었다. 윤 회장은 연말 임원들마다 자기업적 기술서를 받으면서 자기 후계자가 누구인지, 왜 그렇게 보는지 기록하도록 했다. 그대로 확정되는 것은 아니지만, 팀원에 대한 관찰의 계기, 지속 가능한 팀을 만드는 고리가 될 수 있다.

아무리 좋은 경영자라도 모든 문제에 대한 답을 갖고 있지는 않다. 윤 회장은 좋은 CEO는 Problem Solver라고 생각했다. 비록 오답이라 하더라도, Solver 즉 푸는 노력을 하는 사람이 돼야 한다는 뜻이다. 그는 평소 주역의 '궁즉변 변즉통 통즉구(窮則變 變則通 通則久, 궁하면 변하고, 변하면 통하고, 통하면 영원하다)'를 자주 인용했다. 난관이 나타나면 스스로를 변화시켜서라도 문제를 풀겠다는 각오가 있어야 생존할 수 있다는 얘기다.

더불어 리더라면 세상을 바꾸는 일을 하겠다는 포부도 가져야 한다고 했다. 포부를 갖게 되는 순간 이전과는 차원이 다른 사고의 지평을 가질 수 있다. 또 전장에 나서는 장수 이상의 소명감과 책임감을 가져야 한다고 했다. 내가 실패하면 수하가 몰살당할 수 있다는 각오로 팀을 이끌어야 한다는 것이다. 잘못된 판단 한 번으로 한 부서가 아니라 한 그룹이 망해서 흔적도 없이 사라질 수도 있다는 책임감을 리더는 느껴야 한다.

2장.
환골탈태를 위한 선결 조건

선택이 아닌 생존을 위한 인력 합리화

조직의 지속 가능한 성장을 위해 반드시 필요한 게 리더의 차가운 머리다. 윤 회장은 '경영의 신'이라 불렸던 이나모리 가즈오 회장(쿄세라의 창업자)의 사례를 자주 인용했다. 가즈오 회장은 경영난에 빠진 JAL항공의 회장을 맡아 대규모의 구조조정을 성공시킨 인물이다. 그는 구조조정 과정에서 '소선은 대악과 닮았고, 대선은 비정과 닮았다'는 말을 했다. 누구도 손에 피를 묻히고 싶어하지 않는다. 하지만 '착한 척'은 조직을 구렁텅이로 밀어 넣는다. 그는 근본적인 문제 해결을 회피하고 착한 척하는 Good Guy Syndrome을 경계했다. 순간 너그러워 보이는 행위가 조직에 대악이 된다는 것이다.

이나모리 가즈오 회장은 구조조정을 통해 2년 만에 회사를 살려냈다. 모두에게 잘하고 너그러우면 좋겠지만, 그와 다른 결정을 해야 하는 게 리더의 딜레마이자 숙명이다. 괴롭더라도 그 고뇌로 인해 보다 많은 사람이 직장을 지켜 행복하고 안전해질 수 있다면, 리더는 그 길을 택해야 한다.

윤 회장 취임 초 KB는 체력이 극도로 약해져 있었다. 윤 회장은 전략 방향에 따른 액션 플랜의 실행에 앞서 KB의 기초 체력부터 다지기로 했다. 액션 플랜의 목적은 수익성 회복에 있고, 잘 실행하려면 기본이 되는 밑바탕부터 다져야 한다고 봤다. 조직의 생산성과 효율성을 높이기 위한 밑작업이 필요한 상황인 것이다.

2014년 말 기준 신한은행과 KB국민은행의 인력을 비교하면, 신한의 임직원이 1만4000명인 반면, 국민은 2만2000명에 달했다. 국민은행이 50%나 많다. 반면 두 은행의 수익 규모는 엇비슷했다. 국민은행이 임직원 숫자에 걸맞는 자산 경쟁력과 생산성을 갖추지 못했다는 뜻이다. 임직원이 많은 만큼 영업을 통한 자산도 많아서 그에 맞는 수익을 올려야 하는데, 국민은행은 그만큼의 자산을 쌓지 못하고 수익도 못 내고 있었던 것이다.

그렇다고 경제 환경의 불확실성이 큰 상황에서 뒤늦게 공격적인 자산 확대에 나설 수는 없는 노릇이었다. 자칫 부실 자산만 커질 수 있다.

윤 회장은 내실 있는 성장과 함께 디지털 시대에 맞는 인력 합리화를 하지 못하면 은행이 존망 위기에 처할 것이라고 판단했다. 비효율의 근원을 고치지 못하면 어떤 노력도 수포로 돌아갈 것이란

　담대하고 끈덕지게

걱정이 들었다. KB 입장에서 인력 감축은 선택이 아닌 생존을 위한 필수 조건이었던 것이다.

그렇게 윤 회장은 모든 경영자들이 회피하려고 하는 험하고 어려운 길, 생산성 향상을 위한 인력 합리화를 결정했다. 다만 강제로 내보내지 않겠다는 원칙을 세웠다. 모두가 열심히 일하는 직장을 만들면서, 그에 적응하지 못하는 사람은 희망퇴직 등 제도를 활용해 스스로 나가도록 하는 문화를 만들기로 했다.

KB식 ERP(명예퇴직제)

윤 회장은 노조를 설득해 2014년 KB식 조기퇴직제(early retirement plan·ERP)를 도입했다.

KB의 기존 희망퇴직제는 강제퇴직에 가까웠다. 구조조정 명단을 만들거나 일정 연한에 든 직원들을 설득해 나가도록 했다. 대상자 선정을 할 때마다 직원끼리 반목이 잦았다. 특정 나이가 됐다고 무작정 퇴직을 종용하는 것은 장수 사회 트렌드와도 맞지 않은 것이었다.

반면 새 ERP는 개인에게 선택권을 주는 것이었다. 특정 연한이 되면 내 의지에 따라 명예퇴직을 선택할 수도 있고, 아니면 임금피크제 스케줄에 맞춰 '내가 원하는 일'을 계속할 수도 있게 했다.

윤 회장은 이를 통해 고연령 직원도 열심히 일하게 만드는 시스템을 지향했다. 은행에서 수십 년 일한 베테랑이 잘할 수 있는 일을 찾을 수 있도록 동기를 부여하는 것이다. 한마디로 명예퇴직을 할지, 원하는 일을 찾아 열심히 할지 선택하게 한 것이다. 55세가 넘는 직원도 열심히만 한다면 후배보다 생산성이 떨어질 이유가 없다는 게 윤 회장의 생각이었다.

구체적으로 55세가 넘어 임금피크 대상이 된 직원은 일단 영업점에 배치하되, 원하는 일을 할 수 있도록 직무를 순차적으로 개방했다. 개방된 직무 가운데 원하는 것을 골라 일하면 된다.

임금피크 스케줄은 업무 성과에 따라 차이를 뒀다. 업무 성과가 좋고 열심히 해 온 직원에 대해선 임금피크를 완전한 형태로 '유예'할 수 있도록 했다. 현재의 직급과 급여를 그대로 유지하면서 퇴직 때까지 소신껏 일할 기회를 주는 것이다.

업무 성과가 일정 수준에 미치지 못한 직원은 임금피크에 바로 들어가도록 했다. 이후 본인이 선택한 직무에서도 제대로 일하지 않는 경우엔 추가 월급 감축이나 인사 재배치 전환도 할 수 있도록 했다.

위기에도 흔들리지 않는 회복탄력성(Resilience)

윤 회장이 인력 감축을 내세운 것은 KB가 회복탄력성(Resilience)을 갖도록 하기 위해서였다. 회복탄력성은 베스트셀러의 제목이기도 한 'GRIT'의 한 요소다. GRIT의 저자 앤절라 더크워스는 힘든 상황에서도 위기를 극복해내는 사람들이 공통적으로 가진 요소로 성장(Growth), 회복탄력성(Resilience), 내재적 동기(Intrinsic Motivation), 끈기(Tenacity)의 4가지를 들었다. 일을 성공적으로 완수하려면

'담대하고 끈덕져야' 하는데, 이때 가장 필요한 것이 회복탄력성 (Resilience)이라는 게 윤 회장의 설명이다. 회복탄력성은 위기가 오더라도 흔들리지 않고 빠르게 극복하는 데 필요한 잠재 역량을 뜻하고, 이게 있으면 실패에 대한 두려움 없이 언제나 도전할 수 있다. 그러려면 조직이 보다 슬림해져야 한다는 게 윤 회장의 생각이었다.

동물은 스스로 회복탄력성을 갖추는 두 가지 방법을 갖고 있다. 첫째는 동면(冬眠), 즉 겨울잠을 잘 수 있는 능력이다. 힘겨운 겨울 동안 긴 잠을 자면서 살아남기 위해 불필요한 활동을 최대한 억제하고 줄이면서, 생존에 필요한 핵심 역량(Core Competence)을 유지할 수 있다. 둘째는 환골탈태(換骨奪胎)다. 겨울잠이 수동적인 노력이라면 환골탈태는 보다 적극적인 노력이다. 솔개의 평균 수명은 70년에 이른다. 가장 오래 사는 조류 중 하나다. 솔개는 40살이 되면 노화로 인해 부리와 발톱이 구부러져 사냥감을 잡기 어렵고, 깃털도 무겁게 자라 빠르고 오래 날기 어렵게 된다. 이때 솔개는 바위에 부리를 쪼아 자신의 부리를 깨뜨려 새로운 부리가 돋아나게 하고, 새 부리로 노화된 발톱을 뽑아내 새로운 발톱이 나게 한다. 한없이 고통스럽고 피나는 노력이다. 이런 환골탈태를 통해 솔개는 노화라는 위기를 극복하고 70년을 살 수 있다.

윤 회장은 둘 다 시사점이 있다고 했다. 동면하는 동물들에게선 '위기 상황이 오면 생존을 위해 숨을 죽이면서 미래를 위한 핵심 역량(Core Competence)을 온전히 지켜내는 노력'을 배울 수 있다. 환골탈태를 통해선 나 스스로를 희생하는 노력으로 어떤 위기에도 흔들림 없는 단단한 기반을 만드는 노력을 배울 수 있다.

윤 회장은 위기 상황에선 낙관적인 태도를 갖는 게 중요하다고 했다. '결국엔 잘 될 것'이라는 낙관론을 잃지 않아야 한다는 것이다. 윤 회장은 스스로를 '가끔은 비관적이지만 근본적으로는 낙관론자'라고 정의했다. 새로운 일을 시작하기 전에는 다소 비관적인 시각을 갖고 준비하는 것이 필요하다. 나쁠 것이라고 생각하고 대비를 해놓아야 실패를 방지할 수 있는 것이다. 이후 실제 일에 돌입한 상황에선 낙관적인 시각으로 승부해야 성공할 수 있다는 게 윤 회장의 일에 대한 기본적인 접근 방식이었다.

윤 회장은 KB의 무거워진 몸집 자체를 위기 상황이라 판단했고, 인력 합리화란 환골탈태의 노력을 통해 조직의 회복 탄력성을 갖추기로 결정했다.

마지막엔 발로 뛰어야

새 ERP가 성공하려면 노조뿐 아니라 직원 전체의 지지가 필요했다. 윤 회장은 제도 설명을 위한 간담회를 연쇄적으로 열었다. 권역별로 20~30명씩 지점장 급을 모아 20회 이상 조찬 간담회를 했다.

55세가 넘어 임원이 되지 못하면 임금피크 대상이 된다. 거의 대다수다. KB국민은행의 경우 같은 나이 상위 10%가 임원 후보가 되고, 그중에서 10%가 실제 임원이 된다. 결국 임원이 돼서 임금피크를 피하는 직원은 1%밖에 되지 않는다. 나머지 임금피크에 들어간 직원들은 목표를 상실해 통제 밖으로 이탈하는 경우가 많다. 자연

담대하고 끈덕지게

스레 업무를 등한시하게 되고, 직원들은 뒷방 늙은이 취급을 하게 된다. 조직 입장에서 골칫거리가 되는 것이다.

윤 회장은 지점장들을 설득했다. "베이비붐 세대가 본격적으로 은퇴를 시작합니다. 과거 은행이 공격적으로 인력을 뽑을 때 들어온 직원들이 여기에 해당하는데요. 앞으로 55세가 되는 직원을 추산하니 매년 1000명입니다. 이 직원들이 모두 60세를 채운다고 하면 5년 후에는 55세 이상 직원이 5000명을 넘게 됩니다. 매년 1000명씩 쌓일 테니까요. 여기에 출산, 개인 사정 등을 이유로 휴가를 쓰는 직원이 상시 2000명은 됩니다. 이게 뭘 말하는 걸까요? 5년 후 KB는 매일 7000명 정도 생산인력에 결원이 생기는 은행이 된다는 얘깁니다. 이렇게 전체 1/3에 달하는 직원이 전력을 다하지 않는데, 은행이 제대로 돌아갈까요? 하루 빨리 체질을 개선해 직원 모두가 각자 몫을 하는 은행이 돼야 합니다. 그래야 지속 가능한 은행이 될 수 있습니다."

윤 회장이 진심으로 얘기했지만, 당장의 반발은 어쩔 수 없는 일이었다. 월급을 깎으면서 일은 제대로 하라니, KB의 새 ERP는 정서적으로 받아들이기 어려웠다. 윤 회장은 일일이 다니며 직원들에게 읍소했다. "우리가 KB 조직을 망가뜨리려면 되겠습니까? 같이 후배를 도웁시다. 우리가 일할 시간은 5년밖에 남지 않았습니다. 그 시간을 후배 눈총 받아가며 보내겠습니까? 아니면 떳떳하게 일하겠습니까?"

냉랭했던 분위기는 차츰 풀렸다. 선택지를 주면서 남은 사람은 제몫을 하도록 독려하자, 일하겠다는 사람은 남았고, 하기 싫다는 사람은 수억원의 보상금을 받고 떠났다.

KB는 동시에 55세가 넘지 않은 직원에 대해서도 명예 퇴직을 받았다. 그렇게 KB국민은행의 인력은 현재 1만4000명으로 줄었다. 윤 회장 취임 당시 2만2000명과 비교하면 3분의 1 이상 줄어든 것이다. 그 사이 새로 뽑은 신입 직원도 있다는 것을 감안하면 ERP를 꾸준하게 실행하면서 그 이상 인력 운용을 합리화했다는 뜻이 된다.

윈윈하는 조직문화

새 ERP는 KB의 조직문화 개선으로도 이어졌다. 퇴직을 선택하지 않고 남은 고연령 직원들은 원하는 직무에서 나름 최선의 일을 했고, 고연령 직원과 젊은 직원들이 반목하지 않고 화합할 수 있는 가능성이 열리게 됐다.

강제적인 임금피크제나 명예퇴직 시스템은 조직 내 불만 세력을 낳고, 인사 정책을 실행하는 사람에겐 큰 스트레스를 준다. 부정적이고 냉소적인 사내 분위기를 만들기도 한다. KB식 ERP는 이런 부작용을 최대한 피하면서, 다양한 연령대 직원들이 공존하는 문화를 만드는 의미 있는 실험이 됐다는 게 금융계 안팎의 평가다.

임금피크 적용을 유예받은 후 열심히 일해 임원이 되는 사례가 나오기도 했다. 윤 회장은 해당 직원에게 감사패를 주면서 "이런 영웅이 계속 나와야 한다"고 치하한 바 있다.

윤 회장은 KB식 ERP가 사회 전반으로 확산될 수 있다고 생각한다. 선택지를 주고 퇴직과 계속 근무 중 선택할 수 있게 하면 기업과 사회, 그리고 그 구성원이 윈-윈하는 구조를 만들 수 있다는 것이다. 재임 시절 결론을 내진 못했지만, 정년 연장에 대한 그만의 철학도 있다. 윤 회장은 명칭부터 '정년 연장'이 아니라 '고용 연장'으로 불러야 한다고 주장한다. 고용 연장은 보다 유연한 고용 체계 하에서의 지속 고용을 뜻한다. 단순히 정년 자체를 연장하는 데 집착하는 것이 아니라, 원하는 사람이 원하는 일을 원하는 기간 동안 할 수 있는 지속 고용 체계를 만들어야 한다는 것이다. 이게 가능하려면 기업에 생산성 향상이 수반되지 않는 추가 부담이 생겨선 안 된다. 급여 체계 등을 유연하게 만든 뒤 정년을 연장해야, 원하는 사람이 일할 수 있는 환경이 조성될 수 있다. 급여는 나이가 아니라 직무에 따라 결정되고 성과급이 가미되어야 한다고 윤 회장은 생각한다. 맡은 일은 많은데 나이가 어리다는 이유로 적은 월급을 받아선 안 된다는 것이다.

기존의 호봉제나 연공서열급여 체계를 그대로 두고, 정년 연장을 법제화해 강제하면 기업 내 유휴 인력만 늘고, 기업의 청년 고용 여력은 더욱 줄어들 수 있다. 이를 막기 위해선 급여 체계를 직무성과급 체계로 합리적으로 개선해 청년 고용을 촉진하고, 시니어도 오래 일할 수 있도록 해야 한다는 게 윤 회장의 주장이다. AI 시대로의 전환 시점에서 고령화 및 청년 실업 등 현안을 해결하기 위해 지혜를 모아 노동 유연화를 이루어야 한다는 것이다.

다만 사회적 합의가 쉽지 않은 문제가 있는데, '퇴직 후 재고용'을 제도적으로 허용하는 게 실용적 접근 방법이 될 수 있다는 게 윤 회장의 설명이다. 현재 베이비붐 세대 은퇴에 따라 시장 자체적으로 고용 연장이 일부 이뤄지고 있다. 은퇴한 직원 가운데 근무 성적이 좋았던 사람을 계약직으로 재고용하는 형태가 대부분이다. 기존 임금 테이블로는 계속 고용을 할 수 없으니, 일단 퇴직을 시키고 계약직으로 재고용하는 것이다. 은행권에선 해당 은행뿐만 아니라 다른 은행 퇴직자를 재고용하는 사례도 있다. 전문성이 있는 기업금융 담당이나 심사 관련 업무에 수요가 존재한다는 게 금융계 설명이다.

KB는 새 ERP가 자리잡으면서 조직이 젊어지는 효과도 얻게 됐다. 윤 회장은 젊은 직원 관리를 위해 세대 정의부터 필요하다고 봤다. 그는 MZ 세대를 본인 스스로 가치를 느끼기만 하면 그 어떤 세대보다 헌신적으로 일할 줄 아는 세대라고 정의했다. 좋아하는 일에 대한 몰입력이 탁월하고, 디지털 네이티브 세대라 풍부한 정보력도 갖고 있다고 정의했다. 적절한 방향 지시만 있으면 상상 이상의 성과를 가져올 수 있다는 것이다. 윤 회장은 디지털 네이티브가 주축 세대로 떠오른 조직은 과거의 영업 방식이나 사고, 접근 방식은 더 이상 유효하지 않다고 봤다. 조직 자체가 디지털 네이티브가 돼야 하는 것이다. 이런 조직의 리더는 아래로부터 배우는 자세를 가져야 하며 리버스 멘토링에 열려 있어야 한다고 강조했다. 그렇게 윤 회장은 인력 합리화 이후 1등에 걸맞는 조직 체계 구성에 돌입할 수 있었다.

3장.
시장의 의심에 대한 윤종규의 대답

KB에 대한 시장의 3가지 의심

1등에 걸맞는 조직 체계는 누가 봐도 분명한 인사 원칙과 투명한 지배구조가 필수라고 판단했다. 이는 KB에 대한 시장의 3가지 의심, '찢기고 갈라진 KB의 내홍은 정말 수습 가능한지', '새 경영진과 이사회의 갈등 같은 불안 요소가 부각되는 것은 아닌지', '한없이 추락한 경쟁력은 회복 가능한 것인지' 중에서 첫째와 둘째를 불식하기 위한 선결조건이었다.

윤 회장은 그룹 내부 인사 원칙을 재정립하고, 새로운 지배구조 체제를 만들기로 했다. 새 인사제도와 지배구조 체제의 핵심으로는 '역량'과 '성과' 2가지 기준을 세웠다. 혈연, 지연, 학연 등에 의한 내·외부 영향력을 최소화하자는 것으로, 인사 시스템과 지배 구조의 성공 여부가 역량과 성과에 있다고 봤다. 그러면 대구에서 대구상고 출신이, 광주에선 광주상고 출신이 좋은 자리에 가는 식의 관행을 깰 수 있다.

윤 회장은 내·외부 영향력 차단을 위한 제도 마련부터 구상했다. 공개적으로 여러 사람이 관여하는 투명한 프로세스가 그 내용이었다. 지배구조 개선을 위한 차기 회장 롱리스트(인재풀) 운영, 석세션 플랜(승계계획) 상시 가동, 계열사 대표 추천 위원회 구성, 사외이사 임기 5년 및 교차 선임 등 현재 KB 지배구조의 근간이 이때 만들어졌다.

구체적으로 은행장 등 CEO 인사에 대해서는 '대표이사 추천위원회'를 설치했다. 회장 마음대로 뽑는 일을 원천 차단하기 위해 내·외부 출신 별로 CEO 후보 풀을 운영해서, CEO를 뽑을 때 반드시 풀에 있는 사람 중에서 뽑도록 했다. 풀 관리는 대표이사추천위원회가 정기 회의를 열어서 하도록 했다.

회장 후보에 대해서도 회장추천위원회를 운영하면서 롱리스트를 관리하도록 했다. 이후 KB는 상시적으로 내·외부 각각 10명 내외 리스트가 운영되고 있다. 이렇게 롱리스트를 만들고 관리 사실을 대외적으로 공표해 놓으면, 갑작스러운 낙하산 인사를 원천 차단하는 효과가 있다. 누구도 리스트에 없는 사람을 회장 후보로 추천하지 못하는 것이다.

윤 회장은 회장추천위원회에 회장이 들어가지 못하도록 했다. 회장이 지배구조를 구성하는 데 결정권을 행사하지 못하도록 한 것이다. 다만 이는 이견이 있다. 본인 연임 때 결정권을 행사하지 못하는 것은 맞겠지만, 후계 구도를 정할 때도 회장이 관여하지 못하는 것은 문제란 지적이다. 후계자를 정할 때 회장이 발언 정도는 할 수 있어야 한다는 것이다. 그러나 회장이 미리 후계자를 만들어 회장추천위원회에서 선임되도록 한 뒤, 퇴임 후에도 은행에 영향력을 끼치는 일이 발생할 수 있어 원천 차단이 필요하다는 반론도 있다.

계열회사 CEO를 선임하는 추천위원회에도 회장의 참여를 막는 경우가 있다. 이는 회장의 1인 지배 체제를 막고 계열사 독립 경영을 위해 필요하다는 찬성 의견과, 경영의 시너지 효과를 저해할 수 있어 회장이 참여할 수 있어야 한다는 반대 의견이 맞서 있다. KB의 경우 윤 회장은 회장을 제외한 나머지 대표이사 추천위원회엔 회장이 참석할 수 있도록 했다.

윤 회장은 이사회와 협의해 현 회장의 '연임 우선권'을 포기했다. 윤 회장이 2연임을 추진할 때 한 컨설팅사의 제안으로 현 회장에게 연임 의사를 우선적으로 물은 뒤, 현 회장에 의사가 있고 경영 성과가 괜찮으면 현 회장이 차기 회장 선임의 우선권을 얻도록 하는 해외에서 널리 사용되는 방안이 추진된 바 있는데, 내부 권력화와 장기 집권 폐해 우려가 나오면서 윤 회장은 이사회 결정에 맡기는 방식으로 우선권을 포기했다. 이후 KB는 현 회장이 연임에 도전하더라도 현 회장에 대한 우선권 보장 없이, 사외이사 전원으로 구성되는 확대지배구조위원회를 통해 현 회장을 여러 신임 회장 후보 가운데 한 명으로 평가하고 있다.

KB 금융지주의 옥상옥

새 지배구조 성공을 위해서는 이사회 운영 방식도 개혁이 필요했다. KB금융지주는 전통적으로 이사회의 권한이 유독 강했다. 다른 금융지주는 CEO가 모든 의사 결정을 주도하고, 이사회는 유명무실한 경우가 많다. 반면 KB 이사회는 각종 의사 결정에 강력한 영향력을 발휘했다. 어윤대 회장 시절엔 ING생명 인수를 무산시켰고, 임영록 회장 시절엔 우리투자증권(현 NH투자증권) 인수 가격 상한선을 낮게 책정해 KB가 NH농협금융에 밀리게 했다.

KB금융지주 이사회가 강력한 힘을 발휘했던 가장 큰 이유는 선임 과정의 독립성에 있었다. KB는 사외이사 선발 과정에서 경영진이 개입하지 않고, 철저히 이사회 내에서 선임 작업을 진행했다. 이는 뒤집으면 사외이사들이 경영진에 빚이 없다는 것을 의미한다. 자연스레 사외이사들끼리 똘똘 뭉쳐 자기만의 목소리를 내는 환경이 만들어졌다. 특히 대부분 KB 사외이사들은 한 번 이상 다른 기업에서 사외이사를 해본 경험이 있었다. 스스로 경영에 초보가 아니고 전문성이 있다고 생각하니, 경영진의 결정에 무조건 따라야 한다고 생각하지 않았다.

김정태 행장 시절 이사회 의장을 맡았던 정문술 전 카이스트 이사장은 3가지 당부를 남긴 바 있다. 첫째는 이사회가 독립적으로 선임한 행장은 역량껏 실력껏 일을 할 수 있어야 한다는 것이다. 둘째는 은행 내부 인사는 실력 위주로 이뤄져야 한다는 것이다. 마지막 당부가 의미심장했다. 이사회 의장실을 만들지 말라는 것이었다. 이사회는 경영진을 서포트하는 조직이지 대체하거나 군림하는

담대하고 끈덕지게

조직이 되면 안 된다는 의미였다. 예우가 지나치면 이사회가 옥상옥이 될 수 있다는 경고도 했다.

김정태 행장이 물러난 후 우려는 현실이 됐다. 이사회 권한이 더 막강해지면서 의장실이 만들어졌고, 자동차는 물론 비서까지 배정됐다. 과도한 예우는 이사회 권한을 보다 강화시키는 상승 작용을 가져왔고, 불필요한 경영 개입은 물론 인사청탁 등 문제도 발생시켰다. 이런 분위기에서 경영진은 연임을 보장받기 위해 이사회의 눈치를 보지 않을 수 없었고, 사외이사를 밀착 관리할 필요를 더 키우면서 그들에 대한 각종 예우는 보다 강화됐다.

독립적인 이사회는 필요하다. 하지만 옥상옥이 돼서는 안 된다. 이사회가 무력화돼서는 안 되겠지만, 그렇다고 권력화가 돼서는 안 되며, 반드시 견제를 받아야 한다는 게 윤 회장의 생각이었다. 윤 회장은 경영진이 전횡하는 경우 이사회가 견제할 수 있도록 하면서도 이사회 스스로의 권력화는 막는 방향으로 경영진과 이사회의 관계 설정을 다시 하기로 했다.

윤 회장은 새 이사회의 무력화와 권력화 사이 균형점을 찾기 위해 이사회의 토론 기능을 확실히 살려야 한다고 판단했다. 이사회 모든 구성원이 '등가 원칙'에 따라 자유롭게 의견을 얘기하고 의사 결정에 참여해, 그 무엇보다 그룹의 미래가 우선이 되는 결론을 내는 이사회를 만들어야 한다는 것이다.

다음으로 중요한 원칙은 '정실이나 영향력에 의한 이사회는 안 된다'는 것이었다. 사외이사들이 자기들끼리 친분에 의하거나 CEO 혹은 외부 영향력에 의해 다른 이사를 선임하는 것을 막아야 한다는 것이다. 특히 윤 회장을 선임한 이사회는 당시 KB 사태에 대한 비난에서 자유롭지 못한 상황이었다. 윤 회장은 지주와 은행 이사회를 설득해 전원이 퇴임하고 새로 이사회를 구성한다는 결론을 이끌어냈다. 그는 이미 퇴임을 결정해 마음을 비운 이사들과 충분한 토론 및 합의를 통해 이사회의 새로운 모습을 구상하고, 이를 기반으로 새로운 차기 이사진을 주주총회에 추천했다.

이후 지속 가능한 이사회 구성을 위해 4가지 실행 방안을 만들었다. 첫째는 투명하고 공정한 사외이사 선임이다. 이를 위해 사외이사 상시 롱리스트(인재풀)를 만들었다. 사외이사 후보를 상시 관리하는 것이다. 주주가 사외이사 후보를 추천할 수 있는 길도 열어뒀다. 둘째는 이사회가 신임 사외이사 선임권을 독점하지 않도록, 인선자문위원회를 만들기로 했다. 사외이사 선임 시기가 돌아올 때마다 롱리스트 중에서 5~10배수 리스트를 추리는 역할을 맡는다. 셋째로 롱리스트를 만들 때 이사회와 CEO는 추천권이 없도록 했다. 사외이사나 CEO가 각자 친분에 의해 후보자를 넣지 못하게 한 것이다. 넷째는 5년의 사외이사 임기제 원칙이다. 그래야 사외이사가 임기 동안 소신껏 일하고 떠날 수 있다는 것이다. 기간을 5년으로 한 것은 3년 임기의 CEO와 겹치지 않도록 하기 위해서다. 그러면서 매년 1~2명씩 사외이사들이 교체되는 스케줄이 가능하다. 일시에 많은 사외이사들의 임기가 돌아오는 문제가 없다. 주기적으로 인적 구성에 변화를 주되, 안정도 기한 것이다.

윤 회장은 '한 번 뽑은 이사회는 완벽히 믿는다'며 스스로 약속하고, 지키기 위해 노력했다. 이왕 구성한 이사회를 불신하는 건 지배

　　　　　　　　　　　　　담대하고 끈덕지게

구조 핵심을 뒤흔드는 것이란 게 그의 생각이었다. '좋은 이사를 뽑고 최선의 판단을 하며, 그 결정에 대해 주주가 최종적으로 추인을 하는 구조'가 돼야 기업이 지속 가능한 경영을 할 수 있다고 판단했다. 또한 이사회가 시장과 주주의 소리에 귀를 기울여야 한다며 정기적으로 이사회가 경영진과 함께 주주와 소통하는 Shareholder's Round Table을 운용했고, 주주제안제도를 도입했다. 개편 이후 KB는 2014년 월드파이낸스誌로부터 한국 최우수 지배구조 기업에 선정됐고, 2018년 한국기업지배구조원에서도 지배구조 최우수 기업으로 선정됐다. 지배구조 문제로 극심한 내홍을 치렀던 KB의 환골탈태였다.

승진 서열표와 AI 인사 시스템

다음으로 제대로 된 임직원 인사 기준을 마련했다. 윤 회장은 성과와 역량을 기준으로 '승진 서열표' 운영을 주문했다. 영업실적 성과와 역량 평가를 기준으로 1등부터 꼴찌까지 나열하는 것이다. 여기에 여성만 별도로 인사 평가 순위대로 나열하는 등 집단별 승진 서열표를 부가하고, 은행 전체·본부별 서열표를 구분해서 운영했다. 인사 시즌이 되면 인사뿐 아니라 총무, 영업, 리스크, 재무, 전략 등 주요 담당 임원이 모여 서열표를 기준으로 공개 토론을 거쳐 투명하게 승진 대상을 결정했다. CEO나 임원, 인사팀이 마음대로 인사하는 일을 최대한 막기 위한 조치였다.

　전국 지점별 영업 직원 인사는 영업 조직에서 100% 결정하도록 했다. 영업 직원은 본점 인사팀에 인사 권한을 주지 않은 것이다. 인사 시즌이 되면 영업 담당 부행장이 지역 그룹 대표를 불러 각 지점장 인사를 논의하도록 했다.

직원 인사 때는 직원들의 희망 부서를 받는 한편, 임원들도 함께 일하고 싶은 직원을 신청할 수 있도록 했다. 자신에게 맞고 편한 직원만 고르는 경우엔 희망대로 반영하기는 어렵더라도, 최소한 선호도가 어떤지 파악하는 효과가 있었다.

직원 인사 과정에서 부서의 성격은 크게 3가지로 구분했다. 업무가 안정돼 일상적으로 돌아가는 부서, 성장해야 하는 부서, 완전히 새로운 일을 하는 부서다. '직원의 희망 성향별 배치'를 우선으로 하면서, 담당 임원의 의견을 반영했다. 성장해야 하는 부서나 새로운 일을 하는 부서는 전략적 고려에 의한 배치에 비중을 두면서, 필요하면 외부 영입을 할 수 있도록 했다. 여기에 영업점과 본점 사이 인사 재배치, 직무별 남녀 비율 고려, 채널 간 재배치 등 여러 고차 방정식을 풀기 위한 원칙도 마련했다.

본점 단위에서 계열사를 아울러 디지털과 핵심 성장 부문에 대한 인재 확보와 인력 재배치 원칙도 만들었다. 디지털 혁신, WM, CIB, 자본시장, 개인 고객, SME, 보험 등 주요 비즈니스 분야별로 사업 부문 제도를 도입해 인력 교류를 강화했다. 그룹 전체 시각에서 성장에 중요한 공통 주제별로 계열사 간 협업 체계를 구축한 것이다. 인사에 불만이 있는 임직원에 대해선 인터뷰 제도를 도입해 어필할 수 있도록 했다. 인사 원칙과 기준을 매년 수정 보완하고, 그 기준을 연초에 공표해 임직원들이 숙지하도록 하고 그대로 적용하는 시

   담대하고 끈덕지게

스템도 마련했다.

인사 부정을 막기 위해선 AI 시스템을 도입했다. 특정 임원이나 인사 담당자 개인의 친소 관계에 따라 기존 협의된 것과 다른 내용으로 특정 직원이 배려하는 일이 언제든 생길 수 있다. 이런 시도가 있을 경우 공표한 원칙에 따라 AI가 감지할 수 있도록 했다. 자의적으로 미세 조정을 할 경우 적합성 판단 장치에서 걸러질 수밖에 없는 구조다. 누구도 이럴 위험을 감수할 이유가 없으니, 미세 조정 가능성은 원천 차단됐다. 은행은 1만 명이 훌쩍 넘는 거대한 조직이다. 기존에는 개별 검증을 통해 미세 조정을 가려내는 데 한계가 있었지만, 디지털 시스템을 통해 검증을 체계화하고부터는 투명성이 개선될 수 있었다.

윤 회장은 각 임원들에게 매년 자기 업적 평가서를 내도록 했다. 스스로 잘한 일과 못한 일을 리뷰하고, 회사 운영을 위해 고쳤으면 하는 점도 기술하도록 했다. 마지막으로 스스로 생각하는 후계자 3~5명을 기입하라고 했다. 지속 가능한 조직을 위해 후계자를 어떻게 교육시키고 있는지 보겠다는 것이다. 임원들의 후계자 추천은 그 자체로 CEO뿐 아니라 전체 임원 후보 풀 역할을 했다.

인사 청탁엔 명확한 경고 전략

은행권에는 '전체 인사의 15% 정도만 낙하산을 허용해도 성공하는 것'이란 얘기가 있다. 정치권과 정부에서 얼마나 많은 인사 청탁이 내려오는지 짐작할 만한 언급이다. 청탁 내용은 누구를 승진시켜 달라는 부탁, 반대로 누구는 반드시 내보내라는 압박 등 다양하다. 외부 청탁과 압박은 직원들에게 패배감을 안기면서 전체 직원 사기 저하로 이어진다.

인사 청탁은 승진 또는 본점 배치를 원하는 내부 인사가 외부 실력자에게 부탁해 이뤄지는 경우가 많다. 윤 회장은 '1회차까지 불이익 없는 명확한 경고' 전략을 쓰기로 했다. 잘 몰라서 할 수 있으니 한 번은 넘어가되, 확실히 경고를 하는 것이다.

청탁이 들어온 임원 승진 후보에 대해선 직접 불러 '이번에는 불이익을 주지 않겠지만, 앞으로 하지 말라'고 경고했고, 부장급 청탁에 대해선 인사 담당 부행장에게 경고를 지시했다. 본점 이동 등 일반 직원급 청탁에 대해선 인사 담당 부장이 경고하도록 했다.

대면 경고는 청탁을 넣은 직원으로 하여금 은행이 그 사실을 인지하고 있다는 걸 알게 하기 위한 조치였다. 그러면 대부분 다시는 청탁을 하지 않았다고 한다. 원래 부행장으로 내정돼 있는 대상자를 승진시켜 달라는 청탁이 윤 회장에게 들어온 바 있다. 윤 회장은 그냥 넘어가지 않고 해당자를 불러 '당신은 원래 후보였기 때문에 승진시키는 것이다. 청탁 때문에 됐다고 생각하지 말고, 앞으로 다시는 그런 시도를 하지 말라'고 경고한 후 승진시켰다.

윤 회장은 인사 청탁이 올 때마다 반드시 기록으로 남기라고 지시했다. 인사 청탁을 한 사람이 누군지 해당자의 인사 기록 카드에 메모하도록 한 것이다. 청탁이 실제 인사에 영향을 미치는지 여부는 상황마다 달랐다고 한다. 어차피 승진할 사람도 있었고, 반대의 경우도 있었다. 대상이 아닌 경우는 들어주지 않기 위해 최선을 다

    담대하고 끈덕지게

했다고 한다. 오히려 불이익을 주는 경우도 나왔는데, 인사 기록 카드 상 첫 번째 청탁은 경고로 넘어가더라도, 두 번째 청탁부터는 확실히 불이익을 줬다고 한다. KB에 새로 들어오고 싶은 외부 인사에 대한 인사 청탁은 최대한 방어하려고 맞섰다.

직원의 자녀가 입사할 경우엔 부정 여부를 떠나 전체 명단을 별도 보고하도록 했다. 혹시 모를 부정 입사를 원천 차단하기 위한 조치였다. 결국 직원 자녀에 대해선 더욱 엄격하게 면접 등을 할 수밖에 없었고, 이에 따라 직원 자녀가 역차별을 받는다는 내부 목소리가 나오기도 했다.

윤 회장이 외부 청탁을 완전히 근절한 데 성공한 것은 아니다. 그래도 외부 청탁의 조직에 대한 영향을 최소화하기 위해 안간힘을 썼고, 은행 등 계열사가 그 영향을 받지 않도록 최선의 노력은 기울인 것으로 평가할 수 있다. (인사 청탁은 은행권 전반적으로 채용 비리가 문제가 된 다음 자연스레 많이 줄었다고 한다.) 금융계에선 윤 회장 취임 이후 KB금융그룹의 가장 큰 변화 중 하나로 외부 청탁과 투서 등이 거의 자취를 감췄다는 사실을 든다.

농구의 지역 방어를 차용한 지역 본부 제도

좋은 사람을 뽑고 승진시켰으면 잘 배치해야 한다. 다음 과제는 조직 개편. 첫째 원칙은 효율성 제고였다. 기존 느슨한 광역 지역 그룹을 개편해, 보다 세분화된 본부장 제도를 도입했다. 130여 개 지역 본부를 만들어, 본부 별로 5~10개 점포를 배치했다. 지점 별로 경쟁하던 것을 본부 단위 경쟁으로 끌어 올려 고객 서비스를 강화하기 위한 조치였다. 점포 별로 경쟁할 때는 전국 1200개 점포 별 순위가 나오니, 같은 동네의 국민은행 지점임에도 A 지점 고객은 B 지점 고객이 아니었다. 그러면 A 지점을 찾은 B 지점 고객은 무성의한 서비스를 받게 되고, 결과적으로 은행 전체 서비스의 질이 떨어지는 일이 벌어졌다. 이런 일을 막기 위해 윤 회장은 농구의 지역 방어 개념을 차용했다. 지역 별로 본부장이 책임지는 구조를 도입한 것이다. 이후 KB는 5~10개 지점이 하나로 묶여 경쟁하게 되면서 '우리 지점에는 계좌가 없지만 지역 고객이라면 다 우리 고객'이라는 개념이 생기게 됐다.

5~10개 점포 별 본부장 제도를 도입하면서 기업 금융도 효율화할 수 있게 됐다. 지점 단위로 모든 서비스를 제공해야 할 때는 지점마다 기업 금융 창구가 필요했다. 그런데 기업들은 개인 고객보다 금융에 대한 이해도가 높아 지점 방문율이 떨어진다. 모든 지점에 기업 금융 창구를 두는 건 비효율적인 일인 것이다. 윤 회장은 5~10개 지점을 하나의 본부로 묶으면서 그중 1~2개 지점을 기업 금융 특화 지점으로 지정하도록 했다. 기업 금융 특화 지점의 담당자는 다루는 케이스가 집중돼 전문성이 올라가게 됐고, 나머지 지점은 인력 운영의 효율성이 증대됐다. 개인 금융 특화, 기업 금융 특화, 자산 관리 특화 등 지점 별 차별성도 생기게 됐다.

지역 본부 제도는 경쟁적인 인사 평가의 계기가 되기도 했다. 10명에서 15명 사이인 점포 별로 인사 평가를 할 때는 고참 직원이나 승진을 앞둔 직원에 대한 몰아주기 고과가 빈번했다. 지점장부터 신입까지 연차 순으로 줄 세울 수 있는 인력 구조라 가능한 일이었다. 하지만 5~10개 단위로 지점을 묶으니 연차나 직급마다 비슷한 직원 집단이 나오게 됐다. 자연스레 이들끼리 경쟁 구조가 형성됐고, 몰아주기 인사 고과는 불가능해졌다. 상대 평가의 정착과 조직 전체 긴장도 제고로 이어졌다.

본부장 제도는 원활한 지점 구조 조정을 가능케 하는 이점도 있었다. 1200개 점포 별 경쟁을 할 때는 구조 조정 지점을 지정하면 저항이 컸다. 반면 130개 본부제를 도입한 이후에는 본부 별로 어느 지점을 줄일지 자연스레 컨센서스가 형성됐다. 폐쇄되는 점포의 인력은 본부 내 다른 지점으로 배치하는 것으로 해결했다. 지점장 자리가 줄어드는 문제가 있지만, 이는 복수 지점장 확대로 보완했다. 현재 국민은행 점포는 800개까지 줄어든 상태다.

다만 지점 축소는 불가피하게 은행 대기 시간 증가 등 소비자 불만으로 이어진다. 윤 회장은 보완을 위해 본부마다 한 곳 정도는 오후 6시까지로 영업 시간을 연장하는 등 풀 서비스 지점으로 만들라고 주문했다. 줄어든 지점을 서비스 확대로 보완하겠다는 것이다. KB는 지역그룹과 지역본부의 의견을 반영해 고객 현황, 운영 인력, 혼잡도 등을 고려해 오후 6시까지 영업하는 지점 '9To6 Bank'를 선정했다. 또 영업점 개점 시간을 오전 10~11시로 늦추는 대신 오후 5~6시로 마감 시간을 늦추는 'After Bank'도 도입했다. 9To6 Bank와 After Bank는 유연 근무를 원하는 직원 신청을 받아 오전조와 오후조로 나눠 근무하도록 해, 탄력 대응 체계를 갖췄다. 자녀 등교 후 출근을 원하는 직원 등이 주로 신청했다.

빠른 의사결정과 업무 숙련도 제고

거대한 조직도 기민하게 움직이게 만드는 방법이 있을까? 윤 회장이 고민 끝에 찾은 해법은 '애자일'(Agile)이었다. 애자일 조직의 핵심은 팀이 진행하는 프로덕트마다 책임지는 오너(Product Owner, PO)가 있는 것이다. 프로덕트 별로 팀을 만들고 PO(프로덕트 오너)를 지정해 지위 고하에 상관없이 해당 프로덕트와 팀원들을 책임지고 끌고 가도록 하는 것이다. PO(프로덕트 오너)에게 가장 요구되는 것은 빠른 의사결정과 주체적인 일 처리, 과감한 실행이다. 기존 조직은 팀, 부서, 본부 등 층층시하의 보고를 거쳐야 했지만, 애자일 조직에선 프로덕트 오너가 신속하게 자체 의사결정을 할 수 있다.

윤 회장은 '스피드'가 강박관념을 가져야 할 정도로 중요해졌다고 봤다. 애자일 조직은 의사결정이 빠르고 모든 팀원이 함께 뛰게 할 수 있다는 강점이 있다. 프로젝트 단위로 팀이 생겼다 없어지고, 합쳤다가 쪼개지는 등 극도의 유연성을 추구할 수 있다.

윤 회장은 애자일 조직의 성공을 위해 맞는 조직 구조, 환경, 업무 툴이 있어야 한다고 봤다. 결재는 팀웍과 PO(프로덕트 오너), 임원으로 이어지는 2단계 이상을 거치지 않아야 하며, 기본적으로 담당 직원과 PO(프로덕트 오너)가 모든 일을 결정하고, 필요하다면 담당 임원 정도가 관여하는 조직이 돼야 한다는 것이다. 일의 진행과 본질에 큰 문제가 없다면 PO(프로덕트 오너)가 최종 의사결정을 할 수 있도록 PO(프로덕트 오너)가 완벽한 권한을 '위임'받아야 한다고 생각했다. 또 '모든 구성원이 자기 역할을 다 하는 빠른 조직'이 될 수 있도록 역할에 따른 충분한 권한을 부여하고, 탁월한 성과에 대해

     담대하고 끈덕지게

선 파격적으로 보상해 주는 문화가 필요하다고 봤다.

애자일 체제 하에선 KB 같은 대규모 조직도 프로젝트별로 잘게 쪼개져 기민하게 움직일 수 있다. 윤 회장은 핵심 프로젝트마다 애자일 팀을 구성해 일의 속도를 높일 수 있게 했다. 윤 회장이 영업점에 지역본부제를 도입한 것도 애자일화의 일종이었다. 1200개 지점 전체를 일사불란하게 조율할 수는 없으니, 지역별로 10개 내외 지점으로 그룹화해서 해당 지역의 특성에 맞게 다양한 프로젝트를 할 수 있도록 한 것이다.

윤 회장은 DevOps(상품 개발과 운영·영업 조직의 협업 및 통합) 조직도 도입했다. DevOps는 디벨롭먼트와 오퍼레이션의 합성어로, 상품 개발부터 운영 등 모든 업무를 한 데 묶어 예산권까지 갖는 자체 완결형 조직이다.

DevOps도 애자일처럼 주된 목표는 속도감 있는 일의 완수에 있다. 생산성과 효율성 증대를 통해 타임투마켓(Time-to-Market), 즉 시장에 적시에 상품을 내고 서비스를 제공하는 것을 목표로 한다. IT 개발에 대입하면 과거엔 스펙을 정의해서 IT팀에 의뢰하면 이에 맞춰 IT팀이 개발하고 구현했다. 이후 이 결과를 갖고 Biz 부서가 피드백을 하면, IT팀이 수정 보완하는 일이 반복됐다. 팀 간 내부 개발 프로세스를 밟느라 시간을 쓰는 불합리성이 있었던 것이다. 그 결과 하나의 프로젝트를 완성하는 데 짧게는 3개월, 길게는 1년 이상 걸리는 경우가 비일비재했다. 이런 체제에선 빅테크와 경쟁해서 이기는 건 불가능하다고 윤 회장은 생각했다.

반면 DevOps는 모든 직원을 한 팀에 모으는 것이다. 한 팀에 모여 있으니 오류가 있으면 팀 내 리뷰를 통해 바로 교정하면서, 프로젝트 런칭을 대폭 앞당길 수 있다. 하루 단위로 진도를 체크해 빠른 결과를 얻을 수도 있다. 하나의 팀에서 상품 기획부터 사후 관리까지 일의 완결성을 가질 수 있는 것이다.

직원 개인적으로는 기존에 Biz 업무만 하던 직원은 IT에 관여하면서 IT 역량을 얻을 수 있고, IT만 하던 직원도 기획이나 마케팅 역량을 키울 수 있다. 윤 회장은 중장기적으로 업무 영역을 구분하는 것의 의미가 사라질 것이라고 봤다. 특히 기술 발전이 이를 가속화할 것이라고 생각했다. 예를 들어 AI 시대엔 은행 IT 직원이 꼭 IT 전공자일 필요가 없다. AI가 IT 개발을 맡을 가능성이 크기 때문이다. 윤 회장이 시스템 개발 등에 DevOps 조직 도입을 적극 독려한 후, KB의 업무 처리 속도는 크게 올라갔고, 직원들의 업무 숙련도도 제고되는 효과가 발생했다.

업무의 3가지 유형

윤 회장은 조직원들의 업무 유형을 얼마나 내재화할 수 있으냐에 따라 크게 3가지로 분류했다. 예를 들어 IT 개발이라면 조직이 꼭 자체 보유해야 할 핵심 기술은 반드시 자체 확보해야 한다.(내재화) 반면 외부에 아예 맡기는 것이 효율적이라면 외부 업체를 쓰고(구매), 외부와 협력하여 함께 하는 것이 효과적인 부분은 협업(제휴)하는 방식으로 부담을 줄일 수 있다.

이 분류에 따라 내부 인력을 세 가지 유형으로 구분했다. 첫째는

    담대하고 끈덕지게

자체 보유해야 할 핵심 기술을 개발하고 운영까지 다 할 수 있는 직원, 둘째는 아웃소싱 업체를 잘 관리만 해도 되는 직원, 셋째는 협업 과정을 잘 점검할 수 있도록 기본적인 설계 역량을 갖춘 직원이다. 현재 어떤 인력이 가장 많이 필요하느냐에 따라 조직 구성이 달라진다.

부서의 성격은 다음의 3가지로도 구분할 수 있다. 업무가 안정돼 일상적으로 돌아가는 부서, 성장해야 하는 부서, 완전히 새로운 일을 하는 부서 등 3가지다. 윤 회장은 성장해야 하거나 새로운 일을 하는 부서는 전략적 고려에 의한 배치에 비중을 두면서, 필요하면 외부 영입도 할 수 있도록 했다.

팀 내 인력 재배치는 필요에 따라 상시 할 수 있도록 했다. 기준은 두 가지다. ①현재 성과를 정교하게 분석해 이에 맞게 배치하거나 ②당장 성과가 나지 않더라도 미래 성장 가능성과 중요성이 있는 분야에는 인력을 추가 배치하는 것이다. 이런 차원에서 KB는 상품 개발과 비대면 프로세스 개발에 인력을 확대했다.

리더가 가장 많이 하는 실수 중 하나가 조직 내 팀원끼리 견제 장치를 두지 않는 것이다. 직원 간 견제 장치는 필수다. 현금을 취급하는 사람과 장부를 기장하는 사람을 분리하는 게 대표적이다. 두 업무를 동일한 사람이 맡으면 유혹에 빠지기 쉽다. 현금 거래는 반드시 조직 내 승인을 받도록 해야 한다. 너무나 당연한 얘기인데, 이 원칙을 제대로 지키지 않는 기업이 많다.

은행의 경우 현금 실사를 빠트리는 게 대표적이다. 지점장이나 팀장이 불시에 현금 실사를 한다면, 언제 걸릴지 모르기 때문에 직원들이 함부로 돈에 손 대는 일은 발생하지 않을 것이다. 유혹이 생기더라도 한 번 더 생각해 볼 것이다. 하지만 한 달, 두 달, 세 달이 지나도 현금 실사를 안 하면 결국 사고가 나게 된다.

리더는 이미 보고받은 내용에 대해 형식상 결재를 할 때조차 한 번 더 물어보고 챙기는 습관을 가져야 한다. 그래야 팀원이 유혹에 빠지는 일을 막을 수 있다. 문제가 한 번 발생하면 사회적으로 미치는 파장이 과거와 비교할 수 없을 정도로 커진 세상이다. 내부 통제나 윤리 규범 준수에 실패하면 회사가 무너지는 상황까지 갈 수 있다. 직원 한 명이 부정을 저질러 기업 브랜드 가치에 치명상이 오는 일은 너무나 흔하다. 그래서 SNS 시대 컴플라이언스는 생존의 문제다.

이루지 못한 급여 체계 개편

인사 제도 및 조직 개편과 관련해 윤 회장이 임기 내내 의욕적으로 추진했지만 끝내 이루지 못한 것도 있다. 급여 체계 개편이다. 윤 회장은 연공서열에 따른 호봉제를 직무급과 성과급 중심으로 개편을 강력 추진했지만 실패했다.

기업은 수익성이 좋아지면 3가지에 돈을 쓰게 된다. 배당, 내부 유보, 직원 급여·복지다. KB는 특정 개인 오너가 있는 회사가 아니니, 수익성이 좋아지면 상대적으로 직원 급여·복지가 좋아질 여지가 더 크다고 윤 회장은 생각했다. 그래서 직무급과 성과급 체계를 도입하고 수익성 향상에 성공하면, 은행은 물론 직원도 좋아진다는

담대하고 끈덕지게

게 윤 회장의 급여 체계에 대한 기본 철학이었다. 반면 통상적인 은행의 기본적인 급여 시스템은 연공서열에 따른 호봉제다. 연차가 쌓이면서 기본적으로 호봉이 올라가고 호봉 별로 기본급이 매년 상향 조정되는 구조다. 윤 회장은 심각한 청년 실업, 시니어 고용 확대 필요성 등을 감안하면 호봉제가 더 이상 지속 가능하기 어렵다고 판단하면서, 열심히 일하는 사람에 대해선 조직이 알고 있다는 신호는 반드시 보내줘야 한다고 생각했다. 이를 위해선 팀 특성별로 조직과 개인 성과를 적절히 반영한 보상 체계가 필요했다.

가장 간편한 보상은 역설적으로 페널티를 가하는 것이다. 언제든 '잘릴 수 있다' '연봉이 깎일 수 있다' '직급이 강등될 수 있다' '불이익을 볼 수 있다'는 두려움이 있으면 강하고 효율적인 조직을 만들 수 있다. 굳이 재촉하지 않아도 일을 제대로 하게 된다. 하지만 한국적 현실에서 이는 불가능하다.

그래서 한국의 기업들은 적절한 보상 구조를 갖추는 게 중요하다. 보상은 팀 성과와 개인 성과로 나뉜다. 조직은 팀워크가 중요하다. 개인 성과에 집착한 나머지 팀워크를 해치는 일이 있어서는 안 된다. 반대로 개인 성과는 도외시한 채 팀 성과만 봐서도 안 된다. 한국의 은행들은 팀 성과만 보는 경우가 많다. 은행이 점포 평가에 따라 해당 점포 직원 모두에게 같은 성과급을 주는 게 대표적이다. 그러면 잘하는 직원과 묻어가는 직원을 구분해서 보상할 방법이 사라진다.

이에 대해 윤 회장은 두 가지 방식의 제안을 했다. 첫째가 연공서열에 의한 호봉제를 직무급제로 전환하는 방식이다. 또 하나는 기존의 호봉제를 보완해서 일정 직급을 넘으면 호봉이 오르지 않고 동결하는 대신, 성과가 나쁘면 오르지 않도록 하면서, 성과가 좋으면 호봉 이상으로 연봉이 오르는 방식이었다. 호봉 인상율도 성과에 따라 차등을 두도록 했다.

이와 함께 지점 등 영업 단위 별로 조직 성과에 따라 소속 직원에 똑같이 나눠주는 상여금에 개인 성과를 가미해서 차등을 두는 체계를 제안했다. 초과 이익 성과는 가능한 한 우리사주로 지급하는 방법을 제안했다. 지점 내 잘한 사람과 못한 사람 사이 차이를 내겠다는 것이다. 팀워크도 중요하지만 팀 구성원이 경쟁적인 환경에서 최선을 다해야 강한 팀이 된다는 게 윤 회장의 생각이었다. 성과급을 지점 등 조직 성과에 따라 동일하게 지급하고 개인 성과나 기여도를 전혀 반영하지 않으면, 구성원들이 최선을 다할 의욕을 꺾고 조직 전체를 하향 평준화시킬 위험성을 내포하고 있다는 것이다. 윤 회장은 조직 성과에 개인 성과를 가미하는 체계로 개편해야 진정한 성과주의가 가능하다고 판단했다. 구체적으로 윤 회장은 은행 전체 이익 목표를 초과 달성할 경우, 조직과 개인 성과에 따라 초과 이익을 나누는 체계를 제안했다. 예를 들어 ROE가 4%인 상황에서 10%를 달성하면 그 이상 이익을 개인 성과에 따라 나눠주겠다는 것이다.

은행 노조는 동의하지 않았다. 극단적인 경쟁 체제로 내몰 뿐, 당장 실현하기 어려운 목표를 내세워 사실상 성과급을 주지 않겠다는 의도로 받아들였다. (그러나 KB는 ROE 10% 목표를 빠르게 달성한다.) 현재 호봉제를 채택하고 있는 국내 기업 대부분은 특정 직급에서 일정

        담대하고 끈덕지게

기간 승급하지 못한 직원에 대해 호봉 인상을 제어하는 페이 밴드 제도를 도입하고 있는데, 은행 노조는 이조차도 도입을 반대했다.

결국 윤 회장은 재임 기간 중 성과급 도입과 관련해선 결실을 맺지 못했다. 특히 그 과정에서 노조와 관계가 악화되는 문제가 발생했다. 윤 회장은 재임 기간 내내 노조와 대립각을 세웠으며, 이 부분은 그에게도 조직에도 아쉬움으로 남는다. 노조위원장 선거에 경영진이 개입했다는 논란까지 빚은 바 있다. 윤 회장은 몰랐지만 이러한 논란을 초래한 데 노조에 윤 회장이 직접 사과하고, 인사 조치까지 했다. 그럼에도 불구하고 노조는 고발 등 조치를 했고, 윤 회장의 연임 결정 때마다 파업 등을 통해 반대 투쟁을 했다. 윤 회장이 노조와 원만한 파트너십을 만들었다면 보다 성공적인 재임 기간이 됐을 것이라는 금융계 평가가 있다.

반면 급여 체계 개편 등 KB에 꼭 필요한 일을 성사시키기 위해 노조와의 불협화음을 두려워하지 않는 뚝심과 끈기를 보여줬으며, 노조 파업을 사실상 무력화시키며 결단력을 보여줬다고 높게 평가하는 견해도 있다. KB는 현재 조직 내 MZ 세대를 중심으로 '일한 만큼 받자'며 '공정'을 요구하는 목소리가 높아지면서, 노사가 공동 TFT를 구성해 급여 체계 개편 노력을 다시 하고 있다.

4장.
누구도 넘볼 수 없는 초격차 은행

Execution & Delivery

사업 계획과 전략을 잘 짜는 것도 중요하지만, 보다 핵심은 그 계획과 전략을 실행하고 구현해서 현실의 결과로 만드는 'Execution & Delivery'다. 여기서 Execution은 실행이고 Delivery는 결과를 내는 것이다. 실행했는데 결과물이 없으면 소용없다.

사실 전략 짜는 일은 누구나 할 수 있다. 스스로 부족하다 느끼면 컨설팅사에 맡기면 된다. 컨설팅사가 오히려 잘할 것이다. 보다 중요한 것은 실행이다. 전략을 구현해 현실로 만드는 것은 컨설팅펌이 아니라 리더 본인이다. 좋은 리더라면 팀이 합심해서 결과를 낼 수 있도록 이끌어야 한다.

   담대하고 끈덕지게

일의 실행에 성공하려면 리더는 강력한 결단력으로 결정을 내리고, 팀원은 제 역할을 해야 한다. 경영진이 모든 것을 혼자 실행할 수는 없다. '어느 길로 가야 하느냐'를 결정해 앞장섰는데, 아무도 따라오지 않으면 리더만 집중 타격을 받아 전사(戰死)하고 팀은 와해될 것이다. 혼자 뛰어서는 1km밖에 못 간다. 반면 열 사람, 스무 사람이 이어서 달리면 10km, 20km가 아니라, 적절한 안배에 의해 20km, 30km 달리는 것이 가능하다. 그 20km, 30km 갈 수 있도록 해주는 게 리더의 역할이다. 직원들이 신나게 일할 수 있고, 두려움 없이 업무를 추진할 수 있도록 함으로써, 조직은 실패에 대한 두려움을 갖지 않고 나아갈 수 있는 것이다.

리더 본인의 실행력 못지않게 직원, 동료, 후배들의 마음과 지지를 얻는 것이 중요하다. 평소 팀원의 의견을 듣고 이견이 있다면 설득하는 '포용력'이 중요한 이유다. 좋은 리더라면 존중과 배려를 통해 팀원의 얘기를 경청하며, 반대 얘기를 하더라도 합리적인 선에서 수용할 부분은 수용하되 수용할 수 없는 것은 설득해 한 곳으로 이끌어야 한다. 또 기회는 아래로 내리고, 책임은 위로 올려야 한다. 그래야 팀원들이 리더의 분신이 돼 일할 수 있다.

윤 회장은 '리더는 주인공이 아니라 감독이나 총괄이 돼야 한다'는 말을 자주 했다. 아무리 뛰어난 감독이라 하더라도 내가 스포트라이트를 받기 위해 직접 주인공을 맡아 연기까지 한다면 영화는 성공하기 어렵다. 초보 감독 중에 이런 실수를 하는 경우가 종종 나온다. '이렇게 하는 거야' 시범을 보일 수는 있겠지만, 내가 나서서 주연 배우까지 한다면 잘되기 어렵다는 게 윤 회장의 생각이었다.

팀원일 때 일을 잘했는데 팀장이 돼서 빛을 발하지 못하는 경우가 여기에 해당한다.

좋은 배우를 뽑아 잘 연기할 수 있도록 돕고, 배우들 사이 문제가 있다면 조용히 조율하고 화합시키는 게 좋은 감독이 할 일이다. 빅픽처(Big picture)를 그려 팀이 나아갈 방향을 알려주고, 그에 맞춰 달려가도록 독려하는 일이다. 실제 성과는 엑스트라를 포함한 모든 배우가 얼마나 각자 일을 잘 수행했느냐에 따라 결정된다. 그런 면에서 윤 회장은 'CEO에서 'E'는 'Enable'을 뜻한다'는 말을 즐겨 썼다. 직원들과 함께 일을 'Enable', 즉 가능하게 만드는 게 리더라는 것이다. 그래야 가진 자원을 최대한 효율적으로 운영할 수 있고, 후배들은 기회를 얻어 성장할 수 있다.

제 아무리 능력이 뛰어난 리더라도 시간이란 자원은 동일하다. 제한된 시간 하에서 리더가 할 수 있는 일은 한정돼 있고, 혼자 이끄는 조직의 시야는 좁아질 수밖에 없다. 군대에 비유하면 병장이 병장 역할을 안 하고, 소대장이 소대장 역할을 안 하고, 중대장이 중대장 역할을 안 하는 조직이 되는 것이다. 자랑 삼아 '일은 내가 다 한다'는 리더들이 있는데 그처럼 무능한 리더가 없다고 윤 회장은 평소 강조했다.

윤 회장은 좋은 리더는 시간을 비워 본인의 시야와 조직이 할 수 있는 영역을 넓히는 리더라는 말도 즐겨 했다. 비울수록 채워지는 것이다. 은행 지점장이라면 새로운 예금, 대출, 펀드를 유치하기 위해 아무리 열심히 돌아다녀도 혼자서는 다 해결할 수 없다. 직원들이 함께 달려야 좋은 성과를 낼 수 있다. 나의 분신 1, 2, 3을 만들

　　　　　　　　　　　　　　　　담대하고 끈덕지게

어 성과의 총합을 키우라고 강조했다.

윤 회장은 이 기조에 따라 KB의 경쟁력 강화 작업에 돌입했다. KB에 대한 시장의 3가지 의심, '찢기고 갈라진 KB의 내홍은 정말 수습 가능한지', '새 경영진과 이사회의 갈등 등 다른 불안 요소가 부각되는 것은 아닌지', '한없이 추락한 경쟁력은 회복 가능한 것인지' 중에서 드디어 마지막 3번째 의심에 답할 차례가 온 것이다.

지속 가능한 성장을 위한 기본 조건

윤 회장은 3가지 코어(core)로 나눠서 세부 전략 설정과 실행을 주문했다. 첫째가 핵심 비즈니스(Super Core)인 은행 경쟁력 강화다. 은행 중심의 금융그룹이 지속 가능한 성장을 할 수 있는 기본 조건이다. 경쟁자와의 초격차를 유지해 압도적인 1위 은행이 되겠다는 것을 목표로 은행 경쟁력 강화 작업을 주문했다. 둘째는 핵심 성장동력(Core Biz)을 강화하는 것이다. 계열사를 아울러 CIB, 투자운용, WM, 보험, 글로벌 분야에서 경쟁력을 높이는 것이다. 세 번째는 비금융 영역에서 미래선도영역(Next Core)을 발굴하는 것이다.

윤 회장은 세부 전략 설정 단계에서 생존 부등식을 강조했다. 고객이 느끼는 가치(Value)는 기업이 받는 가격(Price)보다 높아야 하고, 가격은 비용(Cost)보다 높아야 한다는 것이다. 'Value〉Price〉Cost'의 생존 부등식을 지킬 수 있을 때 기업은 살아남을 수 있다고 했다. 경기가 나빠지면 가격을 높게 받기 어렵다. 여기에 대비해 기업은 필요한 비용 통제를 할 수 있어야 하며, 실패하면 살아남을 수 없다고 강조했다.

전략 실행 단계에서는 어떤 문제가 제기될 수 있는지, 어떤 보호 장치를 마련할 수 있는지 살펴야 한다는 주문도 했다. 특히 극단 상황에서 발생할 수 있는 꼬리위험(Tail Risk)을 강조했다. 꼬리 위험은 '설마 벌어질까' 정도의 가능성이 있는 위험이지만, 기업이 무너질 때는 그 '설마'가 계기가 되는 경우가 많다.

윤 회장은 3가지 코어 중에서 핵심인 은행의 차별화된 경쟁력 확보에 성공하고 비(非)은행 부문까지 강해진다면 그가 내세웠던 리딩금융그룹으로의 복귀가 가능하다고 판단했다. 그가 결론 내린 국민은행의 강점은 크게 3가지였다. 첫째는 절대적인 고객 수가 많다는 것이다. 소비자 금융이 중심이었던 옛 국민은행과 주택은행이 합병한 결과였다. 둘째는 점포망 채널이 가장 넓게 퍼져 있다는 것이었다. 오랜 기간 청약통장 주위탁 은행을 맡으면서 전국적으로 가장 촘촘한 점포망을 갖고 있었다. 셋째는 자기자본이 튼튼하다는 것이었다. 국민은행은 기업 금융 비중이 상대적으로 낮아 외환위기와 금융위기를 거치면서 자기자본 피해가 가장 적었다. 자본 활용도만 높일 수 있다면 가격 경쟁력을 대폭 개선할 수 있다는 의미다.

다만 가격이 전부는 아니다. 은행이 고객 기반을 단기간에 확대하는 건 쉽다. 예금 금리는 높이고 대출 금리는 낮추면 된다. 그러면 다른 은행에서 고객을 유입시킬 수 있다. 하지만 이는 수익성에 문제를 가져오게 된다. 은행의 진성 영업은 어떤 은행이나 욕심 내는 고객을 자기 고객으로 확보하는 것이다. 그것도 금리 조건을 희생하지 않으면서 고객을 늘리는 게 중요하다. 이 생각에 따라 윤 회

담대하고 끈덕지게

장은 여러 차례 "여러분처럼 우수한 직원은 쉬운 영업을 하면 안 된다. 누구나 모시고 싶어 하는 좋은 고객을 우리에게 유리한 조건에 모셔와야 한다"고 강조했다. 이를 위해 고객이 체감할 수 있는 비가격 경쟁력을 높일 것을 주문했다. 중소기업 고객이라면 외환, 수출입, 정보 제공 등 부가서비스를 매력적으로 해주면 금리 조건을 크게 고치지 않아도 고객이 찾아오게 된다. 윤 회장은 고객들이 '은행이 나를 위해 일한다'고 느낄 수 있어야 한다고 강조했다.

윤 회장은 또 상품·서비스·프로세스 등 비즈니스 전반을 고객 중심으로 전환해야 한다고 천명하면서 고객별로 차별화된 서비스를 강조했다. 장기적인 관점에서 '고객 자산 증대 및 편의성 제고'에 초점을 맞추라는 주문도 했다.

이런 기조에 따라 국민은행은 고객 우대 제도를 통합하는 등 그룹 차원의 협업을 강화하면서, 다양한 금융 상품과 서비스를 내놓게 된다. 1인 가구, 반려동물을 키우는 가구 등 다양한 고객 맞춤형 금융 상품을 내놨고, 서민 금융 전담 지점 '희망 금융플라자' 등을 만들었다. 세대별 사각지대를 없애는 노력도 했다. 10대 청소년을 위한 서비스 '리브 넥스트'를 내놓은 게 대표적이다. 만 14세 이상이면 신분증이 없어도 금융 거래를 할 수 있도록 한 것으로, 휴대폰 인증을 통해 청소년 전용 선불 전자 지급 수단(현금처럼 사용할 수 있는 포인트) '리브포켓'을 출시하여 까다로운 신분증 인증을 대체하는 새로운 입출금 방식을 선보였다. 원래 노랑이던 내용을 분홍으로 변경 또 현역 장병을 대상으로 특화한 나라사랑 카드, 경찰관 등에 특화해 우대 혜택을 주는 무궁화 대출, 수원과 인천 지방법원 대한 공탁금 서비스 등을 잇따라 출시했다.

KB스타뱅킹의 진화

차별화에 있어 필수적이지만 다른 은행에 뒤처졌던 부분도 대폭 강화에 나섰다. 윤 회장은 KB가 디지털 경쟁력이 가장 떨어진다고 판단했다. 취임 당시 다른 은행이 하고 있는 통합 애플리케이션도 나와 있지 않은 상태였다. KB금융그룹의 은행, 보험, 증권 등 서비스를 고객이 하나의 앱에서 처리할 수 있는 시스템이 부재했던 것이다. 통합 앱은 은행 고객을 자사 증권과 보험 고객으로 유도하는 등 고객 확장성을 확보하기 위한 필수 플랫폼이다. 하지만 KB는 전산 시스템이 뒷받침하지 못해 통합 앱을 만들지 못하고 있었다.

윤 회장은 일단 은행, KB부동산, KB리브, KB차차차 등 개별 앱의 서비스 보완을 주문했다. 각 앱의 경쟁력을 끌어올린 후 통합 앱으로 전환하기로 했다. 동시에 서비스 특성상 분리가 필요한 부문은 분리를 결정했다. 모바일 뱅킹과 인터넷 뱅킹이 각자 경쟁력을 갖지 못하고 혼재돼 있었는데, 일단 분리시켜 고도화 작업을 하도록 주문했다. 또 개인 고객용 앱과 기업 고객용 앱을 분리해서 서비스를 차별화하기로 했다. 이렇게 KB는 개인 모바일, 개인 인터넷, 기업 모바일, 기업 인터넷 등으로 나뉘어 각자 고도화 작업에 들어갔다. 전제는 언제든 통합할 수 있다는 것이었다. 추후 통합을 염두에 두고 개별 고도화 작업을 진행하라는 게 윤 회장의 주문이었다. 얼기설기 얽혀 있는 모듈을 해체해 각각 다듬고 고도화한 다음 제

     담대하고 끈덕지게

대로 조립하자는 구상이었다.

이 기조에 따라 KB는 모바일 생활금융 플랫폼 'Liiv', 통합 멤버십 플랫폼 'Liiv Mate'(현 KB Pay), 증권의 M-able, 중고차 금융 플랫폼 'KB차차차', 종합 부동산 플랫폼 'Liiv On'(현 KB부동산) 등을 잇따라 선보였고, 이를 기초로 2020년 4월 KB스타뱅킹을 출범했다. 은행을 기본으로 계열사와 공공기관 등 외부 제휴 서비스를 통합 이용할 수 있는 앱으로, 은행은 물론 KB증권의 'Easy 주식매매' 서비스, KB국민카드의 'KB Pay 간편 결제', KB손해보험의 '스마트 보험금 청구' 등 KB금융그룹 6개 계열사의 핵심 서비스 33개를 하나로 모았다.

KB스타뱅킹은 서비스를 계속 추가하면서 현재는 완성형으로 진화하고 있다. 맞춤 자산 관리 서비스 '마이자산관리'가 대표적이다. 투자 성향, 자산 규모, 보유 상품 등 고객 데이터를 기반으로 맞춤형 자산 관리 서비스를 제공한다. 국민은행 뿐 아니라 다른 금융회사 자산과 부동산 등 비금융 자산까지 포함한 데이터를 기반으로 자산 관리 조언을 하도록 했다. 윤 회장은 자산 포트폴리오 구성 외에 세테크, 부동산 상담, 노후 대비, 상속 준비 등 다양한 부가 서비스를 제공하도록 주문했다.

2020년에는 'The K 프로젝트'를 마무리해, IT 인프라를 보강해 고객 맞춤 서비스를 확대했다. 디지털 전환과 글로벌 확대에 맞춰 마케팅 허브, 데이터 허브, 글로벌 허브를 새로 구축하기도 했다. 또 국내 최초로 모바일 인증서를 출시해 지금까지 최다 이용자를 확보하고 있다. 윤 회장은 이런 디지털화가 완성되고 나면, 점포의 역할은 앱 등 비대면 서비스로 커버하지 못하는 재무 상담 등 고도의 서비스를 제공하는 데 집중시킬 수 있다고 생각했다. 이런 촘촘한 서비스를 바탕으로 KB스타뱅킹은 전통 금융사 중에선 처음으로 작년 MAU(Monthly Active User·월간 활성 이용자 수) 1200만 명을 돌파했다. 국민은행은 또 카카오뱅크 컨소시엄에 참여하면서 인터넷은행에 대한 교두보를 마련했다.

금융의 기본은 리스크 관리

컴플라이언스(Compliance)는 기업 스스로를 보호하기 위한 활동이다. 크게 3가지 이유에서 하는 것이다. 고객 보호, 기업 브랜드·평판 등 회사의 유무형 재산 보호, 직원 보호가 그것이다. 그중에서 가장 중요한 것은 고객 보호이며, 바탕에는 '정직'이 깔려 있어야 한다. 윤 회장은 자주 "고객이 KB를 믿고 돈을 맡긴다면, 그건 KB가 '정직'하기 때문"이라고 강조했다. 마치 본인 돈처럼 내 돈을 관리해줄 것이란 믿음이다. 이 믿음을 계속 지키려면 '한번쯤 사고가 있을 수 있지' 따위의 생각을 해선 안 된다. '절대 있을 수 없는 일'이란 생각으로 사고를 예방해야 한다. 특히 반복되는 사고에 대해 '옛날에도 있었던 일' 또는 '그럴 수도 있는 일'이란 시각을 가져선 안 된다. 그러면 개선은 절대 있을 수 없다.

리더는 컴플라이언스에 대해 감독자로서 부차적으로 챙기는 수준을 넘어, 당연히 최종 책임을 진다는 자세로 접근해야 한다. 윤 회장은 KB의 5개 핵심 가치를 만들면서, 정직을 1번으로 내세운

     담대하고 끈덕지게

바 있다. 정직하지 않다면 아무리 전문성이 뛰어나도 소용이 없으며, 결국 회사와 고객에게 피해를 줄 것이라도 생각했다. 오늘 하는 일이 내일 언론에 보도되더라도 한 점 부끄러움이 없어야 한다는 게 그의 지론이었다.

금융은 어떻게 보면 사고의 연속이다. 사고 발생 가능성을 얼마나 차단할 수 있는지, 발생할 경우 얼마나 빠르게 수습할 수 있는지는 금융사의 가장 중요한 경쟁력 중 하나다.

윤 회장 취임 초기 ELS(주가연계증권) 문제가 불거져 있었다. ELS는 특정 주가지수에 연계해 일정 수준 이상으로 주가가 오르면 은행 정기예금 금리보다 높은 이자를 받고, 반대로 일정 수준 이하로 주가가 떨어지면 큰 손해를 보는 상품이다. 어느 정도 변동성이 가미돼 있는데, 주가가 크게 떨어지지만 않으면 정기예금보다 높은 수익률을 낼 수 있어서 인기가 있는 상품이다.

윤 회장 취임 이전 팔았던 ELS는 가입 때와 비교해 중국의 주가지수가 30% 이상 떨어지면 손해를 보는 상품이었다. 그런데 당시 중국 증시가 불안하면서 그런 일이 벌어질 조짐이 보이고 있었다. 은행이 할 수 있는 일은 없었다. 윤 회장은 기도하는 심정으로 주가 상승을 기다렸고, 가까스로 최악의 상황은 피했다.

이후 윤 회장은 ELS에 대해 3가지를 주문했다. 첫째는 총판매 한도를 두는 것이다. 아무리 많은 고객이 몰려도 너무 많이 팔지는 말라는 얘기였다. 둘째는 고객이 손해를 보는 지점을 더 떨어뜨리는 것이다. 기존에는 연계된 주가지수가 30% 이상 떨어지면 고객이 손해를 봤는데, 50% 이상 떨어져야 손해를 보도록 바꾸라고 주문했다. 셋째는 중국 지수 등 특정 지수에 의존하지 말고 미국 S&P, 유럽 지수 등을 병합해 안정성을 높이라고 했다.

이런 지침에 따라 국민은행의 ELS 상품의 틀이 재확립됐는데, 이후 8년이 지나 윤 회장 퇴임에 즈음해 홍콩의 주가지수가 50% 이상 떨어지는 일이 벌어지고 말았다. 나름 안전 장치를 만들었는데, 그조차 넘어서는 리스크가 발생한 것이다. 이에 따라 홍콩 ELS에 투자한 고객들이 큰 손해를 보게 됐고, 고객의 위험성을 제대로 설명하지 않는 등 불완전 판매를 했다는 이유로 국민 등 시중 은행들은 피해 배상을 하게 됐다.

(배상 관련 논란이 있었다. 실적 경쟁에 눈이 어두워 은행 직원들이 ELS를 팔아치웠으니, 고객 피해를 은행이 책임져야 한다는 게 감독당국과 투자자들의 논리였다. 반면 은행권은 고객이 이익을 볼 때는 아무 얘기가 없다가, 이례적으로 손실을 벌어지는 일이 벌어지자 은행권만 비난하고 있다고 항변했다. 또 고객의 대다수는 투자 상품의 위험성을 인지했는데도, 홍콩 주가 반토막이란 아무도 예상하지 못했던 일이 벌어지자 책임을 은행권에 떠넘기고 있다는 주장도 했다. 불완전 판매가 실제 있었던 경우는 구제하는 게 맞지만, 투자자와 감독당국이 책임에서 완전히 빠져나와 비난만 하는 것은 부당하다는 것이다. 특히 감독당국은 과열 판매가 있을 때 사전에 경고해야 할 의무와 책임이 있는데, 그런 책임을 다 하지 않은 채 은행에 대해 사후 징계와 배상 요구만 하고 있다는 볼멘소리도 나왔다. 전문가들은 투자자와 은행권, 감독당국의 공동 책임이라고 지적한다. 금융상품 판매에 관해 각자 책임있는 구조를 만들고, 유사 사태 재발시 그 구조에 따라 각자 책임질 수 있는 부분까지 책임지면 된다는 것이다.)

불가항력에 가까웠던 임기 말 홍콩 ELS 사태를 제외한다면, 윤 회장 재임 기간 KB의 리스크 관리 노력은 비교적 성공적이었다. 윤 회장은 KB금융이 노출될 수 있는 위험을 신용 리스크(Credit Risk), 시장 리스크(Market Risk), 운영 리스크(Operational Risk), 유동성 리스크(Liquidity Risk) 등으로 분류하고, 지주회사 리스크 관리위원회 등을 통해 선제 관리하도록 했다. 리스크 관리 부서에서 점검한 결과를 계열사 CRO, 그룹 CRO를 거쳐 계열사 및 그룹 이사회 산하 리스크 관리위원회로 보고하는 체계를 갖추게 했고, 지주 및 계열사 위험 관리 책임자들로 구성된 리스크 관리 협의회를 구성해 현안을 공유하도록 했다. 그룹사 차원의 전사적 리스크 관리 체계를 구축한 것이다.

'스트레스 테스트'도 연 2회 이상 실시하도록 했다. 예외적이지만 발생 가능한 사건에 대한 취약도를 평가하기 위해 시나리오 별 손익, 자본 적정성 등 변화를 예측하기 위한 것이다.

2022년에는 지주사 리스크 관리부 주관으로 자회사(은행 신용 평가 모델부, 카드사 리스크 관리부)와 협업해 새 신용 평가 모델을 만들도록 했다. 기업은 대기업, 중소기업, 기업형 소호로 구분해 1년 이내 부도(신규 부도 포함) 확률을 각각 계산해 관리하고, 개인 고객은 주거용 주택 담보, 기타 소매(개인), 기타 소매(소매형 소호), 적격 회전 거래로 구분해 관리하는 모델이다. 또 기업 신용 등급을 정상 15단계(AAA~CC), 부도 2단계(C, D) 체계로 분류해 관리하는 체계를 확립했다.

잘못된 내부 절차·인력·시스템 또는 통제할 수 없는 외부 사건으로 인해 발생할 수 있는 사고를 예방하기 위한 운영 리스크 관리 체계도 만들었다. 운영 리스크 관련 사항을 정기적으로 모니터링해 그 결과를 이사회 및 경영진에 보고하고, 담당자를 통해 가능한 조치를 하도록 했다.

기업 금융 역량 확대

서비스 영역에서 KB에 가장 중요한 과제는 기업 금융을 확대하는 것이었다. 개인 금융에 가까운 소호 부문은 KB가 강점을 갖고 있었지만, 중소 법인과 대기업 부문은 국민은행의 약점이었다. 윤 회장은 기업 금융 강화를 위한 업무 영역 개편을 했다.

KB는 다른 은행에 비해 기업 금융 담당 인력이 부족했다. 개인 금융 중심의 주택·국민은행에 뿌리가 있기 때문이다. 윤 회장 취임 당시 개인 금융 대 기업 금융 담당 직원 비율은 8대2였다. 전체 자산 가운데 기업 금융 비중은 그보다 훨씬 높은데, 기업 금융 담당 직원은 20%에 불과했던 것이다. 윤 회장은 직무 훈련을 강화해 기업 금융 인력을 대폭 확대하겠다고 천명했다.

'기업 금융은 어렵다, 영업상 술 자리가 많다'는 등의 내부 인식이 걸림돌이었다. 여성 직원의 진입이 드문 이유이기도 했다. 국민은행의 전체 직원 가운데 여성 직원 비율은 50%에 달했는데, 기업 금융 담당 가운데 여성 직원 비율은 10%도 안 됐다. 윤 회장은 기업 금융에 대한 내부 인식 개선부터 주문했다. '접대에 의존하는 영업은 사라지고 있으며, 여직원들이 고객과 소통에서 탁월한 성과를 보인다'면서 기업 금융 세일즈에 여성이 진출해야 한다고 강조했다. 동시에 신입 직원들을 대거 기업 금융에 배치했다. 신입 직원 입사 초기 2년 동안 의무적으로 기업 금융 파트에서 일하도록 한 것이다. '기업 금융은 어렵다'는 기득권 남성 직원들의 주장과 괜한 두려움을 깨면서, 누구나 할 수 있다는 메시지를 주기 위해서였다. (2년이 지난 젊은 직원들은 디지털과 자산 관리 영역에 집중 배치했다. 5년 차 이하 직원 가운데 희망하는 사람은 대부분 배치했다. 디지털과 자산 관리 영역도 직원들 사이에서 난이도가 있는 직무로 인식됐는데, '경험해보니 어렵지 않다'는 걸 느끼도록 하기 위한 조치였다.)

또 기업 금융 조직을 중소기업 담당과 대기업 담당으로 분리해, 상황에 맞는 금리 정책을 구사할 수 있도록 함으로써 금리 경직성을 해결했다. 현장 의견은 애로 사항 중심으로 실시간 본부로 전달되도록 했다.

나아가 윤 회장은 보다 강력한 유인책을 주문했다. 기업 금융 담당자의 승진 우대 정책 도입을 지시한 것이다. 어느 정도 규모가 있는 지점에 복수 지점장 제도를 도입해서, 소매 금융 외에 기업 금융 담당 지점장을 별도로 뒀다. 이후 기업 금융 담당 직원 대비 지점장 수가 크게 늘면서, 이들의 승진이 보다 빨라지게 됐다. 특히 여성 기업 금융 담당자들을 대거 지점장 등으로 발탁 승진했다.

직무 면에서는 기업 금융 담당 직원들의 대출, 무역, 외환 등 주요 업무를 통합해 고객 기업을 관리하도록 했다. 기존에는 전문성을 이유로 기업 금융 업무가 분야별로 쪼개지고 흩어져 있었는데, 업무를 통합해 두루 경험할 수 있도록 함으로써 직원들의 업무 역량이 빠르게 강화될 수 있도록 했다.

복수 지점장제 도입과 여성 발탁 승진으로 지점장 승진 확률이 올라간 이후, 남녀 모두 기업금융에 대한 지원이 대거 늘게 됐다. 현재 국민은행의 개인금융 대 기업금융 담당 직원 비율은 6대 4 수준으로 개선됐다. (반대로 자산관리 부문은 기존에 여성 직원 비율이 훨씬 높았는데, 이 부문에서 여성 직원의 기업금융으로 이동이 장려되면서, 자산관리 부분의 여초 현상이 많이 개선됐다.)

기업금융이 대출 위주에서 투자금융, 구조화금융 등으로 심화될 수 있도록 M&A를 통해 증권 부분을 강화하고, 은행과 증권의 기업금융 담당 부서를 한 건물에 배치하면서 인력 교류를 확대해 은행과 증권 간 협업과 종합서비스 제공을 촉진하기도 했다.

기업금융 확대를 위해 다양한 프로그램도 새로 만들었다. 중소·중견 기업을 위한 자금 조달, 인수·합병(M&A), 기업공개 등 성장 단계별 니즈에 맞는 서비스 제공 체계로 만들었고, 1조 원이 넘는 혁신기술금융펀드를 조성했다. 단계별 맞춤형 기술 자문 프로그램과 동산 담보 관리 프로세스를 구축하고, 현금 관리 서비스를 강화했다. 또 수출입 기업을 위해 무역금융 자동화 서비스를 내놨고, 대금 정산에 어려움을 겪는 온라인 커머스 기업을 위한 KB셀러론 서비스를 신규 출시했다. 이밖에 전국 13개 지역에 '소호컨설팅센터'를 개설해 무료 경영·창업 컨설팅 서비스를 했다. 2015년엔 'KB이노베이션허브'를 출범시켜 스타트업을 발굴했고, 기업에 대한 정보 제공 서비스도 대폭 강화했다.

고객 자산 관리에 강한 은행

윤 회장은 동시에 WM(자산 관리) 영역 강화를 위한 영업점 관리 체계 개편도 실시했다. 갈수록 고객 자산 관리가 중요해지고 있었지만, 당시 은행 지점들은 지점 내 일반 소매 금융 담당자와 PB(프라이빗뱅커)가 사실상 따로 놀고 있었다. 업무 별로 벽이 쳐 있었고, 업무 이관 등 다툼도 잦았다. 윤 회장은 영업점 조직이 일사분란하게 움직여야 한다고 생각했다. 이를 위해 PB 중에서 지점장이 많이 나와야 한다고 판단했다.

당시 KB는 우수한 PB가 많았지만 승진할 수 있는 지점장 자리가 제한돼 있었다. PB들이 승진해 옮겨가는 자리가 정해져 있는 것이다. 그래서 PB와 일반 소매 금융 담당자들은 업무적으로나 정서적으로나 분리될 수밖에 없었다. 함께 일할 가능성이 없으니, 한 공간에 있어도 남 보듯 하는 것이다. 윤 회장은 PB를 영업그룹 소속으로 하면서 복수 지점장제를 도입해, PB들에게 영업점장 승진 기회를 많이 주라고 주문했다. 영업점 전체를 관할하는 PB를 많이 배출하란 뜻이다. 그러면 PB와 일반 소매 금융 담당자들은 언제든 함께 일할 가능성이 생기고, 조직 융합이 가능할 것으로 봤다.

복수 지점장제 도입을 통한 승진 기회의 확대는 PB들에 대한 인센티브로 작용했고, 보다 많은 우수한 직원들이 PB로 진입하는 계기가 됐다. 복수 지점장제도는 지점 별로 탄력적으로 운영됐다. 기업 본사 등이 위치한 대형 지점은 기업금융과 개인금융으로 나눠 복수 지점장을 두고, 아파트가 밀집한 지역은 개인금융과 자산관리로 나눠 복수 지점장을 뒀다. KB는 처음 100여 개 지점에 복수 지점장을 도입한 뒤 확대해 나갔다. 지점 수가 갈수록 줄어드는 상황에서 승진 자리가 줄어 직원들의 사기를 떨어뜨리는 것보다 자리를 늘려 효율적으로 조직의 숨통을 트이는 게 낫다는 판단이 작용했다.

KB는 WM 역량 강화를 위해 프리미엄 종합자산관리 브랜드 'KB GOLD&WISE the FIRST'를 론칭하기도 했다. 투자·세무·부동산·법률·신탁 등 전문가 역량을 결집한 조직이다.

은행과 연계해 계열사들의 상품과 서비스도 다양화했다. KB증권을 통해서는 모바일트레이딩시스템(MTS), 마블(M-able)과 해외주식투자에 특화한 '마블미니(M-able mini)'를 출시했다. 1000원 등 금액을 기준으로 해서 해외주식을 소수점 단위로 살 수 있게 한 것이다. 주당 수백만 원이 넘는 미국 글로벌 주식을 소수점 단위로 보유할 수 있다. 또 주식전문가가 출연하는 증권방송을 실시간으로 보면서 언급되는 종목을 바로 매매할 수 있도록 하는 등 다양한 고객 서비스를 부가했다.

또 저금리로 인해 예금·대출 중개의 전통적 은행 모델이 고객이 위험을 일부 감수하더라도 높은 수익을 쫓아 투자하는 모델로 바뀔 것이라 보고 은행과 증권이 함께 상담하고 서비스를 제공하는 복합 점포를 대폭 확대했다.

고객이 체감할 수 있는 경쟁력 강화 노력도 했다. 직장인 밀집 지역을 중심으로 전국 50곳에 점심시간 집중 근무 제도를 도입한 게 대표적이다. 해당 지점은 직원들의 점심 시간을 오전 11시~오후 12시 또는 오후 1시 30분 이후로 나눈 뒤, 일반 직장인의 점심 시간인 오후 12시~1시 30분 시간 동안 지점을 풀가동했다.

윤 회장은 점심시간 집중 근무 제도를 도입하면서, 유연근무 제도와 2교대 근무 병행 운영을 주문했다. 예를 들어 9 to 6 지점의 경우 첫째 팀은 오전 9시부터 오후 4시까지 창구를 보고, 둘째 팀은 오전 11시에 나와 오후 6시까지 창구를 보는 것이다. 둘째 팀은 아침 겸 점심을 먹고 출근하게 되니 점심시간 근무가 수월해진다. 전체 점포 가운데 15% 정도가 이런 운영을 하면 고객과 직원 만족도를 모두 높일 수 있다는 게 윤 회장의 구상이었다. 유연근무 제도는 육아로 고민하는 직원들의 고민을 해결하는 기회도 됐다.

윤 회장 재임 기간 남자 직원들의 육아휴직도 활성화됐다. 윤 회장은 육아휴직을 신청한 남자 직원에 대해 '부담 갖지 말고 좋은 선례를 만들라'고 독려했고, 현재 KB에선 상시 100명 정도 남자 직원이 육아휴직을 쓰고 있다. 육아휴직을 자유롭게 쓰는 기업 문화는 직원끼리 업무 부담을 나누는 일종의 품앗이에 해당한다. 남은 직원들이 십시일반 조금씩 일을 더 함으로써 육아휴직을 간 동료의 빈틈을 메우는 것이다.

조직의 효율성을 높이는 윤종규의 3R

윤 회장은 업무 효율화를 위해 경영을 '덧셈 경영'과 '뺄셈 경영'으로 구분했다. '덧셈 경영'은 뭔가 덧붙이는 것이고, '뺄셈 경영'은 뭔가 빼는 것이다. 덧셈과 뺄셈의 균형이 중요한데, 때로 덧셈보다 뺄셈이 중요하다고 했다. 리더가 팀의 모든 일에 일일이 얽혀 있으면 조직은 나아가지 못하고 정체된다. 리더는 욕심을 버리고 과감하게 몸을 뺄 수 있어야 한다는 것이다.

좋은 리더라면 3R(Remove, Reduce, Redesign)을 해줄 수 있어야 한다고 강조했다. 이는 애자일 조직을 만들기 위한 전제조건이기도 하다. Remove는 보고서 작성 같은 직원들이 시간을 많이 뺏기는 부분을 찾아 제거하는 것을 뜻한다. 관성과 타성, 관행에 의해 해 온 일을 없애는 것이다. 기업의 보고서를 보면 새로운 내용이 없고, 가치(Value)를 창출하지 못하는 경우가 많다. 심지어 아무도 보지 않는 보고서도 있다. 이런 보고서는 과감하게 없애야 한다고 윤 회장은 강조했다. 그는 자주 TV 리모컨을 인용했다. 리모컨을 보면 버튼이 20~30개에 달하는데, 그중 실제 사용하는 것은 채널, 볼륨, 이전, 검색 같은 네다섯 가지에 그친다. 처음 실무진이 리모컨을 만들 때는 네다섯 개 정도로 시작했을지 모른다. 하지만 팀장에게 올라가면서 2개 더 붙고, 부장에게 올라가면서 2개, 임원에게 올라가면서 2개 더. 이런 식으로 점점 더해졌을 수 있다. 군이 필요하지 않은데 누군가의 '그럴 가능성이 있는 것 아니야' 한 마디에 일이 매우 복잡해질 수 있는 것이다. 좋은 리더는 사안별 경중을 가려 불필요한 것을 과감하게 제거해줄 수 있어야 한다는 게 윤 회장의 지론이었다.

이런 생각에서 윤 회장이 꼭 없애도록 독려한 게 임원의 발표를 위해 부하 직원이 보고서를 만드는 일이었다. 회의 자료가 필요하다면 발표를 할 임원이 주도해서 만들고, 임원 스스로 사안에 대해 충분히 이해한 뒤 발표하도록 강조했다. 임원이 기본적인 내용에 대한 이해도 없이 직원의 보고를 받아 그대로 읊는 일은 없어야

담대하고 끈덕지게

한다는 것이다. 보고를 위한 보고, 발표를 위한 보고는 반드시 뿌리 뽑아야 할 악이라고 강조했다.

Reduce는 필요한 일을 효율화하는 것이다. 필요한 보고서라 하더라도 목차부터 결론까지 길고 화려하게 작성할 필요는 없다. 보고서를 통해 알고 싶은 것은 문제가 무엇인지, 어떤 것을 어떻게 고치면 되는지이다. 이 내용에만 집중한다면, 불필요한 부분을 대거 줄일 수 있다는 게 윤 회장의 생각이었다. 보고서에 전형적으로 나오는 배경, 연혁 등이 대표적이다. 배경은 다 안다는 전제 하에 문제가 무엇인지, 해결할 게 무엇인지에 바로 들어가야 한다고 강조했다. 윤 회장은 회의 발표에 대해서도 원칙적으로 5분을 넘지 않도록 했다. 대신 참가자들이 사전에 안건에 대해 이해하고 들어오도록 했다. 그러면 보고를 위한 회의가 되지 않고, 결론을 낼 수 있다. 실컷 얘기를 들은 후 결론은 다음 회의에서 내자는 식의 회의를 피할 수 있는 것이다.

Redesign은 일의 프로세스를 바꾸는 것이다. 과거에는 사람이 직접 해야 했는데, 지금은 자동화할 수 있는 일이 많다. 이런 부분을 찾아 디지털화해야 한다는 게 윤 회장의 생각이었다. 일반 직원들은 바꾸고 싶어도 그럴 권한이 없거나, 늘 해오던 일이기 때문에 손수 하는 걸 당연한 걸로 여길 수 있다. 좋은 리더라면 실시간 쌓이는 정보를 활용해 이런 부분을 찾아 Redesign해야 한다.

결국 필요 없는 것은 과감히 없애고(Remove), 그 필요한 것도 과감히 줄이고(Reduce), 고칠 게 있다면 개선(Redesign)하는 work diet를 해야 조직의 효율성이 높아진다. 다이어트로 건강한 체질을 만드는 것과 같다. '왜 그렇게 할까', '그건 필요 없는 것 아니야?' 또는 '이렇게 하는 것이 효율적일 것 같아' 하며 바꿔주는 게 좋은 리더다. 윤 회장은 평소 임원들에게 자주 "좋은 리더라면 어떤 사안에 대해 꼭 이렇게 했어야 했는지, 왜 이렇게 했는지, 꼭 이 일을 해야 했는지, 다르게 하면 안 되는지 같은 '건전한 의문'(Sound Skepticism)을 갖고 팀이 관성과 타성에 젖지 않도록 해야 한다"고 강조했다. 이후 KB는 업무 효율성이 크게 개선됐다는 안팎의 평가가 나왔다.

직원의 얘기를 귀담아 듣는다는 건

효율적인 'Execution & Delivery'를 위한 윤 회장의 소통 전략은 '아무리 해도 과하지 않다'는 것이었다. 직원들은 본인의 얘기를 리더가 들어주고 신경까지 쓸 것이란 기대를 하지 않는다. 직원은 너무 많고 리더는 너무 바쁘기 때문이다. 그럼에도 리더는 의도적이고 의무적으로 귀담아 들으려는 노력을 해야 한다.

윤 회장은 발로 뛰는 소통을 가장 신경 썼다. 전국을 누비며 직원을 독려하기 위해 애쓰면서, 직원들의 열망을 고취할 수 있는 비전과 전략 방향을 제시하기 위해 노력했다. 우문현답을 내세우면서 영업 일선의 의견을 들어 반영했고, 본부 조직은 영업 지원에 매진하도록 독려했다. 또 모든 것을 고객 중심으로 생각하고 행동할 것을 주문했다.

계열사 별로 타운홀 미팅도 자주 갖기 위해 애썼다. 그는 타운홀

담대하고 끈덕지게

미팅 시작 전 모든 참석자에게 '포스트잇' 질문을 의무적으로 남기도록 해, 미팅을 시작하면서 모든 포스트잇을 직접 읽었다. 모두가 의미 있는 질문이어서 그랬던 것은 아니다. 직원들에게 '우리 회장은 정말 다 보는구나' 인식을 주기 위해서였다. 질문을 다 읽은 후에는 최대한 자유로운 분위기를 연출해 같은 성격의 질문끼리 묶어서 답변을 했다. 가능한 모든 질문에 답변하려는 노력이었다. 또 미팅 이후엔 참석하지 않은 전 직원이 내용을 알 수 있도록 발언록을 공개했다. 전 직원이 좀 더 리더를 믿고 회사에 보다 관심을 갖는 계기로 이어지도록 하기 위해서였다.

소통은 굳이 한 방향을 고른다면 아래에서 위로 일방적이어야 한다. 리더는 무조건 듣는 것에서 시작해야 한다. 윤 회장은 이 생각에 따라 KB 인트라넷에 익명게시판을 만들었다. 불만사항을 언제든 올리도록 했고, 각 사안은 담당 부서장이 반드시 처리하고 피드백을 남기도록 했다. 처리 결과는 주기적으로 윤 회장에게 보고됐다. 나쁜 소식일수록 신속하게 보고하고 공유하도록 강조했다. 이 밖에 화상 미팅으로 하는 e-소통라이브, 점심 도시락 미팅 등도 했다.

또 가능하다면 바른 말 하는 직원 한 명 정도는 팀에 두라고 강조했다. 윤 회장 스스로도 임원진 중에 소위 '기가 센' 사람을 반드시 배치했다. 이들은 공개 회의 석상에서 돌출 발언이나 때론 거친 발언을 하곤 하는데, 이는 회의가 일방적으로 흐르지 않도록 돕는다. 도전적이고 거침없는 얘기를 해도 용인하고 포용하는 조직 문화 형성에도 도움이 된다.

느리면 잡혀 먹히는 것은 자연의 섭리

'Execution & Delivery'를 위한 의사 결정은 무조건 빨라야 한다고 생각했다. 리더는 결정이 빨라야 한다는 Pressure를 스스로 줄 필요까지 있다. 그렇지 않으면 인간의 속성상 모든 결정이 한없이 뒤로 밀릴 수 있다. '스피드'는 경영에서 리더가 강박관념까지 가져야 할 최우선 고려 요소란 게 윤 회장의 생각이었다.

윤 회장은 평소 직원들에게 "빠르지 않으면 잡혀 먹히는 것은 자연의 섭리"라고 강조했다. 가젤이 사자한테 안 잡히려면 더 빨라야 하고, 예측하지 못하게 뛰어야 한다. 사자 역시 생존하기 위해서는 가젤보다 빨라야 한다. 사자는 가젤보다 몸집이 크기 때문에 가젤보다 계속 빠를 수는 없다. 다만 결정적인 순간엔 가젤보다 빨라야 가젤을 잡을 수 있다.

윤 회장은 취임 후 얼마 안 돼 한 미국 투자회사를 만난 일이 있었다. 이 자리에서 장기 투자에 대한 의사결정의 얘기가 나왔는데, 투자회사는 보통 일주일 내에 의사결정을 한다고 했다. 아무리 늦어도 2주를 넘지 않는다고 했다. 2주 이상이 되면 경쟁자들에게 기회를 뺏길 확률이 높기 때문이란 게 이유였다. 윤 회장은 투자회사를 만나고 돌아와 KB의 장기 투자 의사결정 과정을 점검했다. 평균 한 달 정도가 소요되는 것으로 나타났다. 윤 회장은 고민 끝에 만든 게 원팀 회의와 부문장 회의였다. 원팀 회의는 계열사들이 각자 추진하는 내용을 공유하기 위한 회의였다. 세 명의 부회장이 부문별로 나눠서 주재하도록 했고, 후에 HR과 감사 부문도 원팀 회의를 추가했다. 부문장 회의는 매주 금요일마다 열도록 했다. 계열사

  담대하고 끈덕지게

간의 충돌을 조율하는 게 주된 안건이었다. 보고받기 위한 회의가 아니라, 결정하기 위한 회의로 운영했다. 어떤 사업에 대해 한 곳은 반대하고 다른 곳은 찬성을 하는 상황이라면 논의에 부쳐서 결론을 냈다. 가급적 회장이 주재했고, 부재일 경우 부문장이 주재해 의사결정을 하는 콘트롤타워 역할을 했다. 원펌 회의와 부문장 회의가 정례화되자 복잡한 사안은 밑에서 머물지 않고 바로 위로 올라가는 결과가 발생했다. 의견 대립을 하다가 묻히는 일을 없애고, 자연스레 책임은 위로 집중됐다. 이후 KB의 장기 투자 의사결정 기간은 2주 내외로 줄었다.

시너지의 궁극적인 목표는 오로지 고객

윤 회장이 'Execution & Delivery'에서 마지막으로 강조한 것은 업무 시너지다. 금융그룹이 하는 대표적인 시너지 노력은 상품 개발이다. 자산운용과 자산관리, 생보와 손보, 은행과 카드 등으로 따로 추진되던 상품 개발을 공동으로 추진하는 것이다. '원펌 회의'를 통해 정보와 이슈를 공유한 후 무엇을 개발할지, 어떻게 협력하고 결합할지 아이디어를 논의해 융복합 상품을 내놓도록 독려했다. 그래야 다른 회사와 차별점을 만들면서 고객별 맞춤형 상품에 한 발 다가설 수 있다고 강조했다.

윤 회장에서 시너지에서 가장 강조한 것은 고객이다. 무엇인가 시너지를 높이는 의사결정을 할 때는 '고객의 이익이 늘거나, 고객의 비용이 절감되는지', '고객이 편리해지는지', '고객이 즐거움을 새로 얻는지'의 3가지 기준을 반드시 살펴야 한다고 강조했다. 더불어 가능하다면 직원에게도 편리함, 즐거움, 혜택을 줄 수 있어야 시너지에 의미가 있다고 했다. 나아가 우리 사회에 공헌하는지도 살펴야 한다고 봤다. 고객, 직원, 사회 그 어떤 부분에도 기여하지 못한다면, 시너지는 의미가 없고 지속 가능하지도 않다. 예를 들어 은행에서 보험 상품을 판다면, 보다 저렴한 보험료로 고객에게 혜택을 줄 수 있어야 한다고 했다. 그게 아니라면 고객이 좋은 보험을 찾는 데 걸리는 시간과 노력을 절약해서 "KB국민은행과 KB라이프를 함께 이용했더니 이게 좋네" 소리를 들어야 한다. 기업 시너지의 궁극적인 목표는 팀을 하나로 모아 고객에게 질 좋은 서비스를 제공하는 데 집중돼야 한다는 것이다.

   담대하고 끈덕지게

5장.
한국 금융계 가장 완벽한 포트폴리오

대우증권 인수 실패

은행 경쟁력 강화 이후의 과제는 비(非)은행 부문 강화였다. KB에 대한 금융계 의심에 답하고 Asia Top 10, Global Top 50 목표를 달성하려면 비(非)은행 부문에서 차원이 다른 경쟁력을 확보하는 일이 필요했다. 증권·보험 등 비(非)은행과 은행 간 시너지를 낼 수 있어야, 비로소 명실상부한 금융그룹으로서 면모를 갖출 수 있는 것이다. 하지만 이는 KB의 가장 큰 약점이었다. 윤 회장은 부문별로 차별화된 전략을 주문했다.

그나마 비(非)은행 부분에서 가장 앞서 있던 '카드' 부문은 은행과 보조를 맞춰 디지털 혁신을 강화하도록 했다. 이어 '자산운용'

부문은 보다 공격적인 대응을 주문했다. 자산운용이 중장기적으로 가장 경쟁력을 유지해야 할 분야라고 판단한 것이다. 자산운용 파트가 노후 연금과 대체투자 시장 등에서 경쟁력을 가질 수 있도록 이익보다는 점유율 확대에 신경 쓰고, 인력과 전산 투자를 강화하는 등 공격적인 전략을 펼 것을 주문했다.

나머지 비(非)은행은 공격적인 M&A를 통해 빠르게 보완하기로 했다. 증권업이 대표적이다. 윤 회장은 기업금융 강화를 위한 증권업 보강이 필수라고 판단했다. 한국에서 자금 조달이 필요한 기업들은 전통적으로 은행 차입을 주로 해왔다. 하지만 향후에는 채권 발행 등 직접금융 의존도가 커질 것이란 게 윤 회장의 예상이었다. 직접금융은 증권사의 영역이다. 윤 회장은 기업 고객들에게 직접금융과 함께 파생상품 거래 등 복합서비스를 제공하려면 증권업 보강이 필수라고 판단했다.

KB의 증권 분야 초기 인수 리스트에 대우증권과 삼성증권이 있었다. 삼성증권은 의외라 생각할 수 있지만, 2014년을 전후해 금융시장에선 삼성증권을 비롯한 삼성 금융계열사들 몇 곳이 시장에 매물로 나온다는 소문이 파다했다. 이에 윤 회장은 삼성 측에 "삼성이 금융을 정리한다면 KB가 큰 관심이 있다"는 의향을 전달했다. 당시 이미 매물로 나와 있던 대우와 삼성을 비교하면 삼성은 대우보다 고객 자산관리 분야가 강했고, IB(투자은행) 영역도 나름 강점이 있었다. 모두 기존 KB증권이 약한 부분이었다. 이에 따라 KB와 삼성은 당시 꽤 긴밀하게 연결됐던 것으로 알려졌다.

반면 대우증권은 기초 체력은 의심할 여지가 없으나, 오랜 기간

     담대하고 끈덕지게

주인 없는 채로 회사를 유지해 왔다는 불안감이 있었다. 대우증권
은 2000년대 초반 대우 사태로 계열사가 줄줄이 흩어진 이후 오랜
기간 주채권은행인 산업은행의 관할 하에 있었다. 자연스레 정치권
등의 외풍에 시달릴 수밖에 없었다. 윤 회장이 인사 청탁을 받은 인
사들 중에 대우증권 출신이 꽤 있었다는 사실이 이를 방증했다. 외
부 실력자와 관계를 맺어 오면서 이들의 영향력을 동원해 KB에 자
리를 마련하겠다는 대우증권 출신 인사들이 많았던 것이다. 윤 회
장 입장에서 대우증권의 조직 분위기를 의심하지 않을 수 없었다.

그래서 윤 회장은 대우증권 인수전에 그렇게 집착하지는 않았다.
반면 당시 정부는 대우증권을 어떻게든 정리하고 넘어갈 생각이었
다. 너무 오래 산업은행 관할 하에 있었다는 문제 의식을 정부도 갖
고 있었던 것이다. 대우증권 매각이 성공하려면 수의계약 형태로는
곤란하고 유효한 경쟁이 이뤄져야 했다. 당시 미래에셋증권이 강한
인수 의사를 보였고, 다음 후보는 KB였다. 금융당국 입장에서 유효
한 경쟁을 위해 KB도 의미 있는 입찰 경쟁을 벌여야 했다. KB는 당국
에 메시지를 보냈다. "딜이 어떻게든 이뤄지도록 하겠다. 우리가 사
든 바람잡이 노릇을 하든 무조건 유효 경쟁이 이뤄지도록 하겠다."

실제 KB는 바람잡이만 하겠다는 심정으로 대우증권 인수전에 참
여했다. 미래에셋증권이 인수 가격으로 2조3,000억원을 쓸 것으로
예상되자, KB는 2조원을 약간 넘는 금액을 제시했다. 그렇게 대우
증권은 미래에셋의 차지가 됐다. KB가 딜돈(거래 완료)을 위한 들러
리 역할을 충실히 해준 셈이다.

그런데 윤 회장은 이후 크게 후회를 했다고 한다. 인수전에서 탈

락하자 예상보다 임직원들의 실망이 컸고, 기대했던 삼성증권은 매물로 나오지 않았다. 결국 윤 회장은 '내가 너무 가볍게 생각했다'는 자책을 했다.

딱 한 명 동의했던 현대증권 인수가격

뒤늦은 후회는 소용없었다. 빠른 만회 전략이 필요했다. 2016년 현대증권이 매물로 나왔다. 당초 현대증권을 인수하려던 일본계 오릭스가 포기하면서 22.56%(5,380만 410주) 지분이 매물로 나왔다. 주식 가치에 경영권 프리미엄을 감안하면 7,000억~8,000억 선 가격이 예상됐다. 윤 회장도 이 정도면 합리적이라 보고 적극적으로 인수전에 가담했다.

다만 말리는 의견이 있었다. 현대증권이 3가지 문제가 있다는 것이다. 가장 큰 우려는 강성 노조였고, 둘째가 IB 부문이 약하다는 것이었다. 개인 주식 거래 브로커리지에 집중하면서 IB 부문에 강점이 없다는 것이다. 이를 이유로 현대증권을 '절대' 인수하지 말라는 의견까지 있었다. KB 역시 IB가 약한 상황에서, 새삼 현대증권을 인수해봤자 시너지 효과가 없다는 것이다. 그리고 셋째는 부동산 부실이 크다는 것이었다.

하지만 윤 회장은 대우증권을 놓치고 삼성증권도 매물로 나오지 않는 상황에서 현대증권마저 놓치면 증권업 강화는 힘들 것이란 생각이 들었다. 좋은 매물이 나오기만 기다리다 시간만 지체될 것이란 염려가 든 것이다. 대우증권 인수에 너무 소극적으로 나섰다는 아쉬움이 새삼 쓰라리게 느껴졌다.

그 와중에 미래에셋이 현대증권 인수에도 뛰어들 것이란 얘기가 들려왔다. 당초 관심이 없다던 한국투자증권이 참여할 것이란 얘기도 나왔다. 윤 회장은 정보망을 풀 가동했다. '상황이 여의치 않다. 경쟁이 거셀 것'이란 정보가 취합됐다. 뚜껑을 열어보니 다행인지 미래에셋은 뛰어들지 않았다. 반면 한국투자증권은 뛰어들었고, 홍콩계 사모펀드 액티스도 참여하는 것으로 나타났다. 3파전이 되는 것이다.

윤 회장은 일단 현대증권 인수전에 참여해, 현대증권의 3가지 문제가 얼마나 심각한지 실사해 보기로 했다. 생각보다 문제가 심각하진 않았다. 문제가 있는 만큼 가격에 반영하면 되는 수준이었다. 그래도 숨겨진 게 있을 수 있다는 지적에 따라 보다 자세히 들여다보니, 현대그룹과 거래에서 드러나지 않은 부실이 추가로 드러날 가능성이 있었다. 다만 이 부분은 단기 실사로는 전체를 파악하기 어려웠고, 인수 후 검증하되 그만큼 가격에 반영하는 것으로 결론을 내렸다.

당시 현대증권의 장부상 순자산은 3조3,000억원. 여기에 발견 못한 문제점을 10%(3,000억원) 정도로 잡아 실제 순자산을 3조원으로 재평가했다. 이어 현대증권의 잠재 PBR(순자산 대비 시가총액)을 당시 경쟁 증권회사 주가를 감안해 0.8로 설정했다. 그렇게 3조원에 0.8을 곱한 2조4,000억원을 현대증권의 잠재 시가총액으로 계산했다. 시장 상황에 따라 실제 시가총액에 변화가 생길 순 있지만, 이 정도가 현대증권에 대한 적정한 시장가치란 결론이었다. 여기에 당시 매물로 나온 지분율 22.56%를 곱하면 장부상 인수 가액은 5,414억원이란 금액이 나온다.

이제부터가 중요하다. 당연히 5,414억원에 현대증권의 경영권을 가져올 순 없고, 경영권 프리미엄을 결정해야 했다. 시장에 불꽃튀는 경쟁이 붙은 걸 감안해야 했다. 윤 회장은 가져올 수 있는 지분율보다 경영권 확보에 집중하기로 했다. 현대증권의 경영권을 확보할 수 있는 지분의 가치는 1조2,000억원으로 볼 수 있다는 결론을 내렸다. 순자산 금액의 절반 정도 금액이다. 윤 회장은 KB 말고도 다른 경쟁자들도 비슷한 판단을 할 것이라 생각했다.

하지만 현대증권의 시장 가치를 고려하면 지나치게 높게 평가를 했을 가능성이 있었다. 윤 회장은 주변의 의견을 들어보기로 했다. KB 주요 주주를 만나 금액을 제시했더니 수긍할 만하다는 대답이 돌아왔다. 주요 임원을 불러 가격을 써보라고 얘기하자, 모두가 그보다 낮은 금액을 썼지만 딱 한 명 CFO 출신의 한 임원이 1조2,000억원의 금액을 얘기했다. 다른 임원보다 숫자에 밝은 임원이었다. 윤 회장은 이 정도면 문제 없다고 판단해, 1조2,000억원에서 좀 더 상향한 1조2,500억원의 가격을 쓰기로 결정했다. 당시 최고 경쟁자로 부상한 한국투자증권이 1조2,000억원 내외를 쓸 것으로 예상해 다소 높인 것이었다.

KB의 유니버설 뱅크 도전

예상보다 결과 발표가 늦어졌다. 시장에선 한국투자증권이 됐다는

담대하고 끈덕지게

소문이 돌았다. 알고 보니 문제가 있었다. 현대그룹이 참가자들의 제시 가격을 들어보고 가액을 높이는 전략을 쓸 것이란 정보를 듣게 된 것이다. 윤 회장은 바로 문제 제기를 하고, '입찰 때 제시한 가격에 따라 바로 결정을 하겠다'는 입찰 공고 당시 약속을 지키라고 요구했다. 곧 최종 발표가 났고, 부대조건까지 고려해 100~200억 원 KB의 근소한 차 승리로 끝을 맺었다. 윤 회장 예상대로 한국투자증권은 1조2,000억원을 제출한 것으로 밝혀졌다. 발표 직후 KB의 고가 매수 논란이 있었지만, 한국투자증권의 가격이 알려진 후 잠잠해졌다.

KB는 현대증권을 100% 자회사로 만들기로 했다. 현대증권을 기존 KB투자증권과 합병시켜 통합 KB증권으로 출범시키는 과정에 필요한 선행 조치였다. 문제는 현대증권이 상장회사란 점이었다. 결국 현대증권의 상장 폐지가 필요했는데, KB는 소액주주들에게 2가지 옵션을 제시했다. 주주들이 가진 현대증권 주식 5주를 KB금융지주 1주로 교환해주거나, 그게 싫다면 당시 주가와 비슷한 주당 6,637원에 KB가 사주겠다는 것이다.

바로 진행되진 못했다. 소액주주들이 '대주주에는 경영권 프리미엄을 지급하면서, 소액 주주에는 경영권 프리미엄을 전혀 주지 않는다'고 반발한 것이다. KB는 이미 경영권을 확보한 상황에서, 단지 100% 자회사를 만들기 위해 확보하는 지분에 경영권 프리미엄을 줄 수 없다는 입장이었다. KB는 현대증권과 KB금융 두 회사의 현재 주가를 비교하고 자회사 흡수 후 올라갈 KB금융 주가 전망을 감안하면, 현대증권 주식 5주를 KB금융지주 1주로 교환받는 것은 소액주주에 유리한 결정이라고 설득했다. 실제 시장에선 증권사들이 현대증권 주식을 대량 매집하면서 KB의 주장에 힘을 실었다. 현대증권 주식을 많이 모으는 것은 상대적으로 싸게 KB금융 주식을 사는 것과 같다는 논리로 현대증권 주식 매집에 나선 것이다. 결국 많은 소액주주가 주식 교환을 선택했고 100% 자회사 편입은 조용히 마무리됐다. 소액주주 가운데는 현대증권 직원도 많이 있었다. 이후 예상대로 KB 주식 가격은 올랐고, KB 주식을 많이 보유하게 된 현대증권 직원들이 가격 상승으로 수혜를 입으면서 사기 양양에도 도움이 됐다.

윤 회장은 현대증권 인수 성공 후 현대증권·KB투자증권·KB국민은행의 자산관리 플랫폼을 하나로 묶어 'KB형 WM 모델'을 제안했다. 한 명의 고객을 위해 은행과 증권이 함께 입점한 복합점포에서 종합적인 자산관리 서비스를 제공하는 시스템이다. 또 '유니버설 뱅킹' 모델에 도전하겠다는 포부를 밝혔다. 기존 상업은행(CB) 모델에 투자은행(IB)을 접목해 종합 서비스를 제공하는 은행이 되겠다는 것이다. 미국의 BOA(뱅크오브아메리카) 메릴린치가 대표적이다. BOA 메릴린치는 상업은행이면서 투자금융 시장에서도 지배력을 갖고 있다. KB증권은 2022년 DCM, ECM 인수금융의 세 부분을 석권하며 두각을 나타냈으며, KB의 유니버설 뱅킹 도전은 현재 진행 중이다.

금융당국의 설득이 필요했던 LIG손해보험 인수

KB는 보험사 보강도 필요했다. 보험은 매우 오래 살아야 하는 위험을 안게 된 현대인들에게 반드시 필요한 보호 장치다. 적절한 보험은 나이 들수록 필요성이 커지는 노후 설계의 핵심이다. 그런데 KB는 보험 분야 경쟁력이 약한 편이었다. 비은행 경쟁력 강화를 위해 보험사 인수도 반드시 필요했다.

사실 KB는 윤 회장 취임 전부터 LIG손해보험 인수를 추진 중이었다. LIG손해보험은 옛 LG그룹의 계열사로, 손해보험 업계에선 삼성, 현대, DB 등에 이어 업계 4위 정도 위상을 차지하고 있었다. 손해보험 회사들에 대해 흔히 자동차보험 위주라 생각하는데, 실제론 장기보험의 매출 비중이 상당히 높다. 실손의료보험 등이 대표적이다. 이에 따라 갈수록 생명보험과 경계가 희미해지고 있고, 은행의 고객 기반을 활용하면 시너지를 낼 수 있는 여건을 갖고 있다. 여기에 LIG손보는 LG 계열사들의 손해보험 계약을 대거 갖고 있었다. 든든한 기업 고객도 확보하고 있었던 것이다.

LIG손해보험이 상당히 매력적이었음에도 계약이 계속 지연됐던 것은 돌발 손실의 등장과 감독당국의 반대 때문이었다. LIG손보는 당시 미국 법인의 대규모 손실이 드러나 있던 상황이었다. 이에 따라 가격 조정이 필요했는데, 윤 회장 취임 전 KB는 LIG 측에 가격을 깎아 달라는 의사 표시만 할 뿐, 구체적인 협상에는 소극적이었다. KB 사태에 따른 내부 혼란 때문이었다.

이에 따라 LIG 오너 일가는 화가 많이 난 상태였다. 당초 LIG 손보 인수전은 롯데와 KB의 경쟁 구도였다. 치열한 경쟁 속에서 KB

는 가격을 덜 쓰고도 이긴 상황이었다. 이미 손보를 갖고 있는 롯데가 LIG손보를 인수했다면 중복되는 인력의 구조조정이 불가피했지만, 손사가 없는 KB가 LIG손보를 인수하면 거의 구조조정 없이 대부분 고용 승계가 가능했다. 이 기준에 따라 LIG 오너는 KB를 선택한 상태였다. 그런데 KB 측이 가격 조정만 요구하면서 협상은 지지부진하면서, LIG 오너 측의 불만이 커져가고 있었다.

윤 회장은 선임되자마자 곧바로 LIG 오너 일가를 찾아가 사과부터 했다. 고용 승계 등 기존 약속을 재확인하면서, 미국 법인 손실을 반영해달라고 요청해 인수 가격을 400억원 정도 낮추는 데 합의했다.

남은 것은 금융당국의 승인이었다. 금융위원회는 KB금융의 LIG손보 자회사 편입 승인을 유보하고 있었다. 윤 회장은 KB의 LIG손보 인수에 큰 시너지 효과가 있다고 봤지만, 생보사가 아닌 손보사를 인수한다는 점에서 금융당국의 시너지에 대한 평가는 박한 상태였다. 변액연금보험 같은 생보사의 상품은 은행 창구에서 팔기 좋지만, 손보사의 상품은 제한적이란 것이다. 여기에 KB사태로 KB 지배구조의 큰 문제가 드러난 상황에서 다른 금융회사 인수 시도부터 하는 건 곤란하다는 게 당시 금융당국의 시각이었다. 심지어 '사고뭉치 KB가 딴 생각하는 것을 용납할 수 없다'는 표현까지 있었다.

이에 대해 윤 회장은 '왜 KB가 보험사를 인수해야 하는지' 정당성을 입증하는 내용부터 정리하기로 했다. 우선 LIG손보의 강점부터 정리했다. 우리나라 손보사들은 대부분 대기업 그룹 계열사란 공통점이 있다. LIG 역시 마찬가지로, 범 LG 계열이었다. KB가

LIG 손보를 인수하면, 자동으로 범 LG 계열사들이 KB금융그룹의 고객으로 편입되는 효과가 있었다. 또 우리나라 손보사들은 계약의 70%가 실손의료보험 등 장기 보험이다. 생명보험과 손해보험의 경계가 많이 희미해진 것이다. LIG손보를 인수하면 자산 관리 영역에서 시너지가 발생하고, KB금융은 새로운 영역의 비즈니스를 그룹 포트폴리오에 포함시키는 효과가 있다. 여기에 KB는 롯데가 제시한 것보다 낮은 가격에 LIG손보 인수에 합의한 상황이었다.

윤 회장은 이 같은 논리를 갖고 금융당국 고위 관계자를 만나 인수를 도와달라고 설득했다. 구체적인 자료와 숫자를 제시하며 일일이 설명하고 이해를 구했다. 당국이 문제를 삼은 지배 구조 문제 개선에 대해선 '컨설팅업체에 용역을 맡겨 둔 상태로 LIG손보 인수 후 즉시 개선안을 보고하겠다'고 밝혔다. 이후 윤 회장은 KB금융 이사회에 대해서도 공들여 설명하고 협조를 당부한 끝에 인수 계약을 마무리해 계열사 편입까지 성공할 수 있었다. KB손해보험이 정식 출범한 것이다.

인수 후 윤 회장은 LIG손보 직원의 고용 승계 약속을 지킨 것뿐 아니라 임원진도 상당수 유임시켰다. 조직 자체 경쟁력에는 문제가 없고, 은행 등 KB의 다른 조직에서 사람을 보내기에는 손보만의 전문성이 있다고 생각했기 때문이다. 좋은 사람은 계속 쓰자는 게 윤 회장의 판단이었다.

이후 1년이 지나서야 새 대표로 KB 출신의 양종희 당시 사장을 임명하고, 리스크 담당, CFO, 컴플라이언스 담당 임원을 KB 출신으로 임명했다. 기존 문화를 존중하되, 새로 출범한 KB손해보험에

KB의 문화를 이식하기 위한 작업이었다. KB손보는 현재 KB금융그룹의 주요 일원으로서 업계 위상을 높여 가고 있다.

KB손보가 출범하면서 KB는 은행·증권·보험의 3 TOP 체제 구성에 성공했다. 고객 자산 관리(WM)와 기업 투자 금융(CIB) 분야에서 종합 서비스를 제공할 수 있게 된 것이다. 또 국내 금융그룹 중 가장 완성도 높은 사업 포트폴리오를 구축하게 됐다.

비(非)금융 4대 플랫폼 완성시킨 KB 캐피탈

윤 회장은 재임 기간 우리파이낸셜을 인수해 만든 KB캐피탈을 100% 자회사화했다. 중고차 등 자동차 금융의 경쟁력을 높이기 위한 작업이었다.

KB캐피탈은 출범 후 중고차 거래 플랫폼 'KB차차차'를 내놨다. 중고차 거래를 중개하면서, 중고차 시세 제공과 보증 서비스를 하고 있다. 중고차 거래 중개는 캐피탈의 주요 캐시카우인 자동차 금융과 시너지를 내면서, KB캐피탈은 단숨에 업계 선도업체가 됐다. 이용자 수와 등록 매물에서 업계 1위를 다툴 정도로 단기간에 급성장한 것이다.

KB캐피탈은 자동차 관련 마이데이터 서비스 '차테크'도 내놓으면서 카라이프 플랫폼으로 도약하고 있다. 차량 구매를 원하는 고객에게 최적화된 구매 계획을 제안하고, 차량 보유 고객에게 차를 최적 상태로 유지할 수 있도록 시세, 리콜 정보, 차량 관리 정보 등을 제공하는 등 서비스를 하고 있다.

　담대하고 끈덕지게

KB차차차는 금융사를 넘어 종합 라이프 기업으로 도약하겠다는 KB의 비전과 연결된 것이었다. KB는 윤 회장 재임 기간 금융업과 시너지를 낼 수 있는 자동차 외에 통신, 부동산, 헬스케어 등 비(非)금융 4대 영역에 새로 진출했다.

알뜰폰 서비스 리브 M을 통해 통신업에 진출하고, 부동산에 관심이 급격히 증가한 트렌드를 반영해 부동산 정보 플랫폼 'KB부동산'의 앱과 웹 서비스를 동시 오픈했다. 지도를 기반으로 KB시세, 실거래가, 매물 가격, 공시가격, 인공지능(AI) 예측 시세 등을 제공해 지금까지 큰 인기를 끌고 있다. 공인중개사 전용관인 KB부동산 중개사허브, 최신 청약 정보를 담은 '분양 홈', 부동산 자동 가격 산출 모델 비교 플랫폼 'KB부동산 데이터허브'를 선보이기도 했다.

또 헬스케어 분야에선 시니어 전용 은퇴 자산 관리 전문 상담센터 'KB골든라이프센터'를 오픈하고, 노인 요양시설 KB골든라이프케어와 헬스케어 자회사 KB헬스케어를 설립했다. KB골든라이프케어의 경우 서울 '강동케어센터(주야간 보호시설)'를 시작으로 서울 서초, 위례 등에 잇따라 오픈했다. 1·2인실 등 거주 공간, 재활 치료실, 식당 등으로 구성돼 사용자를 계속 확보해 가고 있다.

한편 윤 회장은 KB손해보험과 KB캐피탈, 두 회사를 100% 자회사화 하면서 새로운 기법을 시장에 선보이기도 했다. EU 등과 달리 우리나라는 M&A 시 공개 매수가 의무화되어 있지 않다. 이에 따라 경영권 프리미엄이 경영권을 가진 주주에만 지급되고 소액 주주는 소외되는 경우가 대부분이다. 윤 회장은 두 회사를 자회사하면서 일정률의 프리미엄을 지급하는 공개 매수와 주식 교환을 동시에 실시해 소액 주주에게 선택권을 부여했다는 시장의 호평을 받았다.

비(非)은행 강화의 마침표, 생명보험

윤 회장의 비(非)은행 경쟁력 강화 프로젝트의 마지막은 생명보험이었다. KB는 당초 신한금융이 인수한 오렌지라이프(옛 ING생명)에 관심이 있었지만, KB가 판단한 것보다 가격이 비싸 인수전에 참여하지 않았다. 이후 인수에 나선 대상이 푸르덴셜생명 한국법인이었다. 윤 회장은 이왕 생명보험사를 인수하겠다면 외국계가 낫겠다 생각했다. 한국계 중소형사보다 건전성, 영업망 등에서 낫다고 봤기 때문이다.

당시 푸르덴셜생명은 한국에서 철수를 검토 중이란 소문이 돌고 있었고, KB는 '그렇다면 우리도 관심 있다'는 사실을 푸르덴셜 측에 전달했다. 바로 푸르덴셜 부회장이 한국을 비밀리에 방문했다. 대외적으로는 일본 법인 방문을 명분으로 하고, 한국 법인에도 알리지 않은 채 조용히 한국을 찾아 윤 회장과 조찬을 했다. 가급적 빨리 팔겠다는 푸르덴셜의 입장을 확인했다.

푸르덴셜은 곧바로 매각을 공식화했고 예비 입찰이 진행됐다. KB뿐 아니라 MBK, 한앤컴퍼니, IMM 등 국내 PEF Big 3가 참여해 치열한 입찰 경쟁이 벌어졌다. 치열한 경쟁으로 푸르덴셜은 높은 가격이 형성될 것을 전망했으나, 윤 회장은 본 입찰에서 승부수를 던졌다. 예비 입찰 때보다 가격을 낮춘 것이다. 윤 회장은 인수가격으로 2조 3400억원을 제시했다.

　　　　　　　　　　　　　　담대하고 끈덕지게

임원들에게 가격에 대한 의견을 들어보니 그보다 높은 가격을 얘기하는 경우가 많았지만, 윤 회장은 고민 끝에 이 가격으로 결정했다. 전 세계적으로 코로나가 확산하면서 당시 금융시장엔 불안감이 커지고 있었다. 푸르덴셜이 조속하고도 안정적인 딜의 종결 자체를 중요하게 여길 것이라고 봤다. 그러면서 KB는 경쟁 상대인 PEF들과 비교해 푸르덴셜 직원들의 선호도가 높고, 금융당국 인허가 가능성도 더 높았다. 그래서 KB가 제시한 가격이 조금 낮더라도 푸르덴셜이 다른 곳을 선택하기는 어려울 것이라 판단했다.

윤 회장 예상대로 KB의 승리였다. 푸르덴셜 측에 의하면 KB의 제시 가격은 경쟁 PEF보다 1000억원 정도 낮았다. KB의 인수 가격 2조3400억원엔 푸르덴셜 설계사와 직원들에 대한 피인수 위로금이 포함돼 있었고, KB의 푸르덴셜 인수는 큰 무리 없이 마무리될 수 있었다. 이후 2022년 사명을 KB라이프생명으로 변경한 뒤, 2023년 기존 KB생명에 합병했다.

KB는 이렇게 증권, 손해보험, 생명보험사 인수에 잇따라 성공하며 한국 제일의 금융그룹으로서 위용을 갖추게 됐다. 윤 회장은 앞으로 기회가 될 경우 KB가 증권사 한 곳을 더 인수해 증권사의 몸집을 보다 키우고 자산운용사도 인수할 수 있으면, 그룹의 경쟁력이 더 올라갈 것이라 보고 있다.

M&A만큼 중요한 PMI(인수 후 통합 과정)

윤 회장은 M&A를 잠재력 있는 기업을 합리적 가격으로 사서 좋은 회사로 만드는 것이라고 정의한다. 그가 M&A의 귀재로 능력을 인정받는 것은 가격 협상은 물론이고 흔히 PMI라고 불리는 인수 후 통합 과정을 매끄럽게 처리해 인수한 회사들을 좋은 회사로 만들었기 때문이다.

그는 일단 회사를 M&A하면 인수한 회사의 직원들에게 앞으로 추진할 방향과 전략부터 설명했다. 공감대를 형성하며 막연한 불안감을 해소하기 위해서였다. 그들의 전문성을 최대한 존중하며 경영진 선임에도 그 생각을 반영하려고 노력했다. 손보, 생보, 증권 등 회사를 인수할 때마다 당해 회사에서 뼈가 굵은 경영진을 중용했고, 은행이나 지주 출신 인사의 파견은 리스크 관리, 준법 감시, 재무 관리 등 분야로 한정했다. 피인수 회사 임직원들의 기를 살리기 위해서였다.

또 단기 성적에 연연하지 않고 중장기적인 관점에서 기초 체력을 키우기 위해 노력했다. 손보의 경우 국제회계기준 도입에 대비해 당기 손익 비중을 대폭 줄이고, 내재 가치와 신계약 가치를 중심으로 평가지표를 조정해 장기 체력 강화를 유도했다. 증권의 경우엔 기존에 강점이 있는 브로커리지 인력이 자연스럽게 신성장 동력인 자산 관리로 전환되도록 유도했고, 취약했던 IB 부분과 Sales & Trade 부분은 충분한 시간을 주고 외부 인력을 영입하도록 독려했다. 여기에 은행과 협업을 통해 인수 금융 부분을 강화해 DCM, ECM, 인수 금융 모두에 강한 증권 회사를 만들었다. KB증권은 업계 리그 테이블에서 3개 부문 모두를 석권하며 달라진 위상을 뽐내고 있다.

그는 또 기존의 관행에 얽매이지 않기 위해 노력했다. 증권사 사장을 선임할 때는 전체 업무에 밝은 사장 후보가 거의 없는 현실을 보고 과감하게 복수 사장을 결정했다. 증권업은 특정 업무에 전문화된 사람이 많다. 무리하게 전체 업무를 관할하게 하기보다, 복수 사장을 선임해 각자의 전문성을 유지하도록 했다. 당시에는 의아하다는 업계 반응이 많았으나 지금은 이 방식을 따르는 회사가 많아지고 있다.

글로벌 진출을 위한 교두보

금융그룹 경쟁력 강화를 위한 마지막 고리는 글로벌 진출이다. 좁은 국내 시장을 벗어나 글로벌 경쟁력을 가져야, 목표로 하는 Asia Top 10, Global Top 50이 가능할 수 있다. 윤 회장의 해외 진출 전략은 두 갈래였다. 동남아시아를 중심으로 외형을 확장하면서, 선진국에서는 핵심 사업 부문 역량을 확보하는 투트랙 전략을 메인으로 했다.

이 기조에 따라 윤 회장은 2018년 인도네시아에서 '부코핀은행'을, 2021년 캄보디아에서 '프라삭은행'을 인수했다. 프라삭은행은 신한금융과 경쟁이 붙으면서 한국 은행들끼리 가격을 높일 뻔했는데, 윤 회장이 조용병 회장과 담판을 지으면서 과열 경쟁 없이 마무리된 일화가 있다.

부코핀은행과 프라삭은행은 해당 국가 위상에 비하면 성장 잠재력이 큰 은행들이다. 부코핀은행은 인도네시아 전역에 174곳, 프라삭은행은 캄보디아에 193곳의 영업망을 갖췄다. 임직원도 부코핀 은행 2243명, 프라삭은행 6523명으로 적지 않다. 동남아 시장에서 중요한 교두보가 될 것이란 게 KB의 전망이다.

윤 회장은 또 베트남에 'KB Securities Vietnam'을 출범시켰고, 캄보디아에는 'KB Daehan Specialized Bank' 특수은행을 열었다. 인도에선 2019년 1호 지점인 '구루그람지점'을 열었고, 미얀마에 선 2020년 KB미얀마은행을 설립했다.

윤 회장은 이렇게 동남아 지역에서 공격적인 확장 정책을 펴는 동안, 선진 시장에선 실속형 전략을 택했다. 자본 활용에 제약이 있 는 런던과 홍콩 현지법인을 지점화해 효율화하는 한편, 글로벌 IB 역량 확대를 위해 2019년 '런던IB Unit'을 오픈한 게 대표적이다.

해외 투자상품 소싱 역량과 자산운용 역량 강화를 위해 해외 선 진은행과의 협력과 교류 관계를 확대하기도 했다. 미국 제퍼리스 증권과 일본의 SMBC와 전략적 제휴가 대표적 사례다.

6장.
금융의 가까운 미래

KB의 미래를 위한 Top Priority 3

부침이 심한 조직의 공통점 중 하나는 장기전략과 시스템이 부재하다는 것이다. 윤 회장은 누가 KB 회장이 되더라도 흔들림 없는 조직이 되길 바랐다. 그에 따라 만든 시스템이 중장기 계획을 매년 업데이트하는 것이다. 5년 후, 10년 후 시장에 대한 예상을 하고 그에 맞는 승부구, 위닝샷(Winning Shot) 전략을 세우는 것이다. 위닝샷은 원하는 성과를 만들기 위한 전략의 집합을 뜻한다. 윤 회장은 10년 후 어떤 일이 벌어질지를 예상해 위닝샷을 5년마다 만들고 매년 업데이트했다. 2026년이라면 2036년에 어떤 일이 벌어질지를 예측하고, 그 예측에 따라 지속 가능한 성장을 할 수 있는 위닝샷을 만드는 것이다. 그에 따라 당면한 3년에 뭘 할지 정하는 게 중기 사업계획이고, 당장 앞으로 1년 뭘 할지 정하는 것은 내년도 사업계획이 된다. 10년 계획에 따라 재무제표, 성장 규모, 인력 운용, 주요 비즈니스 포트폴리오 등을 예상한 뒤 3년 단위로 중기 계획을 세우고 그중 당장 해야 할 일을 내년도 사업 계획으로 삼는 것이다. 딱 들어맞지 않아도 된다. 윤 회장은 그려보는 것만으로 조직에 큰 도움이 된다고 봤다. 그래야 '다른 회사가 하니까 나도 하겠다'면서 함께 불 속으로 뛰어드는 일을 막을 수 있다.

윤 회장은 조직 구성도 중장기 계획에 맞게 해야 한다고 봤다. 성장 가능성이 있는 분야, 앞으로 성장시켜야 하는 당위성이 있는 분야를 중심으로 조직을 구성하는 것이다. 양손잡이 경영(Ambidextrous Management)도 강조했다. 현재 돈을 버는 부문은 텃밭으로 관리해 강점을 키우고(Exploitation), 신성장동력 분야는 나아갈 길을 찾을 수 있도록 탐험하고 연구(Exploration)하는 것이다.

윤 회장은 리더를 앞둔 사람에게 '그 자리에 가면 무슨 일을 하겠다'는 것을 최소 세 가지 정도는 써볼 것으로 권하곤 했다. 그는 이를 'Top Priority 3'라고 불렀다. 세 가지를 다 할 기회가 생길 수도 있고, 하나밖에 못 할 수도 있다. 설사 하나도 이루지 못하더라도 생각을 하는 것 자체가 준비된 리더를 만들 것이라고 했다. 윤 회장이 KB의 미래를 위해 만든 'Top Priority 3'는 ESG, AI와 디지털 기반의 신기술 금융, 플랫폼이었다.

지속 가능한 성장을 위한 ESG

윤 회장은 KB를 ESG 1등 은행으로 만드는 데 역점을 뒀다. ESG는 환경(Environment), 사회(Social), 지배구조(Governance)에 관한 것으로, 현대 자본주의에 대한 반성과 체제에 대한 위기감에서 나온 개념이다. 윤 회장은 ESG의 출발이 반성에서 비롯됐지만, 단순 구호에 머물지 않고 의무이자 기회가 될 것으로 봤다. 'ESG는 이익을 희생해 사회에 이바지하는 사회 공헌이며, 주주 가치에 반할 수 있다'는 생각은 오해란 것이다.

윤 회장은 ESG에 대해 본질적으로 지속 가능한 성장을 지향하며 주주 가치에도 부합한다고 정의했다. 과거의 사회 공헌은 명시적인 리턴을 지향하지 않았지만, ESG는 지속 가능한 성장이란 리턴을 지향하기 때문이다. 많은 자산 운용사들이 ESG 펀드를 출시해 관련 기업에 투자하고 있는 것도 이 같은 기회를 포착했기 때문이다.

물론 단기 차익을 노리는 주주 입장에서 본다면 ESG 실천이 주주 가치와 충돌을 일으킬 수 있다. 단기 주주라면 내가 주식을 갖고 있을 때 이익을 많이 내고 배당도 많이 받는 것을 추구하기 때문이다. 시대 흐름은 무시한 채 남는 자본을 주주에게 돌려달라고 할 수 있다.

그러나 장기적으로는 탄소를 많이 배출하는 등 사회에 해악을 끼치는 기업은 명성과 신뢰도가 하락하고, 각종 제약도 받게 될 것이다. 이는 결국 실적으로 연결된다. 그래서 지속 가능한 성장을 추구하는 기업이라면 주주 설득을 통한 ESG 실천이 중요한 화두가 될 것이라고 윤 회장은 판단했다.

기업 이미지 개선 효과는 덤이다. 은행들이 이자 장사를 한다는 비판을 듣는 상황에서 ESG의 실천은 은행의 사회적 역할을 인정받고, 늘 곁에서 함께할 수 있는 주체라는 점을 설득하는 수단이 될 수 있다. 이런 효과가 모이면 은행은 장기적으로 지속 가능한 성장을 하면서 주주에게 보다 많은 환원을 할 수 있다. 주주뿐 아니라 국가, 사회, 고객, 직원 등 기업을 둘러싼 모든 이해관계자(Stakeholder)의 이익을 고려하고 배려하는 일이 진정 주주를 위한 길이 되는 것이다. 이른바 이해관계자 자본주의(Stakeholder Capitalism)의 실천이다.

직원 만족을 위한 20-30-40 프로젝트

한국은 E.S.G. 3가지 모두가 부족하다는 게 윤 회장의 분석이었다.

우선 지배구조(G)는 한국 기업 저평가의 가장 큰 원인이 될 정도로 취약한 상태다. 외국인 투자자들은 한국 기업에 대해 소액 주주 보호가 부족하고, 오너들이 전횡하고 있다는 지적을 하고 있다. 이를 타개하기 위한 핵심은 좋은 이사회다. 이사회는 독립적이어야 하고 숙련된 전문성이 있어야 하며 다양성도 갖추고 있어야 한다. 또 다양한 Stakeholder들의 이익을 대변할 수 있어야 한다. 이런 이사회가 여러 CEO 후보를 육성하고 훈련시켜서 좋은 CEO를 뽑을 수 있다면, 기업은 지속 가능한 성장을 할 수 있다. 또 CEO는 완전할 수 없다. 이사회가 적절한 견제와 감시를 할 수 있어야 한다. CEO가 균형에서 벗어나는 일을 할 경우 필요하면 브레이크를 걸

　　　　　　　　　　담대하고 끈덕지게

어 리스크를 관리하고 균형추를 잡을 수 있어야 한다. 윤 회장은 한국 기업들은 제대로 된 지배구조를 갖춘 경우가 별로 없어 저평가를 벗어나기 위한 혁신적인 노력이 요구된다고 생각했고, 그 기조에 따라 각종 지배구조 개선 활동을 진행했다.

사회(S) 부분의 핵심 요소는 직원이라고 봤다. 직원의 근무 조건, 안전, 보건, 만족감, 복리후생 등이 사회 분야에서 가장 먼저 관리돼야 할 요소란 것이다. 직원이 만족해야 고객을 진심으로 대해 고객 만족이 가능해지고, 사회적으로 긍정적인 파급 효과가 발생한다. 한국 기업들은 의례적인 사회 공헌이나 기부에 신경 쓰면서, 각종 사고가 나는 것은 당연하게 생각하고, 직원이 각종 산업 재해에 노출되어 있는 것은 특별히 문제 삼지 않는다고 지적하는 해외 투자자가 많다. 그러면서 사회 전체적으로 안전 불감증, 소비자 보호 미흡 등 문제가 생기고 있다는 게 한국에 대한 외국의 기본 시각이다. 이런 상황을 교정하려면 직원 보호부터 시작해 고객 만족을 추구하고 사회적 인식 개선까지 이어져야 한다.

윤 회장은 직원 만족의 핵심 요소를 'DEI'로 요약했다. "D"(Diversity)는 다양성, "E"(Equity)는 공정성·형평성, "I"(Inclusion)는 포용성·일체감을 뜻한다.

"D" Diversity는 지역, 성별, 인종, 학력 차별이 없어야 한다는 것을 뜻한다. 한국에서 가장 심한 것은 남녀 차별이므로, 해소될 때까지 의도적이라 할 정도의 여성 배려가 필요하다고 윤 회장은 생각했다. 여성이 없는 분야의 벽을 깨기 위해 잠재력만 있다면 발굴해 기용하겠다는 인식으로, 필요한 인력이 양성되기 전까지 상당한 의지와 목표의식을 갖고 추진했다. 윤 회장은 구체적으로 20%-30%-40% 프로젝트를 가동했다. 평사원을 기준으로 남녀 비중은 반반이지만 임원 내 여성 비중은 10%에도 미치지 못한다는 문제의식에서 나온 것이다. 20%-30%-40%은 본점 부장과 지점장 가운데 여성 비율을 20% 이상으로 높이고, 본점 내 팀장 가운데 여성 비율은 30% 이상, 본점 내 여성 인력 비중은 40% 이상으로 늘리겠다는 것을 의미한다. KB는 인사 배려를 통해 윤 회장 퇴임 당시 20%와 40%는 거의 달성했고, 30%는 조직의 허리에 해당하는 여성 인력의 집중 양성을 통해 2027년까지 달성하도록 했다. 궁극적으로 본점 부장과 지점장 가운데 여성 비율이 40%를 넘어야 한다고 윤 회장은 생각했다. 여성 리더 비중이 최소 40%는 넘어야 한다는 것이다. 이는 윤 회장이 KB에 남겨 둔 과제다.

두 번째 "E" Equity는 Equality와는 다른 개념이다. Equality는 결과의 형평성에 중심을 두는 것이고, Equity는 기회의 균등을 추구하는 것이다. 형평성 있게 모든 직원에게 기회를 주고, 투명하고 정당한 절차에 따라 공명정대하게 경쟁하면서 경험을 쌓을 수 있도록 하는 것이 Equity다.

세 번째 "I" Inclusion은 경쟁에서 도태된 직원들에게 최소한의 안전망을 제공하면서 패자 부활의 기회를 주는 것이다. Inclusion의 반대말은 Exclusion, 소외다. 누군가를 소외시키는 조직은 절대 되어서는 안 된다고 윤 회장은 생각했다. 모든 직원이 소속감, 일체감을 느낄 수 있어야 한다는 것이다. 조직을 나가서도 '일할 수 있어 참 좋았다'는 얘기를 할 수 있어야 하고, 조직은 '그 직원이 있어

좋았다'는 얘기를 할 수 있어야 한다고 생각했다. 윤 회장은 재임 기간 관련한 시스템을 만들기 위해 노력했다. 임금 피크에 들어간 직원에게 본인이 원하는 직무를 찾아 정년까지 회사를 다니는 것은 물론 실적에 따라 승진의 기회까지 열어준 게 대표적이다.

윤 회장은 금융인의 소명은 고객의 자산을 늘려 행복하게 하는 것이라 얘기한다. 당연히 자기 재산처럼 주인의식을 가지고 고객 자산을 관리해야 한다는 것이다. 이 정신에 따라 은행 자산과 동일한 프로세스로 고객 자산을 관리하도록 시스템을 수정하고 보완해야 한다고 강조했다.

지나치게 다양한 분야에 걸쳐 있던 KB의 사회공헌 활동은 청소년과 다문화 두 분야로 집중시켰다. 고령화 문제도 심각하지만 나라의 미래는 청소년에 달려 있다고 생각했다. 또 인구 감소가 현실화하면 외국에서 한국으로 들어오는 이민 확대가 불가피하다. 다문화 가정을 포용하고 안착시키는 노력은 이민 확대뿐 아니라 언제 찾아올지 모르는 남북 통일 상황에 대한 좋은 준비 작업이 될 수 있다고 생각했다. 다문화 가정의 부모와 자녀를 상대로 다양한 교육 프로그램을 지원해 한국 사회에 대한 이해를 키우고 적응할 수 있도록 도왔다.

또 윤 회장은 저출산 문제의 해결을 위해 육아와 보육의 무거운 부담을 사회가 덜어줘야 한다고 생각했다. 인구 감소로 남아도는 초등학교 공간을 활용해 유치원과 어린이집을 통합 운영하는 것이 대표적이다. 점차 무상 육아와 보육으로 나가야 한다는 게 그의 생각이다. KB금융그룹은 교육부와 함께 2022년까지 5년간 2265개의 교실 신·증설 사업을 실시한 바 있다.

후원은 돈 버리는 일이 아니다

성공적인 스포츠 후원은 금융계가 부러워하는 것 중 하나다. 윤 회장은 인기 프로 스포츠보다는 소외 종목에 집중했다. 이미 김연아로 스포츠 후원의 성공 신화를 썼던 피겨와 동계 올림픽의 효자 종목인 쇼트트랙 외에 컬링, 봅슬레이, 스켈레톤, 아이스하키 등을 후원해 평창 올림픽에서 큰 성과를 냈다.

골프에선 박인비 등 스폰서를 구하지 못했던 선수를 후원했고, 배드민턴 후원도 좋은 성공 사례 중 하나다.

윤 회장은 지속 가능한 성장을 중시하는 경영 철학을 스포츠 후원에도 접목했다고 했다. 단기적 성과에 연연하지 않고, 긴 안목으로 선수를 육성하고 후원하기 위해 노력했다는 것이다. 또 금전적 후원에 그치지 않고, 선수가 스스로 KB의 식구임을 느낄 수 있도록 윤 회장이 직접 생일을 챙기거나 메시지를 통해 교감했다.

윤 회장은 평소 '기초'를 강조해 왔다. 한국 경제가 기초 기술보다는 응용 기술로 선진국 대열에 들어섰지만, 언젠가는 한국도 기초 과학과 기초 기술에서 강자가 돼야 한다고 했다. 스포츠도 마찬가지다. 그런 철학에서 육상, 수영, 체조 등 기초 체육을 후원했다. KB 후원 선수가 올림픽 육상 100M 결선에 오르는 게 그의 스포츠 분야 남은 꿈이다.

담대하고 끈덕지게

금융계 최초 탄소 배출량 공시

ESG의 최고 화두는 환경(Environment)이다. 핵심은 넷 제로(NET ZERO), 즉 탄소 순 배출량을 제로로 만드는 것이다. 환경에 대한 경각심은 코로나 사태를 계기로 언제든 공멸할 수 있다는 공포가 생기면서 급격히 확산됐다. 코로나로 공장 가동이 중단되자 인도에서 처음 히말라야 산맥을 목격하는 등의 경험이 역설적으로 환경에 대한 경각심을 상기시키기도 했다.

환경과 관련된 기업의 임무는 크게 세 가지다. 첫째, 현재 탄소 배출량이 얼마인가를 측정해서 공시하는 것. 둘째, 탄소 배출 감축 목표를 설정하여 운용하는 것, 셋째, 그 감축 목표를 제대로 이행하면서 현황을 체크하는 것이다.

은행권에 부과된 임무는 탄소 감축과 연계된 금융 활동이다. 윤 회장은 탄소배출량 감축을 위해 KB가 해야 할 일을 'Scope 1, 2, 3' 구분에 따라 분류했다. Scope 1은 KB가 직접 배출하는 탄소량, Scope 2는 KB가 에너지를 구매해 소비할 때 배출하는 탄소량, Scope 3는 KB의 상품과 서비스의 유통·소비, 또는 영업 과정에서 발생하는 탄소량을 뜻한다. 금융회사인 KB는 Scope 1, 2가 큰 이슈가 되지 않는다. 냉난방 등 사무실 유지 과정에서 에너지를 쓰는 게 사실상 탄소 배출의 전부다.

문제는 Scope 3다. KB가 대출을 해줬거나 투자를 한 기업이 발생한 탄소량이 KB의 책임으로 카운트되는 것이다. 이런 측면에서 금융회사는 ESG를 주도하는 핵심 주체가 될 수 있다. 탄소 절감 의무를 제조 기업에만 부과하면 제재 수단을 찾기 어렵다. 하지만 금융회사에도 의무를 부과하면, 탄소 감축 의무를 제대로 수행하지 않는 제조 기업에 대한 제재 수단을 펼 유인이 생긴다. 탄소를 약속 대로 절감하지 않는 기업에 대해 금융회사가 대출 회수에 나서는 식이다.

윤 회장은 국내 금융회사 최초로 SBTi(Science Based Targets initiative) 방법에 따라 탄소배출량을 공시했다. 그 결과 Scope 1, 2와 관련해 KB가 배출하는 탄소배출량은 13만 톤에 불과하지만, Scope 3와 관련해 KB가 연관되는 탄소배출량은 2806만 톤에 달하는 것으로 나타났다. KB가 투·융자한 기업들이 배출하는 탄소량이다. KB는 이후 공시 방법을 수정 보완해 정기적인 공시를 하면서, 탄소 감축 노력을 지속하고 있다.

구체 실행 과정에서 문제는 중견·중소기업이었다. 대기업은 자체적으로 탄소 배출을 줄일 수 있는 역량과 의지가 있지만, 중견·중소기업은 그렇지 않다. 윤 회장은 이들에 대한 지원을 결정하고 KB 내부에 ESG 컨설팅팀을 만들었다. 탄소배출감축 스케줄에 따라 고객 기업을 지원하는 팀이다. KB는 이 팀을 통해 탄소 절감을 위한 제조 공정이나 원재료 변경 등과 관련한 컨설팅을 제공하고, 중견·중소기업이 탄소 배출을 줄이기 위해 해야 할 일을 정리해 배포하고 있다. 또 거래 기업들의 탄소 배출량을 측정해 얼마나 줄여야 할지 타깃을 설정한 후 공시하는 작업도 돕고 있다. 탄소 배출을 줄이는 것 자체는 해당 기업이 하지만, 이를 위한 측정·목표 설정 등 작업을 KB가 도와주는 것이다. 나아가 관련한 글로벌 논의 진행을 팔로우업하면서, 산업별로 구체적인 계획을 세우는 작업에도 참여하고 있다.

윤 회장은 기업금융 담당 등 모든 직원이 ESG에 대한 배경 지식을 갖추고 있어야 한다고 생각했다. 탄소 저감을 왜 해야 하는지, 측정과 공시는 어떻게 하는지, 국내외 탄소 절감 사례, 고객 기업이 준비해야 할 것 등에 대한 전 직원 체계적인 교육을 주문해 실행했다.

윤 회장은 환경 관련 기술에 대한 대출 확대도 ESG 실천을 위한 은행권의 중요한 수단이 될 것으로 봤다. 예를 들어 석탄 발전 등을 통한 탄소 배출을 줄이는 기술을 CCUS(Carbon Capture, Utilization and Storage, 탄소포집·활용·저장기술)라 한다. 배출한 탄소를 포집해 재활용하거나 보관하는 기술이다. 넓게는 탄소를 덜 배출하는 소재를 쓰거나 공정을 혁신해 탄소를 줄이는 기술도 포함한다. 철강 제조 과정에서 수소 환원 기술을 활용해 탄소 배출을 줄이는 게 대표적이다. 이런 기술들을 현실화하는 데는 많은 돈이 든다. 철강 제조 과정에서 수소 환원 기술을 적용하려면 용광로(고로)를 통째로 바꿔야 한다. 이런 부분에 대한 대출이나 투자를 늘리는 것 자체가 은행의 ESG 활동이 될 것이며, 나아가 추가적인 비즈니스 영역이 될 것이라고 판단해 관련 시스템 마련을 주문했다.

탄소 배출은 제조업만의 이슈가 아니다. 요즘 전 세계적으로 상업용 부동산 투자가 동력을 잃고 있는 것은 탄소 배출도 영향을 주고 있다. 앞으로 주요 상업용 부동산들도 탄소 배출 감축 의무를 지게 된다. 이를 위해선 지속적인 탄소 배출을 줄이는 친환경적인 재설비 투자가 필요하다. 그만큼 빌딩 투자 수익률이 떨어지게 된다. 오래된 대형 건물의 소유주는 자칫 Capital Gain(자본적 자산의 평가

변동에서 발생하는 차익)이 아니라 Capital Expenditure(자본 지출)를 해야 하는 상황이 벌어질지도 모른다. 이런 손실을 줄이기 위해 미리 설비 투자를 해놓으려는 대형 건물이 나올 수 있다. 이에 대한 대출 역시 은행의 ESG 활동이 될 수 있을 것이라고 윤 회장은 예측했다.

이런 Positive한 방법들 외에 Negative한 방법도 있다. 가장 극단적인 것은 탈 석탄 선언을 하는 것이다. 앞으로 석탄 관련 산업이나 석탄을 쓰는 산업에는 대출이나 투자를 하지 않겠다고 은행이 천명하는 것이다. 그러면 해당 산업의 시설 개선 투자나 업종 전환 투자를 이끌 수 있다. 현재 은행권에선 이와 관련한 다양한 얘기가 나오고 있으며, KB는 윤 회장이 설정한 가이드에 따라 관련한 논의를 주도하고 있다.

고령화는 레거시 은행에겐 기회

저출산 고령화는 비단 한국만의 현상이 아니다. 중국 등 전 세계적으로 인구 구조가 급격하게 변하고 있다. 저출산에 대해 윤 회장은 직원들과 타운홀 미팅에서 "나는 이 부분에 대한 평가를 유보하고 있다"고 얘기한 바 있다. 재앙인지 축복인지는 좀 더 두고 봐야 할 것 같다는 것이다. AI 시대로 가면서 상당수 일자리가 AI로 대체되고 있다. AI 시대에 따라 새로운 일자리도 생기지만, 어쨌든 큰 흐름은 일자리의 급격한 감소다. 저출산은 이런 상황에 대한 어느 정도 대비가 될 수 있다. AI 시대 AI가 주된 노동력이 된다면, 인간은 AI

  담대하고 끈덕지게

가 벌어들인 결과물을 나눠 갖는 기본소득(Basic Income) 사회가 펼쳐질 가능성도 있다. 일자리가 없어도 인간다운 최소한의 생활을 국가가 책임지는 것이다. 이런 사회에선 저출산이 오히려 유리하다.

고령화 추세는 역설적으로 기존 금융회사에 시간을 벌어줄 수 있다. 예전보다 오래 살아남을 시니어 고객들은 KB 같은 레거시 금융회사에 매우 높은 충성도를 갖고 있기 때문이다. 윤 회장은 기존 금융회사들은 이들에게 지속적으로 좋은 서비스를 제공해야 할 의무가 있다고 강조했다.

고령화 시대 금융업 변화의 핵심은 예대율 하락이다. 일본의 경우 예대율이 70%에 불과하다. 100의 예금을 받아, 70밖에 대출을 못하는 것이다. 고객에게 이자를 주려면, 나머지 30에 대하여 유가증권 운용을 잘하는 것 외에 방법이 없다. 한국은 현재 90% 내외 수준인데, 일본처럼 지속적으로 내려갈 전망이다.

윤 회장은 고령화 시대 은행들은 두 가지 과제에 처해 있다고 분석했다. 첫째, 주식·채권 등 전통적인 금융자산은 물론이고 부동산, 인프라 PF 등 대체 자산 투자와 운용 역량을 키워야 한다. 해외 투자와 운용도 확대해야 한다. 둘째, 예대 마진과 이자 수익의 축소에 대비해 수수료 수입을 확대해야 한다.

윤 회장은 금융업의 본질적인 경쟁력이 예금과 대출에 기반한 금융상품 '중개·판매'하는 예대 모델에서 고객의 투자에 터잡은 '자산 관리·운용'의 투자 모델로 전환되고 있다고 했다. 이런 환경에서 은행은 자산 운용 분야에서 최고의 경쟁력을 갖춰야 하고, 금융 지주는 계열사별 업무 프로세스를 원점부터 재점검해 비핵심 사업과 중복 업무에 대한 과감한 효율화를 해야 생존할 수 있다. 그래야 시대 전환에 맞게 인력과 자원이 최적화되면서 생존 구조를 갖출 수 있다는 게 윤 회장의 분석이다. 은행들은 WM(자산 관리 운용)과 CIB(IB 업무를 겸영하는 상업은행)로 체질을 개선해야 하며, 여기에 실패한 은행은 살아남기 어려울 것이란 얘기다.

거센 소비자 보호의 물결은 운용 역량의 중요성을 더욱 강조하고 있다. 은행이 판매한 상품과 관련해 고객의 리스크를 은행이 떠안아야 하는 상황이 자주 발생하는 것이다. 고객이 투자 손실을 입을 경우 금융당국의 입장에 따라 은행에 배상 책임이 생기는 경우가 대표적이다. 과거에는 펀드를 잘 팔기만 하면 됐는데, 이제는 고객이 만족하지 않으면 분쟁으로 이어지고, 자칫 은행 입장에서 대규모 손실로까지 이어질 수 있다. 이를 막기 위해서는 철저한 고지 의무 등을 잘 실천하면서, 은행 고유 계정뿐 아니라 고객 자산에 대한 운용 능력 개선이 절실히 요구된다. 손실 자체를 내지 않아야 하는 것이다. 이를 위해 윤 회장은 은행과 증권의 협력을 강화하고, 보험까지 병합해 통합 자산 운용 능력을 키워야 한다고 강조했다.

보험의 경우 Asset Driven Underwriting 또는 Asset Driven Investment가 필수가 될 것으로 예상했다. 보험사 자체적으로 자산 운용 계획을 갖고 거기에 맞게 고객을 모집하는 것이다. 운용을 어떻게 할까를 먼저 결정한 후, 여기에 맞는 변액 상품이나 저축 보험을 만들고 판매한다는 얘기다. 보험을 먼저 판매하고 들어오는 돈을 운용하는 게 아니라, 운용할 것을 정해놓고 보험 상품을 만들고 판매하는 것이다. 고성장 시대엔 들어오는 돈이 훨씬 많아 운용을 걱정하지 않아도 됐다. 하지만 저출산 고령화 시대엔 보험사로 들어오는 돈이 줄게 된다. 그래서 지급을 고려한 운용이 필수가 됐다는 게 윤 회장의 분석이다.

윤 회장은 고령화 시대 보험사가 금융 그룹 자산 운용의 앵커 역할을 할 것으로 전망했다. 워런 버핏이 오랜 기간 투자의 귀재 자리를 지킬 수 있었던 것은 보험사를 소유한 덕이 컸다. 보험은 장기로 돈이 들고 나가는, Time Horizon이 무척 긴 금융 상품이다. 버핏은 보험 회사를 통해 투자 활동을 함으로써 단기 상환 압박에 시달리지 않고 중장기 투자를 할 수 있었다.

보험사를 보유한 한국의 금융사들도 못하란 법이 없다는 게 윤 회장의 생각이다. 계열사 간 통합 자산 운용까지 더해 과감한 의사 결정을 할 수 있다면, 거대 기업 지분 같은 안전한 자산에 투자할 기회를 가질 수 있다는 것이다. 보험사가 긴 Time Horizon을 바탕으로 돈을 모으기에 가능한 일이다.

저출산 고령화 시대 은행들이 당면한 과제는 점포의 축소다. 지방 인구 감소에 따라 지방 점포가 수도권보다 훨씬 빠르게 줄고 있다. 남는 지방 인력은 아직 대면 수요가 있는 서울에 배치하면 되지만, 말처럼 쉬운 일이 아니다. 집값의 차이 등으로 직원들이 지방에서 서울로 일터를 옮기는 데는 현실적인 이동 장벽이 있기 때문이다. 윤 회장은 비대면 기술의 발달이 이 문제를 해결할 수 있을 것으로 전망했다. 화상 상담을 통해 원래 근무하던 곳에서 같은 일을 계속할 수 있는 것이다. 굳이 지점을 찾지 않는 서울 고객이라면 광주에 있는 직원에게 배분해, 필요하면 화상 상담 등을 통해 서울 직원과 다름없는 서비스를 제공할 수 있다.

디지털 혁명과 금융 산업

윤 회장은 금융 등 전 산업에 영향을 미치는 신기술 트렌드를 ABCDE로 요약한 바 있다. A는 AI(Artificial Intelligence), B는 블록체인(Blockchain), C는 클라우드(Cloud), D는 데이터(Data), E는 에코시스템(Ecosystem)이다. 에코시스템은 낯선 개념인데 협력이나 제휴 업체 등과의 다양한 코워킹 협업 체제를 뜻한다. 핀테크, 빅테크 등과 경쟁하면서도 협업하는 분야가 많아진 상황을 뜻한다. ABCDE는 윤 회장이 미국 출장을 다녀오면서 정리한 것인데 이제 많이 쓰는 용어가 됐다.

윤 회장은 5가지 신기술 트렌드를 바탕으로 시대적 조류는 2가지로 요약했다. DT(Digital Transformation)와 GT(Green Transformation)다. 첫번째 물결인 DT는 초연결성(Super-Connectivity)과 초지능화(Super-Intelligence)가 핵심이다. IoT(사물인터넷, Internet of Things)와 AI가 인간의 기능을 대신하는 초연결사회로 가고 있는 것이다. 과거에는 따로 움직였던 것이 이제 시스템으로 연결되고, 자연스럽게 정보가 공유되는 사회다

두번째 물결은 GT(Green Transformation)다. 우리나라는 제조업 비중이 높고 발전의 30% 이상을 석탄에 의존하기 때문에 온실가스 배출량이 많은 편이다. 여기에 유럽보다 온실가스 감축을 훨씬 늦게 시작한 상황이라 다소 서두를 필요가 있다. 수출 주력 산업이

담대하고 끈덕지게

아직 온실가스 배출이 많은 산업인 상황에서 Net Zero 전환에 뒤처지면 산업 경쟁력에 문제가 올 수 있다.

디지털 혁명은 경영자 입장에서 두 가지 비용 절감을 가능케 한다. 첫째가 AI와 RPA(로봇을 통한 업무 자동화)를 활용한 인력 수요의 감소다. 전통적인 영업인력 등을 IT가 대체하면서 사람이 필요한 영역이 빠르게 줄고 있다. 금융에서 AI는 수익률 예측 외에 Anti-fraud(부정방지)나 Anti-money Laundering(자금세탁방지), 채팅 상담 등 분야에서 이미 활약하고 있다. 수초 만에 피싱 사이트를 99.98%의 정확도로 감별하고 있다. 사람과 비교할 수 없는 생산성과 정확성이다.

둘째가 IT 관련 투자 비용 감소다. 과거에는 각 기업이 개별적으로 IT 투자를 했지만, 디지털화의 심화로 클라우드 체제가 되면서 기업들은 관련 비용을 나눠서 부담할 수 있게 됐다. 일종의 공동 투자로, 규모의 경제에 따라 관련 비용이 지속적으로 줄고 있다. 금융업의 경우 전산망이 장기적으로 공동 모듈화될 수 있다. 금융지주 내 계열사는 물론 경쟁사까지 아울러 클라우드를 통해 전산망을 공유하는 것이다.

윤 회장은 디지털화를 다시 Digitization과 Digitalization으로 구분했다. Digitization은 아날로그로 처리하던 일을 디지털화하는 것을 의미한다. 대면 영업을 하면서 업무 도구나 방식을 디지털화하는 식이다. Digitalization은 업무 방식의 혁신까지 포함한다. 대면 영업으로 하던 일을 비대면으로 전환하는 식이다. 여기서 한 발 더 나간 게 Digital Transformation이다. 생각을 아예 바꿔 비대면의 관점에서 기존 대면 업무 프로세스를 혁신하는 식이다. 기존 대면의 시각에서 보면 주객이 전도된 것이다. 수준으로 나타낸다면 Digitization은 초급, Digitalization은 중급, Digital Transformation은 상급이라고 할 수 있다. 고객이 먼저 적응하고 있다. 창구 내방 고객 수는 지점 감소 이상으로 줄고 있으며, 통장을 개설한 이력이 있어서 지점 손익에는 잡히지만 한 번도 내점하지 않는 고객 비중이 빠르게 늘고 있다.

윤 회장은 디지털 시대 은행의 대면 채널은 크게 3가지 기능을 할 것으로 예상했다. PB 중심의 자산 관리 특화, RM((Relationship Manager) 중심의 기업 금융 특화, 고객 종합 상담 특화가 그것이다. 기존 은행 영업점은 예적금 가입 등 개인 창구 때문에 바빴지만 이 부분은 비대면으로 대체되고, 전문 역량을 인정받는 영업점만 살아남는다는 것이다. 영업점은 전문 역량을 어떻게 결합하느냐에 따라 다양한 형태로 분화할 것으로 봤다. 기업 금융 전담, 자산 관리 전담, 금융 상담 전담, 기업 금융과 자산 관리 복합, 금융 상담과 자산 관리 혼합, 종합 등 지역과 고객층에 따라 다양한 형태와 규모의 지점이 나온다는 것이다. 윤 회장은 승진 우대 정책 등을 통해 WM, 기업 금융 등으로 인재 유입을 늘렸다. 이 직원들은 특정 점포에 대한 소속감 없이 직무에 따라 순환 근무를 할 것으로 전망했다. 은행 본점에선 IT 부분의 중요성이 더욱 확대될 것으로 봤다. 은행 직원의 최소 1/3은 디지털 인력으로 채워질 것으로 전망했다. 이에 따라 윤 회장은 DevOps 조직 운영 등을 통해 기존 은행원들의 IT화를 추진했다.

직원 개별적으로는 디지털 혁명에서 살아남는 열쇠로 리스킬(Reskill)과 업스킬(Upskill)을 제시했다. 디지털에 의해 자동화되고 대체될 수 있는 분야에서 일을 하고 있는 사람이라면, 새로운 기술을 익혀 새로운 분야로 진출하는 리스킬(Reskill)을 강조했다. 또 살아남을 수 있는 분야에 종사하고 있지만 빠르게 변하는 skill에 미치지 못하는 사람이라면, 빠른 속도로 수준을 높이는 업스킬(Upskill)을 해야 힌다고 강조했다. 윤 회장은 역설적으로 IT 분야 중사자들에게 리스킬과 업스킬을 가장 많이 요구했다. 빠르게 변화하는 기술 조류로 인해 언제든 뒤처질 수 있기 때문이다.

윤 회장은 기회가 될 때마다 직원들에게 "내가 디지털로 대체될지 판단하는 기준은 한 가지. 일할 때 기분"이라고 얘기했다. 디지털로 대체되는 업무는 반복적이고 경상적(經常的)이라는 공통점이 있다. 일할 때 따분하고 재미없다면 여기에 해당한다는 것이다. 반면 일할 때 스트레스가 있지만, 가슴이 뛰고 매일 새로운 일이라고 느껴진다면 디지털 혁명에도 살아남을 가능성이 높다고 했다. 은행을 예로 들면 예금이나 가계 대출은 AI로 대체될 가능성이 있고, 종합 상담, 기업 대출, 자본 시장, IB 관련 업무는 상대적으로 대체 정도가 낮은 업무가 될 수 있다. 이런 기조에 따라 KB는 업무 영역별 직원 배치를 하고 있고, 리스킬과 업스킬을 제도적으로 지원하고 있다.

AI 시대 인간이 살아남는 법

윤 회장은 AI 시대 금융회사 등 대부분 직장은 사람과 인공지능이 함께 일하는 '바이오닉 컴퍼니(Bionic Company)'로 변화할 것으로 예상했다. 이런 환경에서 사람은 업무의 개요만 알면 되고, 세부적인 내용까지는 알 필요가 없다. 인간은 가치를 더 높이는 일에만 집중하면 된다. AI를 부려가며 일하는 것이다. 지금도 ChatGPT에 금융 상품을 물으면 제법 쓸모 있는 답변을 하는 수준까지 왔다. 일반 상품 설명은 곧 사람을 능가할 것으로 보인다. AI를 활용하는 과정에서 회사 기밀의 외부 유출을 우려하는 시각도 있지만, 윤 회장은 이런 우려는 내재화된 솔루션의 개발로 얼마든지 대처 가능할 것으로 분석했다.

바이오닉 컴퍼니 체제에선 지금보다도 더 효율이 강조될 것으로 보인다. 기존엔 인풋 위주, 즉 얼마나 열심히 일하는지가 중요했다면, AI 시대엔 아웃풋이 중요하고, 이를 얼마나 효율적으로 낼지가 핵심이 되는 것이다. AI가 주인공이 되면서 '사람의 인풋은 최소화, 아웃풋은 극대화'가 절대 명제가 된다는 것이다. 어떻게 보면 AI가 주류가 되고 AI가 할 수 없는 모자란 부분을 사람이 메우는 시스템이다. AI로 예금이나 대출을 신청하다가 중도 포기한 고객에게 전화나 화상으로 연락해 거래를 마무리하도록 돕는 식이다. 이에 따라 윤 회장은 선제적으로 '스타링크'라는 조직을 만들었다. 폐쇄되는 지점에서 나오는 직원을 배속시켜 화상 상담 등을 맡기는 것이다.

윤 회장은 금융업이 AI와 결합하면서 개인화 마케팅이 각광받을 것으로 전망했다. 아직까진 다수 고객을 공략하는 'One for All' 시대다. 가능한 많은 사람의 니즈 가운데 얼마나 큰 부분집합을 찾아내 히트 상품을 만들어낼 수 있느냐가 경쟁력을 결정하는 것이다. 하지만 AI 시대는 한 사람의 고객을 위해 맞춤형 제안을 하는 'All for One' 시대가 될 것으로 보인다. 고객 한 명, 한 명을 위한 맞춤형 상품을 선보이는 것이다. 이를 향한 중간 경로가 고객을 세그먼트화 하는 것이다. 같은 세그먼트 안에 있으면 생각이 같을 거라 예상하고 제안하는 것이다. 이후 궁극적으로는 은행, 보험, 증권을 아울러 각자 고객 한 명의 니즈와 데이터에 맞추는 개인화 마케팅 시대가 열릴 것으로 보인다. 고객의 과거 거래 이력 등 금융 데이터뿐 아니라 SNS 데이터까지도 통합해서 각 고객에 맞는 제안을 하고, 상품을 권할 때 설명 방식까지 성향에 맞춰 개인화하는 시대가 곧 온다는 것이다. 이에 따라 KB는 AI를 결합한 자산 관리 모델을 내놓은 바 있다. KB 자산운용의 자체 AI 솔루션 '앤더슨'을 기반으로 시장 데이터를 분석해 투자 결과를 예측하는 'KB-DAM'을 내놓은 것이다. ETF도 개인 취향에 따라 다양한 조합의 맞춤 투자가 가능한 Direct Indexing을 내놨다.

AI는 누군가에겐 재앙이 될 수도 있다. 윤 회장은 차별화된 노력을 강조했다. 그는 AI 시대 인간이 살아남을 수 있는 첫 번째 자질로 '융복합'을 제시했다. AI가 제공할 수 있는 서비스는 당분간 하나의 상품 범위를 벗어나지 못할 것이다. 특정 문제에 맞는 하나의 정답을 제시하는 것이다. 하지만 사람은 두 가지 이상을 결합해 종합적인 해법을 제공할 수 있다. 자산 관리 상담이라면 대출, 상속, 세금 등 고객의 니즈를 종합 고려한 답을 내놓는 것이다. 상속 플랜을 만든다면 자금 출처 증빙이 되도록 대출을 받고, 그 대출을 활용해서 부동산에 투자한 후, 그 수익으로 상속세를 부담한다는 수준의 상담을 제공하는 것이다. 윤 회장은 융복합이 가능한 인재가 되려면 전문 분야도 중요하지만 폭넓게 알아야 한다고 강조했다. 쉼없이 공부해 원스톱 서비스가 가능한 종합 컨설턴트가 돼야 한다는 것이다. 대출뿐 아니라 자산 관리, 증권까지 아우르는 유니버설 뱅커(Universal Banker)가 되는 것이다. 또 클라우드 모듈을 재정의하고 조합해서 새로운 부가 가치를 창출하는 인재가 각광받을 것으로 봤다.

AI 시대 인간이 살아남을 수 있는 두 번째 자질은 인문학적 '감성'이다. 사람은 고객의 마음을 이해할 수 있고, 맞장구를 치며 공감할 수 있고, 가까이 다가가 이야기를 들어줄 수 있다. 언젠가 AI도 공감 기능을 탑재할지 모르지만, 사람보다 '인간적'일 수는 없다. 아바타봇이 아무리 친절하더라도, 인간이 서로의 표정으로 소통하는 수준의 공감을 만들 수는 없다. 이에 따라 AI와 경쟁하는 직군에 있는 사람들은 공감 역량을 살려 감성적인 서비스를 제공하기 위해 노력해야 한다고 강조했다.

셋째는 집단지성을 통한 창의성이다. 우리 모두가 천재일 수는 없다. 다만 여러 사람의 의견을 모으고 엮으면 천재적인 아이디어나 큰 그림이 나올 수 있다. 이런 '집단지성'은 AI가 할 수 없는 영역이다. 앞으로 모든 조직은 '학습하는 문화'가 필수가 될 것으로 윤 회장은 전망했다. 각종 자격증을 따는 등 공부를 통해 본인의 전문성을 높이지 못하는 인간은 도태된다는 것이다. 윤 회장은 직원

　　　　　　　　　　담대하고 끈덕지게

들에게 전문성을 계속 높여나가는 것만이 AI 시대 인간이 살아남을 수 있는 가장 확실한 방법이라고 강조했다. AI 시대 인간은 지혜와 창의력을 보태 더 생각하고 의문을 제기하고 질문을 하는 역할을 할 수 있어야 하기 때문이다. 기존에 있는 것을 그대로 받아들이는 게 아니라, 의문과 회의를 갖고 개선해야 하는 것이다. 이에 따라 윤 회장은 비용 절감 속에서도 교육훈련 투자와 비용에 대해선 너그러웠고, CoP(Community of Professional)를 장려했다. 직원들이 자발적으로 모여 공부하는 모임으로, 장소·강사 등을 회사에서 제공했다. 직원들은 자산운용, 데이터, AI 등 관심사에 따라 함께 모여 공부했으며, 회사는 프로젝트 추진을 장려했다. 사업으로 연결된 사례도 꽤 나왔다. 윤 회장은 이밖에 대학과 연계해 AI와 데이터 전문가 육성을 위한 코스를 개설했고, 코딩 교육 등을 통해 임직원들이 디지털 시대에 맞는 소양을 갖추도록 독려했다.

빅블러 시대 은행이 가야 할 길

윤 회장은 변화의 또 다른 물결로 빅블러(Big Blur)를 제시했다. 업종 간 경계가 사라지는 것이다. 이 부분의 변화는 다가오는 정도가 아니라 휘몰아치고 있다는 표현이 맞을 정도라고 했다. 기존에 은행업은 '은행끼리' 즉, 동업자 간의 경쟁이었다. 하지만 지금은 경계가 없는 전쟁이다. 은행은 증권 등 다른 금융업자뿐 아니라, 핀테크나 빅테크 업체, 그것도 국내 회사가 아닌 글로벌 회사와 경쟁을 해야 한다.

대출 대환 플랫폼이 상징적인 사례다. 과거에는 대출을 대환하려면 고객이 일일이 희망하는 금융기관의 조건을 알아본 후 옮겨야 했다. 고객 입장에서 정보의 비대칭성과 접근성의 문제가 있었다. 하지만 지금은 클릭 한 번으로 대환이 가능하다. 선택권이 완전히 고객에게 넘어간 것이다. 신규 대출은 비대면으로 하는 인터넷은행이 기존 은행을 앞지르는 시대가 왔다. 이유는 간명하다. 싸고 편리하기 때문이다. 예금도 마찬가지다. 1억원까지 원리금을 보장하는데 더 많은 이자를 주는 은행이 있으면 가지 않을 이유가 없다. 그동안엔 이동의 불편이 있었지만, 이제 클릭 한 번으로 된다. 과거에는 금융회사가 훨씬 많은 정보를 가졌고, 고객은 접근하기 쉽지 않았다. 하지만 지금은 비교 시스템을 통해 오히려 소비자가 더 많은 정보를 가질 수 있게 됐다. 국민은행 직원은 자사 금리가 몇 번째로 높은지 모르지만 고객은 아는 것이다.

빅블러 시대엔 누구라도 전통 금융의 영역을 호시탐탐 노릴 수 있다. 예금, 대출 중심으로 사업을 추진하던 인터넷은행이 자산운용 업계까지 들어온 게 대표적이다. 시중은행의 핵심예금(요구불예금 등 금리가 매우 낮은 예금) 감소는 이와 관련 있다. 윤 회장은 빅블러 시대 미세한 차이는 큰 격차로 돌아올 것으로 봤다. 과거에는 은행 직원이 실수를 하더라도 옮기는 게 힘들었다. 계좌를 바꾸려면 은행에 가야 하고, 면전에서 '한 번만 양해해 주세요'란 말 한 마디면 누그러지곤 했다. 하지만 지금은 클릭 몇 번으로 거래 은행을 아웃시켜 버릴 수 있다. 이는 금융회사 영업 방식에도 변화를 가져오고 있다. 과거엔 금융회사가 주도하는 Push Sell이었다. 반면 지금

담대하고 끈덕지게

은 고객이 비교해서 먼저 찾는 Pull Sell로 가고 있다. 고객이 의사 결정권을 갖는 것이다. 이에 따라 윤 회장은 기회가 있을 때마다 "이제 Customer Centric하지 않으면 생존하기 어렵다"고 강조했다. 고객에게 편의, 혜택, 즐거움을 주지 못하는 금융회사는 살아남지 못한다는 것이다. '커스터머 옵세션'까지 심화돼야 한다는 얘기도 자주 했다. 고객 만족에 대해 강박을 가질 만큼 모든 사안을 고객 중심으로 생각해야 하며, 그룹 시너지도 그 일환에서 추진해야 한다는 것이다.

윤 회장은 원클릭 시대 핵심 경쟁력은 어쩔 수 없이 '가격'이 될 것으로 전망했다. 정보 비대칭성이 완전히 제거되는 사회에서 가격 경쟁은 더욱 심화될 것이고, 각 분야의 1등 기업들은 강력한 가격 압박을 받을 것이라는 것이다. 윤 회장은 1등 은행이라면 시장에서 가장 낮은 대출 금리를 제공할 수 있어야 한다고 했다. 이제는 고객이 모든 것을 보고 있고, 다 비교할 수 있다. 생산성과 원가 경쟁력 없이는 생존하기 어렵다. 빠른 속도로 생산성을 높여야 하고 원가 절감을 할 수 있는 기업만 1등을 지킬 수 있을 것이다. 가격 경쟁과 거시적인 저성장이 맞물리면서 금융회사의 마진은 어쩔 수 없이 줄어들 것이다. 1등의 시장 점유율이 줄어드는 것도 불가피하다. 그래서 결국엔 원가 경쟁력 확보가 절실하며, 고객별로 차별화된 가격 정책의 마련도 요구될 것으로 윤 회장은 예상했다. 또 각 기업에선 성과를 측정하기 위한 지표로 'CIR'(Cost Income Ratio)이 각광받을 것으로 봤다. Cost와 비교해 얼마나 수익을 내고 있는지 보여주는 것이다.

윤 회장은 빅블러 시대 인터넷 전문은행에 대해 기존 은행이 가질 수 있는 강점을 이 한 문장으로 정의했다. '대면과 비대면의 옴니채널(Omni Channel)을 통해 다양하고 복합적인 서비스를 끊김없이 심리스(Seamless)로 제공하는 것'이다. 대면에 비대면을 보강해 양축으로 가면서 보다 깊이 있는 서비스를 제공하는 것이다. 고객이 궁금해하는 내용에 대한 종합 상담이 대표적이다. 기존 은행은 비대면뿐 아니라 점포를 통한 대면 상담을 통해 인터넷은행보다 깊이 있는 상담을 제공할 수 있다. 인터넷은행이 대출 금리만 갖고 비교할 때, 기존 은행은 대출과 예금, 자산운용 등을 아울러 상속 등 난이도가 높은 상담 서비스를 제공할 수 있는 것이다. 그러면 이자 부분에서 다소 불리하더라도 기존 은행을 거래하는 고객이 나올 수 있다. 결국 기존 은행의 경쟁력은 모든 금융 서비스를 원스톱으로 제공할 수 있느냐에서 나올 것으로 보인다. 고객이 일일이 찾아 다녀야 하는 일을 은행, 증권, 카드, 보험을 아울러 원스톱 상담 및 서비스를 통해 전담 직원이 해결해주는 것이다. 고객에게 선택의 부담조차 주지 않는 진정한 의미의 융복합 상품·서비스다. 이런 측면에서 대면 채널을 갖고 있다는 것은 엄청난 장점이 될 수 있다. 다만 유지 비용이 높기 때문에 가치(Value)를 창출할 수 있도록 혁신의 노력을 해야 한다는 게 윤 회장의 분석이다.

윤 회장은 빅블러 시대 성장을 위한 핵심 키워드로 다각화를 꼽았다. 기업은 늘 '다각화'와 '선택과 집중' 사이 고민을 한다. 한때 다각화를 '문어발식 경영'이라며 배척하는 시각이 있었지만, 현명한 다각화는 위기를 넘기는 중요한 자산이 된다. 스마트폰이 어려

   담대하고 끈덕지게

울 때 반도체로 생존하고, 반도체가 어려울 때 생활가전으로 생존하는 식이다. 여기에 금융과 산업의 경계는 결국 허물어질 것으로 예상된다. 금산분리 전체가 허물어질 수도 있고, 부수업무나 겸영 업무 범위를 확대하는 형태가 될 수도 있다. 다만 잡화점식 다각화는 실패할 가능성이 높다. 'Core Competency'와 'Competitive Edge'를 감안한 다각화를 해야 한다. 어떤 차별성과 경쟁력을 갖추고 있는지를 판단해 진출 영역을 결정해야 한다.

윤 회장은 다각화 시대 은행들은 기존 사업자들을 도와주는 헬퍼(helper)란 이미지가 큰 강점이 될 것으로 봤다. 각종 제휴를 통한 다각화가 가능한 것이다. 윤 회장은 모빌리티 시장 진출을 위해 T맵과 제휴했고, 모바일 시장 진출을 위해 리브모바일(알뜰폰)을 출범시켰다. 앞으로 기술 트렌드를 고려한 결정이었다. 자율주행 자동차 시대 '자동차가 달리는 극장이 될 것'이란 데 윤 회장은 동의하지 않았다. 자율주행 자동차 내부에서 즐기는 콘텐츠의 주도권이 자동차 회사에 있지 않다는 것이다. 지금도 집에서 TV를 볼 때 가족이 함께 모여서 보지 않고, 모바일 기기를 통해 각자 본다. 자율주행 자동차 세상이 오더라도 사람들은 자동차에서 모바일로 콘텐츠를 즐길 것으로 예상된다. 자동차에 설치된 소프트웨어가 아니라 스마트폰에 설치된 소프트웨어로 콘텐츠를 보는 것이다. 이런 예상에 따라 윤 회장은 T맵과 제휴하고, 리브모바일을 출범했다. 이와 함께 경제 활동 가운데 금융과 관련도가 가장 높은 부동산과 자동차 분야에 진출해 KB부동산과 KB차차차를 만들었다.

플랫폼과 네트워크 효과

윤 회장은 빅 블러 시대 플랫폼의 가치는 더욱 올라갈 것으로 전망했다. 수시로 확인하고 드나드는 카카오톡, 네이버 등이 대표적이다. 금융을 포함한 모든 산업은 플랫폼 위주로 재편될 가능성이 크며, 이미 상당 부분 진행됐다고 분석했다. 윤 회장은 플랫폼을 '그 소유자가 고객에게 소구(訴求)할 수 있는, 호소할 수 있는, 액세스할 수 있는, 마케팅할 수 있는 직접 채널'이라고 정의했다. 아무리 제품 경쟁력이 우수하더라도 플랫폼을 갖지 못하면, 고객과의 강력한 접점을 갖지 못하는 상품 공급자에 지나지 않을 것이라고 봤다. 플랫폼에 휘둘리는 고단한 신세가 되는 것이다.

윤 회장은 금융사의 애플리케이션도 수시로 접속하는 플랫폼이 돼야 한다고 봤다. 플랫폼에 고객을 유인하기 위해서는 3T(Traffic, Transaction, Time Sharing)가 필요하다. 트래픽(Traffic), 즉 고객 유입이 있어야 하고, 들어와서 오랜 시간 머무르는 타임쉐어링(Time Sharing)이 있어야 하며, 궁극적으로는 무엇인가 거래를 하는 트랜잭션(Transaction)까지 있어야 강한 플랫폼이 될 수 있다.

금융 플랫폼에서 트래픽을 이끌 수 있는 가장 강력한 아이템은 주식이다. 시세 확인을 위해 수시로 들어오게 된다. 은행과 증권의 플랫폼이 결합 추세에 있는 것은 이 때문이다. 여기에 KB는 '오케어' 서비스를 통해 건강 진단과 질병 예방 영역의 서비스를 추가했다. 금융 서비스를 강화한 것은 기본이다. KB는 국민은행 계좌가 없어도 결제할 수 있는 KB Pay, 본인 인증 수단으로 활용할 수 있는 KB국민인증서, 전자 지갑 KB Wallet 등을 잇따라 출시했다. 비

담대하고 끈덕지게

활동 고객을 어떻게 활동 고객 나아가 충성 고객으로 전환시킬지, 새로운 고객을 어떻게 유입시킬지에 대한 고민에서 내놓은 것이다. 마지막이 콘텐츠다. 금융 플랫폼은 금융에 대한 궁금증이 생겼을 때 접속해서 해결할 수 있는 수단이 돼야 한다. 이 부분은 KB가 앞으로 해결해야 할 과제다. 여기에 추가로 모빌리티, 이커머스, 여행까지 덧붙인다면 KB앱이 강력한 플랫폼으로 거듭날 것으로 윤 회장은 예상했다. 건강 정보를 찾으러 접속했다가 KB 고객이 되는 식이다.

윤 회장은 빅블러 시대 플랫폼 내 빈익빈부익부는 더욱 심화될 것으로 전망했다. 제품과 서비스 공급자들은 강력한 플랫폼만 찾을 것이고, 3등 안에 들지 못하는 플랫폼은 도태될 것으로 봤다. 윤 회장은 3등 안에 들기 위한 키워드를 '3S(Secure, Speedy, Simple)'로 정의했다. 안전하고, 빠르고, 간편한 서비스를 제공하지 못하면, 쓸쓸하게 퇴조(退潮)한다는 것이다.

강력한 플랫폼끼리 제휴는 플랫폼 간 빈익빈부익부를 심화시킬 것으로 봤다. '임베디드 뱅킹(Embedded Banking)'이 대표적이다. 이커머스, 여행 등 고객이 많이 찾는 플랫폼에 뱅킹 서비스를 내재화해 심어 놓는 것이다. 그러면 페이먼트(예금, 대출) 같은 금융 서비스를 은행이 아닌 외부 플랫폼에서도 받을 수 있게 된다. 쿠팡에 국민은행의 대출 시스템을 심어 놓으면, 셀러들이 쿠팡을 통해 국민은행으로 연결돼 대출을 받을 수 있다. KB 고객에게 쿠팡의 혜택을 제공하는 협력도 가능하다.

플랫폼의 또 다른 성공의 열쇠는 네트워크 효과다. 이용자들끼리 보이지 않는 네트워크가 생기면서 편리성이 더욱 커져, 다른 플랫폼으로 이탈하지 않는다는 뜻이다. 질문을 올리면 가장 빠르게 답변이 달리는 포털을 찾게 되는 것이 대표적이다. 네트워크 효과를 가지려면 일정 수준 이상의 이용자를 확보해 규모의 경제가 실현돼야 한다. 윤 회장이 KB스타뱅킹 이용자 2000만 명을 조기 달성해 다른 인터넷은행을 빠르게 추월하자고 독려했던 것은 이 때문이다. 윤 회장이 추구한 것은 KB가 1등 금융 플랫폼이 되는 게 아니었다. 카카오톡, 네이버에 견줄 수 있는 생활 플랫폼이 되는 것이었다. 틈날 때마다 카카오톡, 네이버에 접속하듯 KB가 늘 함께 하는 플랫폼이 되는 것이다. 이는 윤 회장에 KB에 남겨둔 과제로, 직원들이 앞으로 함께 해결해야 할 숙제다.

　금융의 삼성을 꿈꿨던 윤 회장의 도전은 2023년 11월 마무리된다. 9년 재임 기간 KB가 어떻게 변화했는지는 이 책의 맨 마지막에 정리했다. 그 전에 KB人이 되기 전까지 인간 윤종규의 생애를 소개한다. 어린 시절부터 삼일회계법인의 부대표가 될 때까지 인생 역정이 들어 있다. 한번 들여다 보는 것만으로 누구나 마음 속 열정의 불씨가 살아날만한 집념의 인생이다.

4부

—

Bold Decisions
Tenacious Execution

—

1장.
꿈은 없었지만 집념은 있었다

꿈조차 사치였던 어린 윤종규

윤종규는 어려서 꿈이 없었다. 가정 형편 탓이었다. 꿈을 생각할 여유가 없었고, 꿈을 심어줄 주변 사람도 없었다. 서울의 명문대나 고시 합격 같은 목표를 희미하게나마 생각해 볼 법도 하지만, 하루하루 버거웠던 삶에선 너무나 먼 얘기였다. 할 수 있는 일이라곤 '당장 내가 해야 하고 할 수 있는 일'을 하는 것뿐이었다.

그의 집안은 가난했지만 지역에서 명망이 있었다. 대대로 한학을 하는 집안이었고, 아버지는 일제 시대 때 홋카이도에 광부로 다녀와 마을 이장을 했다. 하지만 명망이 밥 먹여 주는 건 아니었다. 한학을 중시하는 집안 전통은 도리어 신문물을 접하는 데 방해가 됐고, 더 가난한 생활을 이어가게 했다.

그는 2남 4녀 중 다섯째였다. 누나 셋, 형 하나, 밑으로 여동생이 하나 있었다. 하나 있던 형은 중학교를 가지 못했는데, 이런 상황이 유별난 것은 아니었다. 형편이 비슷한 집 아이들 대부분 초등학교만 졸업하면 집을 떠나 공장에 취직했다. 먹는 입을 하나라도 줄여야 했기 때문이다. 초등학교만 나오면 자기 입은 자기가 책임지기 위해 돈을 벌러 나가는 게 당시 시골 마을들의 분위기였다.

윤종규가 4학년이 되자 집에는 6남매 중 여동생과 그만 남았다. 누나, 형들은 모두 광주에서 일을 하고 있었다.

힘들었던 시절에도 형제 중에 한 명은 공부를 시키는 분위기였다. 윤종규가 그 한 명이 됐다. 형제 중 한 명에게 교육을 집중시키는 구조다 보니, 동네의 교육열은 상당했다. 그가 초등학교 3학년 시절 분교 소동이 있었다. 그가 살던 나주 남석(藍石)리는 쪽돌이란 이름처럼 강으로 둘러싸여 있었다. 비가 많이 오면 홍수가 났고, 그 때마다 학교 가기 어려웠다. 동네 어귀에서 학교까지 거리는 4km를 훌쩍 넘었다. 아이들이 왕복하기에 꽤 먼 거리다. 그러자 교육청에선 지역에 분교 설립을 추진했는데, 동네에서 난리가 났다. 분교는 교육의 질이 떨어질 수 있고, 몇 안 되는 동네 친구들끼리 학교를 다니다 보면 학업 경쟁이 약해진다는 것이었다. 동네 주민들이 모두 일어나 분교 반대 운동을 했다.

반대에도 불구하고, 분교는 어느새 지어졌다. 학부모들은 초강경 대응을 결정했다. 한 학기를 아예 학교에 안 보내면서 휴업 투쟁을 한 것이다. 그렇게 윤종규의 초등학교 3학년 2학기는 통째로 날아갔다.

대신 부모들은 아이들을 위해 동네 서당을 열었다. 어른들이 각자 가능한 분야를 골라 선생님 대신 가르쳤다. 지금으로 치면 홈스쿨링이다.

그러다 타협안이 나왔다. 4학년까지는 분교를 다니고, 5학년부터는 본교를 다니게 하자는 안이 나온 것이다. 학부모들이 타협안을 수용하면서 윤종규는 4학년이 돼 분교로 복학(?)했다. 분교의 학습 여건은 예상대로 열악했다. 교사가 2명에 불과하여 전체가 두 반으로 편성되었는데, 학년 구분 없이 학급당 40~50명을 몰아넣었다. 공부를 잘했던 그는 교사로부터 뭘 배우는 시간보다 교사를 대신해 1학년 동생을 가르치는 시간이 더 많았다. 보조 교사의 역할로 더 많은 시간을 보냈다.

남석리 주산 대표 선수

남석리는 풍광이 좋았다. 드들강 상류 지역인데, 강변 주변으로 풀밭이 넓게 펼쳐져 있었다. 누가 일부러 가꾼 잔디밭 같았다. 그곳에서 아이들은 씨름과 공놀이로 하루를 보냈다. 체격이 왜소했던 윤종규는 운동 능력이 뛰어난 편은 아니었다.

하지만 승부욕은 누구보다 강했다. 씨름을 할 때는 힘으로 못 이기자, 상대가 공격을 해오면 그 힘을 역이용하여 넘어뜨리는 기술을 익혀 덩치 큰 아이들을 자주 쓰러트렸다.

분교 반대 운동이 마무리된 3학년 겨울방학에 특별활동으로 주산을 배우기 시작했다. 처음엔 그렇게 재미있지 않았다. 특별활동에 가기 싫어, 친구 몇몇과 특활 시간을 쭉 결석해 버린 일도 있었다. 특별활동 수업은 본교까지 가서 했는데, 친구들과 한 학기 떨어져 있으면서 생긴 쑥스러움 때문 같기도 했다. 어느 날 아버지가 장에 갔다가 3학년 1학기 담임이었던 김정숙 선생을 만났다. 윤종규의 학습 관련 얘기를 나누다가, 주산 특별활동 얘기가 나왔다. 김정숙 선생은 그가 특활에 나오지 않는 걸 알고 있었다. 하지만 그의 아버지는 주산반에 잘 다니는 것으로 알고 있었다. 아버지는 "종규가 주산을 잘 하느냐" 물었다. 김 선생은 일단 "잘 하고 있다"고 둘러댔다.

다음날 김 선생은 윤종규를 찾아 나섰다. 그날도 주산반에 안 들어가고 본교 앞 담장에 앉아 햇볕을 쬐고 있던 윤종규. 머리에 불이 번쩍 했다. "네 이놈." 그렇게 김 선생 손에 이끌려 주산반에 들어갔고, 다음날 바로 주산 시험을 치렀다. 주산으로 한 자릿수 계산을 하는 10급 시험이었다. 주산보다는 암산에 가깝게 시험을 치러 합격했고, 그 10급이 주산에 흥미가 느끼는 계기가 됐다. 급수란 보상이 재미를 가져온 것이다.

스승에 대한 미안한 감정도 동인이 됐다. 거짓말한 게 걸렸는데 자신을 감싸줬다는 사실에 복잡한 감정이 들었다. 지금도 김 선생은 윤종규에게 가장 고마운 스승으로 남아 있다.

술을 좋아하던 한 은사도 기억에 남는다. 그는 숙취가 심해 자주 점심을 걸렀다. 그때마다 도시락은 윤종규의 차지가 됐다. 집에서는 보기 어려운 호화 반찬이었다.

　　　　　　　담대하고 끈덕지게

주산 시험을 치를 때마다 급수가 올라가자 재미가 배가됐다. 주산 다루는 속도가 무척 빨랐다. 5학년 때 본교로 돌아가자 주산 학교 대표 선수를 권유받았다. 광주상고를 나온 특활 교사에게서 집중 지도를 받았다. 학교 대표로 나가 군 대회에서 1등을 차지했다. 학교의 자랑이 됐고, 부상으로 탁상시계를 받았다. 당시만 해도 귀했다. 남석리 마을에서 처음으로 탁상시계를 가진 아이가 됐다. 이후에도 지역 대회를 휩쓸었다.

공부도 잘해서 1등을 놓치지 않았다. 당시 선생들이 공부 잘하는 아이들을 좋아하니, 예쁨을 많이 받았다. 그 사실이 좋았다. 부모에게도 자랑이었다. 다만 '이 형편에 뒷바라지를 어떻게 해야 하나' 하는 부모의 수심도 자주 봤다는 게 윤종규의 기억이다.

호남 최고 명문 광주서중 낙방

당시 초등학교는 고학년이 되면 시험의 연속이었다. 매달 월말 고사가 치러졌고, 중간고사와 기말고사를 따로 치렀다. 윤종규는 국어, 영어, 수학, 과학 등 주요 과목만 보는 월말 시험에선 전교 1등을 놓친 적이 없었다. 하지만 중간과 기말고사에선 1등을 못하는 경우가 많았다. 예체능 때문이었다. 작은 체구로 체육 실기에서 두각을 나타내기 어려웠다. 가장 치명적이었던 것은 적녹 색맹이었다. 그는 적색과 녹색을 잘 구분하지 못했다. 늦가을 홍시가 열리는 것을 찾아내지 못할 정도였다. 지금도 아주 진한 게 아니면 빨간색을 찾아내지 못한다. 그가 어릴 때는 색맹, 색약에 대한 개념이 없었고, 관련한 검사도 없었다. 고3 때 처음 관련 테스트를 받고, 색맹인지 알게 됐다.

색맹인 학생이 미술 실기를 제대로 할 리 만무했다. 음악 실기도 잘하지 못했다. 그의 목소리 톤은 매우 낮은 편이다. 그런데 학교에선 테너곡으로만 시험을 보게 했으니 좋은 점수를 받는 건 불가능한 일이었다. 이런 성적 패턴은 고등학생이 돼서도 계속 따라다녔다. 중간 기말 고사에서 늘 전 과목을 만점 가까이 맞았지만, 예체능 실기에서 형편없는 점수가 나오면서 전교 1등을 하지 못했다. 그 사슬이 끊어진 건 고3이 되고부터다. 고3이 되자 그가 늘 취약했던 예체능 실기가 사라졌다. 결국 성적이 압도적으로 좋아져 고등학교 수석 졸업까지 이어졌다.

예체능 핸디캡은 윤종규 인생의 처음이자 마지막 패배의 원인이 되기도 했다. 당시 중학교도 입시가 있었는데, 호남 최고 명문 중학교는 '광주서중'이었다. 꿈이 있어 광주서중을 쓴 건 아니었다. 일반 학생들은 서울대 법대나 상대를 가야겠다는 생각으로 광주서중 시험을 봤다. 반면 윤종규는 '지금 내가 지원할 수 있는 가장 좋은 학교'란 생각만 갖고 광주서중에 시험을 쳤다. 초등학교에서 공부를 잘했으니 광주서중 지원은 당연한 수순이었다.

하지만 체력이 좋지 못한 시골 출신에게 광주서중은 큰 벽이었다. 기본 10점 만점을 받아야 했던 체력장에서 만점을 받지 못했다. 시험에선 주요 과목은 잘 봤지만, 미술에서 10문제 중 5문제를 틀렸다. 학교에선 듣도 보도 못한 문제들이 나왔다. 그가 다닌 학교에선 담임 선생이 모든 과목을 가르쳤는데, 미술 이론을 가르치지 않

 담대하고 끈덕지게

았다. 결국 찍는 것 외에 할 수 있는 게 없었고, 커트라인 언저리에서 아쉽게 탈락했다.

간발의 차이에 의한 탈락의 충격은 컸고 상실감은 말로 표현하기 어려웠다. 2~3일은 밥도 제대로 넘기지 못했다. 늘 잘한다 얘기만 듣고 자랐는데, 세상은 그토록 넓었던 것이다. '내가 최고가 아닐 수 있구나'를 처음 깨달았다.

하지만 이때의 충격은 인생의 자양분이 됐다. 더 이상 패배는 없을 거라 다짐했다. 이후에는 단 한 번도 스스로에게 한 약속을 어기지 않았다. 나태함에 지지 않는 삶, 집념으로 꽉 채워진 삶이었다. 이후 윤종규에게 시험에서 실패라곤 운전면허 첫 실기 탈락 정도가 유일하다.

정해진 선택지, 광주상고 입학

광주서중은 낙방했어도, 초등학교 졸업은 수석으로 했다. 다만 최우등상을 받지 못했다. 윤종규는 교장 선생 때문으로 기억한다. 주산 대표 선수를 포기한 영향이 컸다.

윤종규는 6학년이 되자 주산만 해서는 좋은 중학교를 가지 못 갈 것 같다는 생각이 들었다. 그래서 공부에 집중해야겠다고 결심했다. 하지만 교장은 윤종규가 대회를 나가 상을 받아오는 게 더 좋았던 듯하다. 윤종규에게 주산 선수를 계속 하라고 강요했다. 그러나 윤종규는 공부를 고집했고, 교장 눈밖에 났다. 결국 학업 성적으론 윤종규가 1등을 했지만, 최우등상은 다른 친구가 받았다.

윤종규는 중학생이 되어서도 서울대 법대나 상대를 가야겠다라는 식의 꿈이 없었다. 명문대를 가야겠다는 목표는 생각조차 해본 적이 없다. 그런 그에게 광주상고 진학은 당연한 결정이었다. 집에 돈이 없으니 학비를 장학금으로 충당해야 했고, 농협 직원으로 일하는 친척에게서 은행원이 괜찮다는 얘기까지 들은 터였다. 고등학교를 마치고 취직하는 데 상고 이상의 선택은 없다고 생각했다. 광주상고 입학 때 수석을 차지하진 못했지만, 5등으로 전액 장학금은 받았다.

학창 시절 윤종규의 가장 큰 콤플렉스는 키였다. 고등학교 2학년 때까지 키가 158cm밖에 되지 않았다. 그러다 고3 때 한 번에 15cm가 컸다. 그때 지금의 키 173cm이 됐다. 동년배 중 작지 않은 키다. 알고 보니 그의 아버지도 성장기 막바지에 키가 컸다고 한다. 그가 고3 때 집을 떠나, 광주로 시집 간 누나 집에서 학교를 다닌 것도 키 크는 데 영향을 미친 것으로 생각한다. 자취하거나 멀리 통학하면서 다닐 때보다 잘 먹었던 것이다. 영양 상태가 좋아져 키가 컸을 것으로 그는 추측한다.

갑자기 키가 크면서 고1, 2때 그를 알았던 은사가 몰라본 일도 있었다. 학교 졸업 후 외환은행에 다니던 시절 은사가 서울 오는 길에 그에게 들렀는데, 보자마자 한참을 머뭇댔다는 것이다. 은사 머릿속에 윤종규는 '키 작고 공부 잘하는 애'로 각인돼 있었는데, 갑자기 껑충한 청년이 나타나 놀랜 것이다.

고3 때 집을 떠나 누나 집에 살게 된 것은 중3 때 아버지가 돌아가신 영향이 컸다. 윤종규의 어머니는 갑자기 남편이 세상을 등지자, 행상을 하면서 광주와 나주 집을 오가야 했다. 할 수 없이 윤종규를 시집 간 누나에게 부탁해 그곳에서 살게 했다.

어머니는 '남광주역' 앞에서 꼬막 파는 행상을 했다. 원래 그 자리에서 행상을 하던 이모가 옆 자리를 내줘 시작한 일이었다. 매일 전남 벌교에서 올라오는 꼬막을 남광주역 앞에서 받아 팔았다. 귀가는 꼬막이 다 팔려야 가능했다. 어떻게든 자식을 가르치겠다는 안간힘이었다. 지금도 윤종규는 꼬막을 보면 눈물이 핑 돈다고 한다.

그때 가난이 특별한 상황은 아니었다지만, 그의 집은 특히 가난했다. 아무리 노력해도 해결할 수 없는 일이었다. 나만 학교 다니는 게 맘 편할 수 없었다. 학비 자체는 전액 장학금으로 해결하더라도, 각종 회비 내는 데 애를 먹었다. 수학여행도 쉽지 않았다. 중학교 때는 외부 후원을 겨우 받아 경주 수학여행을 다녀왔지만, 고등학교 때는 함께하지 못했다. 친구들이 제주로 수학여행을 가는 동안, 수학여행 비용을 못 내는 친구들끼리 학교 배려로 하동 쌍계사를 다녀오는 것으로 만족해야 했다.

2장.
재능과 시련

고교 수석 졸업과 외환은행

고3이 돼 예체능에서 해방된 윤종규는 광주상고 수석 졸업이 확정
됐다. 광주상고 수석 졸업자는 원하는 곳을 골라갈 수 있었다. 보통
한국은행을 택하는데, 윤종규는 추천의뢰가 먼저 온 외환은행을 선
택했다. 해외 근무 기회가 가장 많은 은행이란 점이 윤종규의 마음
을 끌었다.

고등학교 졸업(1974년 2월) 전인 1973년 12월 근무를 시작했다.
첫 발령지는 서울 종로지점이었다. 종로서적 옆 건물에 있었다.

당시 시중은행 지점들의 위상은 대단했다. 건물의 3~4개 층을
쓰는 지점이 많았다. 외환은행 종로지점도 1층은 객장으로 쓰고,

2층은 수출입업무 담당 등 주요 부서가 자리했으며, 3층과 4층은 각각 식당과 휴게소로 썼다. 은행 지점장과 은행원들의 사회적 위상도 지금과 비교할 수 없을 정도로 높았다.

각 은행들은 행원을 위한 합숙소를 운영하고 있었다. 외환은행의 경우 서울 상도동에 합숙소가 있었다. 지방에서 올라온 행원뿐 아니라 서울 출신도 합숙소를 쓰는 경우가 많았다. 방이 부족하면 마음씨 좋은 선배들의 방에 얹혀 지내는 경우도 있었다. 합숙소를 쓰는 행원들은 크게 두 부류로 나뉘었다. 안정된 직장을 얻었다는 만족감에 음주가무를 즐기며 지내는 부류, 야간 대학을 준비하는 부류였다. 윤행원은 후자였다. 처음부터 대학 진학을 당연하게 생각했다.

입행과 함께 대학에 진학하는 서울 출신 동기들이 그를 자극했다. 서울 출신 중에는 입시와 취업 준비를 병행해, 고3을 마치면서 입행과 진학을 동시에 하는 경우가 꽤 있었다. 반면 윤종규는 준비가 늦었고, 학비 마련도 필요했다. 1년 간 학비를 모으면서 입시 준비를 해야겠다고 생각했다.

그가 나온 광주상고는 회계상업과 부기를 중심으로 가르치면서, 지금으로 치면 수학은 수1까지만 공부를 했었다. 당장 수학 학원부터 등록했다. 지점 위치가 학원 다니기 좋았다. 대입 학원 대부분이 종로에 있었다.

지망 학교는 성균관대를 선택했다. 야간 대학을 운영하는 대학 중 가장 좋은 학교였고, 무엇보다 그가 일하는 지점에서 가까웠다. 종로에서 버스로 서너 정거장이면 갈 수 있었다.

야간 대학 선발 과정은 주간 대학과 같았다. 입학 커트라인도 큰 차이가 없었고, 주야간 이동도 자유로웠다. 성균관대는 오히려 야간 대학 커트라인이 더 높았다. 야간 대학 중 최고 명문이란 인식이 있어 최고 자원이 몰렸기 때문이다. 주경야독하는 청년이 많은 당시 시대상이 반영됐다.

성균관대 75학번

생각대로 시험을 잘 치렀다. 75학번으로 성균관대에 입학했다. 인문계고 동년배와 비교하면 1년이 늦었으니, 재수해서 대학에 들어간 셈이 됐다. 물론 윤종규가 유별난 건 아니었다. 입학하고 보니 그처럼 낮에 일을 하는 학생이 60~70% 정도 됐다.

대학까지 다니게 되자 1분 1초 허투루 쓸 수 없었다. 출퇴근 시간 등 틈 나는 대로 책을 봤다. 남들 안 볼 때 혼자 공부하는 게 원래 그의 스타일이었지만, 따질 겨를이 없었다.

퇴근하면 보통 오후 5시 30분 정도. 동료들의 도움을 받아 가며 6시 시작하는 학교 수업에 빠듯하게 도착했다. 학교 수업 갈 때마다 성대 교내 방송에선 낭만적인 음악이 흘러나오곤 했다. 푸른 잔디밭엔 막걸리를 마시거나 카드놀이를 하는 주간 대학생으로 가득했다. 그 시간 바쁘게 수업에 들어가야 하는 본인과 처지가 대비되면서 가끔은 서글픈 느낌도 들었다. 하지만 어릴 때 생각하면 이렇게라도 대학을 다닐 수 있게 된 게 얼마나 감사한 일인가.

입학 후 두어 달 만에 마산 지점으로 발령이 나면서 수업 출석이

　　　　　　　　　　담대하고 끈덕지게

불가능했다. 휴교령으로 리포트나 시험으로 대체되는 것들이 있어 버티는 데 도움이 되었으나, 출석 체크가 엄격한 과목은 학점을 딸 수 없었다. 그중 하나가 '교련'이었다. 학기 중에 교련을 수료하지 못하면, 우선 징집 대상이 된다.

1976년 2월 떠밀리듯 입대했다. 교련을 미수료했으니 사상이 의심된다는 이유로 전방에 보내졌다. 그가 배치된 포병 부대는 전방 중에서도 최북단이었다. 의정부 101 보충대를 마치면 트럭으로 각 부대로 보내지는데, 부대별로 하나둘 모두 내리고 맨 마지막에 윤종규가 내렸다.

그래도 대학을 다니다 온 덕에 작전과 상황실에 배속돼 '계산병'을 맡았다. 작전 계획과 사격 지휘를 담당하는 일이었다. 사격 지휘는 포병에서 핵심이다. 그중에서도 계산병은 상황실의 컴퓨터라 불리는 중요 보직이었다. 그의 부대는 군단 전술 경연대회에서 우승했고, 계산병을 맡은 윤종규는 신임을 얻었다.

상황실 소속 병사들은 야외에서 보초를 서는 대신 상황실 근무를 한다. 자연스레 공부할 시간이 생겼다. 그는 1978년 10월 제대할 때까지 경제학 원론과 영어 공부를 주로 했다. 제대 후 행정고시를 보기로 결심했기 때문이다.

행시 결심은 은행에서 마주한 현실이 큰 영향을 끼쳤다. 외환은행에 들어와서 보니 이른바 잘 나가는 직원들은 서울대 출신이 많았다. 은행원이 됐다고 안분지족할 수는 없다는 생각이 들었다. 새로운 길을 찾아야겠다고 생각했고, 그렇게 얻은 결론이 고시였다. 그중에서도 학과나 개인 성향을 고려해 사법시험보다는 행정고시가 맞겠다고 판단했다. 국가 발전을 이끌어가는 일이라 생각했고, 행정 주도의 국가 발전 전략이 상당 기간 계속 유효하리란 생각도 들었다.

그러던 어느 날 충격적인 소식을 듣는다. 위암으로 어머니가 작고한 것이다. 돌아갈 때 어머니의 나이는 56. 남편이 작고할 때 나이와 같았다. 임종도 지켜보지 못했다는 죄책감에 황망하게 집으로 왔지만, 어머니는 이미 입관까지 마친 상태였다. 이루 말할 수 없는 슬픔이었다. 부모 모두 돌아가시자 세상에 홀로 남은 느낌이었다. 다만 어머니 돌아가실 때 군인이었다는 게 어찌 보면 다행이었다. 쳇바퀴처럼 돌아가는 통제된 일상이 슬픔을 묻었다.

회계사 시험 준비와 시위 주도

제대 후 은행에 복직해 행정고시 준비에 돌입하려던 순간, 고교 1년 선배가 회계사 시험을 먼저 보는 게 좋겠다는 조언을 했다. 학교 수업과 병행할 수 있고, 회계사가 좋은 직업으로 급부상하고 있다는 이유였다. 그럴듯했다. 최대한 빠른 시간 내 합격을 목표로 회계사 시험 준비에 돌입했다. 엄격한 생활 루틴을 설정했다. 아침 6시 기상하자마자 공부를 시작해 9시 출근. 부족한 잠은 출근 버스 쪽잠으로 해결했다. 오후 5시 30분 퇴근해서는 등교해 야간 수업을 듣고, 저녁 10시쯤 집에 오면 바로 씻고 새벽 2시까지 또 공부. 그렇게 평일 하루 4시간 수면의 생활을 했다. 주말에도 눈 떠 있으면 공부. 평일보다 더 자는 시간은 1~2시간 정도에 불과했다.

얼추 회계사 시험에 자신감이 붙던 1980년 3월 11일. 여느 날처럼 회사를 마치고 학교 강의실에 들어갔다. 그런데 강의실이 모르는 얼굴로 가득했다. 의아해서 앉아 있는 사람에게 물었다.

"여기 경영학과 맞습니까?"

"그럼요"

"3학년 맞습니까?"

"네"

이상했다. 밖에 나갔더니 학과 동기들이 옹기종기 모여 웅성웅성하고 있었다. 알고 보니 3사관학교 출신이 대거 편입한 것이었다. 군부 정권 시대엔 2년제 3사관학교 출신 군인을 4년제 3학년으로 편입시켜주는 제도가 있었다. 그런데 이 때 성균관대 경영학과에 너무 많은 3사관학교 출신 편입생이 들어왔다. 야간 대학 3학년 정원이 25명이었는데, 40명의 편입생이 들어온 것이었다.

학생들은 술렁였다. 군부 정권이 만든 제도와 막무가내식으로 밀어붙이는 횡포 때문에 학사가 왜곡되고 있다는 주장이었다. 성균관대 경영학과 3학년 학생들은 학교 앞 자취방에 모여 대책을 논의했다.

"우리 정식으로 항의해야 하는 것 아니냐" "우리 목소리를 반드시 내야 한다" "하지만 어떻게 할 건데." 한 시간 넘게 설왕설래만 했다.

그는 회계사 시험이 코앞이라 항의에서 빠질 생각이었다. 하지만 말만 오가는 것을 참지 못하고, 일을 저지르고 말았다. "야. 우리 이렇게 해보자. 어떻게 하냐면……" 쭉 설명하며 주장한 내용이 어느새 학생 전체 의견이 됐고, 윤종규는 졸지에 리더가 돼버렸다.

은행 다니며 회계사 시험을 준비하고 학생 리더까지 맡는 건 쉬운 일이 아니었다. 다행히 당시 은행 업무에서는 연수 파견으로 빠져 있었다. 금융연수원에 파견돼 신용 분석 주제 연수를 받는 중이었다. 연수 주제가 회계사 준비와 내용이 겹쳐, 오전 수업을 듣고 나면 오후에 시간이 남았다. 그 시간을 활용해 성명서를 만들고 집회를 준비했다.

서슬 푸른 신군부 정권 하에서 정권 반대 투쟁은 득책이 아니라고 판단했다. 우회해서 군부가 아니라 학교를 공격하는 성명서를 발표했다. "3사관학교 출신의 대량 편입은 부당하다. 첫째, 학칙에 위반된다. 학칙에 관련 편입 규정이 없다. 학교는 우리한테 원칙을 가르치는 곳인데, 근거 없이 편입을 받아들인 것이니 시정하라. 특히 경영학과는 기존 학생이 25명밖에 되지 않는데, 40명이나 들어오는 건 매우 부당하다. 둘째, 학생들과 아무 사전 협의 없이 진행한 것은 학생의 교육받을 권리를 무시한 학교의 횡포다. 총장은 사과하고, 위탁생 부당 편입을 전면 백지화하고 원상회복하라. 그때까지 휴업하겠다."

알고 보니 대량 편입은 경영학과만의 일이 아니었다. 윤종규의 주도 하에 대학 전체 동맹 휴업으로 이어졌고, 성대 금잔디 광장에서 집회가 시작됐다. 얼마 지나지 않아 성대는 총장이 일련의 사태 책임을 지고 물러났다.

수습이 필요했다. 윤종규는 토요일 오후 수습안을 든 채 학생 대표단과 함께 총장 대행을 찾아갔다. "학교와 군부가 제대로 절차를 밟지 않아 피해자를 만들었습니다. 원칙을 가르치는 학교가 이를 위반한 것에 대하여 총장 명의로 사과하십시오. 편입 관련한 학

     담대하고 끈덕지게

칙을 만들어 최소 1년의 유예 기간을 두고 실행해 주십시오. 따지고 보면 이미 들어온 3사관학교 출신 편입생도 피해자입니다. 편입을 철회할 수는 없을 테니, 대신 군위탁생임을 명기하여 학번을 따로 관리해 별도 반으로 운영해 주십시오. 그러면 모두 수업에 복귀하겠습니다." 총장 대행은 윤종규의 수습안을 받아들였다.

수습안을 타결하고 나왔는데 총장 대행실에서 다시 연락이 왔다. 성균관대 학군단장이 학생 대표를 급히 보고 싶어 한다는 메시지였다. 바로 학생 대표단과 함께 학군단장을 찾아갔다. 학군단장은 바로 직전에 윤종규가 총장 대행과 한 합의 내용을 모르고 있었다. 학군단장은 휴업이 계속되는 줄 알고, 군부에서 일련의 사태를 심각하게 보고 있다며 강한 어조로 경고했다. "일전에 한미 팀스피리트 훈련 기간 군지도부가 자리를 함께 한 일이 있네. 성대 사태가 겉으론 학교가 학칙을 지키지 않은 것을 문제 삼고 있는 것으로 보이지만, 실질은 3사관학교 편입을 밀어붙인 군부를 정면으로 겨냥한 것이나 다름없다는 말이 많이 나왔어. 이것은 결코 내 개인 의견이 아니야. 지휘부로부터 하달받은 공식 지침이니, 조속히 휴업을 중단하고 수업 정상화 등 원상 복구를 해야 할 거야. 그렇지 않으면 성균관대 학군단이 철수할 수도 있어." 당시 학군단은 대학생 교련 수업을 진행하고 있었다. 학군단이 철수하면 학생들은 교련 수업을 받지 못하고, 곧바로 징집된다. 윤종규는 항의했다. "지금 대한민국의 국군이 학생들을 협박하는 겁니까?"

다만 속으로는 가슴을 쓸어내리고 있었다. 오전에 총장 대행과 이미 수습안을 타결한 뒤였기 때문이다. 윤종규는 협박에 항의하면서도, 수습안 타결 사실을 알렸다.

순간 학군단장은 윤종규의 손을 덥석 잡았다. "사실 나는 자네 동문 선배이네. 군 지휘부의 학군단 철수 방침을 전달받고 제대로 잠도 못 잤어. 성대는 대부분이 남학생인데, 교련을 못 받아 모두 우선 징집되면 학교가 어떻게 되겠나? 모교가 사실상 폐교되는 줄 알고 정말 걱정 많았네. 정말 다행이야." 돌아오는 월요일 총장 대행의 사과문과 함께 합의 내용이 게시됐고, 학생들은 합의 내용을 받아들이고 수업에 복귀했다.

수배 끝에 자진출두

윤종규가 이끈 3사관장교 부당 편입 반대 시위는 박정희 대통령 시해 이후 신군부 등장으로 얼어붙었던 대학가를 깨운 계기가 됐다. 이후 대학가의 민주화 시위는 봇물을 이뤘고, 직접 선거에 의한 학생회 부활 운동도 추진됐다. 그에게도 학생회장 추대 권유가 있었지만, 고심 끝에 거절했다. 회계사와 행시 합격이란 이뤄야 할 목표가 있었기 때문이다. 하지만 윤종규란 상징성이 있어 학생회 부활에는 힘을 보태기로 했다.

그때까지 그는 은행의 배려로 금융연수원 연수 중인 상태가 유지됐으나, 시험 준비와 학교 활동에 은행 업무까지 같이 할 수는 없다고 생각했다. 절대적으로 시간 부족을 느낀 그는 1980년 4월 10일 은행에 사표를 제출했다. 선배들이 자신들이 학업 병행을 조용히 도울 테니 사표를 재고하라고 권유했지만 결단의 때라는 생각을 거

    담대하고 끈덕지게

두지 않았다.

　얼마 안 돼 매년 5월 열리는 주요 행사인 학내 축제가 열렸다. 축제는 학내 시위와 겸해서 열렸다. 축제 마지막 날. 시위 학생 일부가 교문 밖 진출을 시도했다. 진압 병력이 진을 치고 있던 상태. 교수들은 학생의 피해를 막기 위해 교문 바로 안 대성로에 드러누웠다. 다급했다. 윤종규는 급한 대로 경찰의 메가폰을 빌려 학생들에게 외쳤다. "오늘은 축제 마지막 날입니다. 나와 여러분은 술을 먹은 상태입니다. 오늘 나가면 우리는 자칫 명분을 잃고 광기로 매도당하며 군이 개입할 빌미를 줄 수 있습니다. 그리고 다른 학교와 행보를 맞춰야 합니다. 우리만 독단적인 투쟁을 해서는 안 됩니다. 적절한 때는 곧 옵니다." 그렇게 설득 끝에 학생들은 회군을 했다.

　즉흥적인 교외 진출은 막았지만, 설득의 효과는 하루도 채 가지 않았다. 바로 다음 날 학생들은 시위 도중 교문 밖 진출을 시도했고 무참히 진압됐다.

　얼마 지나지 않아 광주 민주화 항쟁이 일어났다. 1980년 5월 17일 계엄령이 내려졌고, 윤종규는 시위 책임을 이유로 수배 대상이 됐다. 그 사실을 모른 채 학교를 찾았다. 성대 행정과장이 윤종규를 발견하고 손을 잡고 말했다.

　"너 오늘 집에 가지 마라. 당분간 절대 가면 안 된다." "정식 수배된 겁니까?" "묻지 마라. 하여간 눈에 띄지 마라." 윤종규는 지금의 아내인 여자친구의 집과 학교 선후배의 집을 전전해야 했다.

　다만 주민등록 주소는 외환은행 합숙소로 돼 있었다. 합숙소 같은 방을 쓰던 동기에게 용건이 생겨 전화했더니, 동기는 뜻밖의 말을 했다.

"야. 너 어디냐?"

"왜"

"네 형이 와서 이틀째 기다리고 있어"

"내 형이라고?"

"고모댁 형이라는데? 네 사촌 형"

"고모댁이라면 그쪽 형은 딱 하나거든. 이렇게(말로 묘사) 생겼냐?"

"아니"

"그럼 아니네. 뭐라고 얘기했냐"

"윤종규는 지금 은행 그만둬서 나는 모른다고 했어."

미행이 붙은 것이었다.

다른 웃지 못할 해프닝도 있었다. 당시 은행에는 윤종규가 업무 상 가깝게 지내던 여직원이 있었다. 외환은행 인사부는 그를 여자 친구라 착각했고, 그 정보를 들은 경찰은 해당 여직원을 찾아가 조사했다. 여직원은 조사에서 윤종규의 진짜 여자친구를 밝힐 수밖에 없었다. 같은 외환은행에서 만난 사이로, 당시에는 외환은행을 그만두고 외국은행으로 옮긴 상태였다. 윤종규를 숨겨 주던 그 여자 친구였다.

경찰은 곧바로 진짜 여자친구를 미행했다. 다행히 윤종규는 여자 친구 집을 떠나 수원의 한 고시원에 숨은 상태였다. 하지만 언제까 지 숨어 지낼 수는 없었다. 회계사 시험도 봐야 했다. 야간대학 학 장에게 전화했다. "제가 경찰에 자진 출두하는 건 어떻습니까?" 학 장은 이틀의 시간을 달라 했다. 자진 출두가 괜찮겠다는 연락이 왔

     담대하고 끈덕지게

다. 윤종규는 지금의 아내인 여자친구를 통해 자진 출두 의사를 밝혔고, 곧 형사가 여자친구를 대동하고 수원으로 왔다.

회계사 시험 합격과 결혼

외환은행 합숙소 관할인 서울 노량진 경찰서에서 간단한 확인 조사를 받고 성대 관할인 동대문 경찰서로 이송됐다. 학생들을 집단 조사하는 동대문 경찰서의 지하실에 하염없이 붙잡혀 있어야 했다. 다행히 고문은 없었지만 밖을 나갈 수 없어 답답했다. 화장실 갈 때마다 경찰이 따라붙는 등 통제가 심했다.

조사가 없는 시간엔 공부를 했다. 여자친구가 관련 책을 넣어줬고, 경찰은 불온 서적이 아닌지 확인해 전달했다.

한 달 만인 6월 28일 풀려났다. 오래 햇볕을 못 봐 컨디션이 나빴다. 잠시 동해 바다라도 다녀올까 했는데, 회계사 시험 일정이 8월 중순으로 공고됐다. 바로 시험 공부에 들어갔다. 3월부터 시위 주도 등으로 거의 4개월을 날린 상태라 잠시도 쉴 틈이 없었다.

시험을 코앞에 두고 공백기가 길어 걱정이 많았지만, 기우였다. 끝내 합격했다. 명목적인 준비 기간 1년 반, 실질 준비 기간 1년여 만에 그해 57명을 뽑은 회계사 시험에 합격했다.

회계사 시험 합격과 함께 대학 3학년 2학기를 맞았다. 중앙정보부 정보원 한 명이 그를 동태 체크 명목으로 감시했다. 친하게 지냈다. 만나면 안부를 묻고 사적인 얘기도 했다. 이와 별도로 주기적으로 학과장 면담도 해야 했다. 모두 시위 전력 때문이었다.

그 사이 인생에 큰 변화가 올 일이 생겼다. 경찰 추적을 받으면서 여자친구 직장 내 윤종규의 존재가 파다하게 알려져, 서둘러 결혼해야 할 상황이 됐다. 다만 윤종규가 가진 것이 없는 학생 신분이다 보니, 여자친구가 직장 주택자금 등 도움을 받아 예식과 신혼살림 준비를 해서 그해 연말 결혼했다.

그 즈음 윤종규는 삼일회계법인을 다니게 됐다. 당초 학업과 행시 준비에 집중하려 했지만 '결혼하는데 직장은 있어야 아내의 면이 서는 것 아닌가' 생각이 들었다. 시보 수습을 위해 삼일회계법인에 면접을 간다는 친구가 있었다. '나도 가볼까' 동행한 게 인연이 돼, 함께 삼일회계법인에서 시보 수습을 했다.

당시만 해도 업계 1위는 삼일이 아니었다. 안진회계법인의 전신인 안권이 1위였다. 안권이 가장 많은 회계사를 뽑았고, 삼일이 그 다음 많은 회계사를 뽑았다. 이후 윤종규는 20년이나 삼일을 다니게 된다. 인생에서 가장 오래 몸을 담은 조직이 된 것이다. 윤종규는 후일 삼일을 나오면서 "아르바이트 하러 왔다가 20년이 지났다"는 농담을 남겼다.

6개월 만에 행시 1. 2차 동차 합격했지만

처음엔 삼일에서 딱히 역할이 없었다. 대학을 나온 동기들은 기업 출장 등을 나가며 본격적인 업무를 했지만, 아직 졸업하지 않아 저녁이면 학교를 가야 하는 그는 처지가 배려돼 사무실 처리 업무가 배정됐다.

담대하고 끈덕지게

1981년 새해가 되자 담당 매니저를 찾아갔다. "다른 사람들은 다 일을 나가는데, 저만 이러고 있으니 마음이 좀 불편합니다." "일하고 싶어?" "예, 하고 싶습니다."

마침 대학은 방학이었다. 윤종규는 3월까지 정신없이 업무에 투입됐다.

윤종규는 신혼이었지만 일에 푹 빠졌다. 삼일은 3월 말이 되면 연차 별로 일을 잘한 사람을 뽑아 특별 보너스를 줬다. 수습 중에선 윤종규 차지가 됐다. 한 달 월급 정도 보너스가 들어왔다.

보너스를 받아 좋았지만, 한편으론 불안한 느낌이 들었다. 이대로 일에 파묻히면 계획했던 고시 합격은 시작조차 할 수 없겠다는 생각이 들었다. 기업 결산 시즌이 끝나 다른 회계사들은 당구, 포커, 술 등으로 한숨 돌리던 4월, 담당 매니저를 찾아갔다.

"대학 4학년을 마치고 오겠습니다." 매니저는 눈치가 백단이었다. "윤 선생. 다른 공부하려고 하지?" 거짓말을 할 수는 없었다. "예. 맞습니다. 행정고시를 보려고 합니다." 알고 보니 담당 매니저도 한때 그런 생각을 했다고 했다. 흔쾌히 휴직을 허가했다. 그렇게 윤종규는 수습직원으로는 이례적으로 휴직에 들어갔다.

행정고시와 회계사 시험은 경제학, 상법, 회계학 등 겹치는 과목이 많았다. 시간이 부족했던 윤종규는 영어는 평소 실력으로 봤고, 민법총칙, 재정학, 국사 등 회계사 시험과 겹치지 않는 과목에 집중했다. 상고 출신의 윤종규에게 가장 낯선 과목은 국사였다. 긴장을 많이 했지만 9월 시행된 1차 시험에 합격했다.

2차 시험은 2개월 만인 11월 실시됐다. 2차 시험에서 회계사 시험과 겹치지 않는 과목은 국민윤리, 행정학, 행정법, 헌법이었다. 태어나서 중학교 입시와 운전면허 실기만 빼고 모두 붙었던 윤종규였다. 행정학, 행정법, 헌법을 단기간에 요점 정리로 끝내더니, 바로 '동차' 합격에 성공했다. 1차 시험에 합격하면 그해와 다음 해 두 번의 2차 응시 기회를 주는데, 1차 합격한 그해 2차에도 붙는 게 동차 합격으로, 드문 일이다. 특히 윤종규는 공부 시작 후 6~7개월 만에 동차 합격을 해냈다. 서울대 출신이 마음잡고 2~3년은 공부해도 어려운 일을 윤종규는 6~7개월 만에 해낸 것이다. 그것도 차석이었다. 지금도 기억하는 62.33이란 대단히 높은 평균 성적으로 차석 합격했다.

윤종규는 합격 사실을 듣고 고생한 아내와 돌아가신 부모님 얼굴이 우선 떠올랐다. '조금만 더 오래 사셔서 이 모습 보셨다면 참 좋았을 텐데' 회한이 들었다. 당시 외국은행에 근무하던 아내 역시 야간대학을 다니며 주경야독을 하고 있었다. 그 상태에서 첫째 딸 임신까지 한 채 집안 살림과 윤종규의 뒷바라지도 했다. 윤종규는 지금도 아내가 가장 고맙고 미안하다고 한다.

시험 합격과 관련해 윤종규는 운도 좋았다고 했다. 2차 경제학 과목의 1번 문제가 환율 관련이었는데, 외환은행에서 일한 덕을 많이 봤다. 가장 곤혹스러운 과목은 2차 '국민 윤리'였다. 첫 문제로 '5공화국의 국정 지표를 논하라'는 게 나왔다. 윤종규는 문제를 접하고는 속으로 '악' 소리를 외쳤다. 도대체 어떤 답을 써야 할지 감이 오지 않았다. 정의 사회 구현, 복지 사회 건설, 선진 문화 같은 언론에서 들었던 용어를 동원해 겨우 답을 채웠다. 겨우 3분의 1 정도 맞았을 것이란 게 그의 추정이다. 그런데 합격 후 동기들과 얘기하니, 해당 문제는 고등학교 국민윤리 교과서에 나오는 내용이었다. 동기들은 어렵지 않게 답을 채웠다고 했다. 반면 혼자 공부하느라 사전 정보가 부족했던 윤종규에겐 가장 까다로웠던 문제였고, 수석을 놓친 결정적인 이유가 됐다.

윤종규의 행시 기수는 25회로 최종구 전 금융위원장 등이 그의 동기다. 직전 연도인 24회는 300명 가까이 뽑았는데, 25회는 행정부 효율화 등을 명목으로 150명만 뽑았다. 수석은 연세대 출신의 엄종식(통일부 차관을 지냄)이 했다.

윤종규는 4학년 때 행정고시에 합격하면서, 대학 졸업 전 회계사 시험과 행정고시 합격이란 문과 천재가 할 수 있는 성과를 2가지나 그것도 주경야독으로 이루게 된다.

성균관대 경영학과 수석 졸업도 윤종규의 차지였다. 다만 상을 받지는 못했다. 시위주도 때문이었다. 학교가 징계를 하고도 본인에게 알리지 않아, 징계 때문에 상을 받지 못한다는 걸 졸업할 때 알았다. '시험복은 있지만 상복은 지지리도 없구나' 생각했다.

2차 합격 후 임용까지 시간이 꽤 있었다. 윤종규는 삼일회계법인에 복직했다. 사표를 내려고 했지만, 회사에서 '할 일 없으면 아르바이트나 하라'고 해서 속으로 '감사합니다' 하며 다녔다.

윤종규의 경력에 관한 욕심은 끝이 없었다. 그 사이 서울대 경영대학원 야간에 지원해 합격했다. 야간 대학원이라고 해도 서울대는 달랐다. 함께 지원한 동료 회계사들 중 떨어지는 사람이 많았다. 동기들은 "윤종규가 회계사, 행시, 서울대 3관왕을 했다"고 축하했다.

거침없이 치고 오르던 윤종규의 인생에 큰 제동이 걸린 것은 서울대 대학원에 붙고 얼마 지나지 않은 1981년 12월 28일의 일이었다. 성균관대 졸업식이 코앞이었고, 첫번째 결혼기념일 이브이기도 했다. 윤종규는 아내와 외식을 한 뒤 가판대에서 조선일보 가판을 구입해 버스를 탔다. 최종 합격자 명단에 오른 본인의 이름을 눈으로 확인하기 위해서였다. 고시 합격 최종 명단이 신문에 발표되던 시절이었다.

기쁜 마음으로 찾아봤는데 이름이 없었다. '차석 합격인데 이름이 없다니, 그럴 리 없다' 생각했다. 두 눈 씻고 살피고 또 살폈다. 하지만 이름은 끝내 찾을 수 없었다.

충격은 이루 말할 수 없었다. 아내에게는 다음날 아침 겨우 얘기했다. 아내도 큰 충격을 받았고, 윤종규는 몇 달을 충격에 시달려야 했다.

고시는 사실상 2차 합격이 끝이다. 면접 시험인 3차 시험은 예외적인 결격 사유가 있는 지만 본다. 차석으로 합격한 윤종규가 떨어질 거라 생각한 사람은 아무도 없었다. 면접 때 질문도 상당히 우호적이었다. '합격 후 뭘 하고 싶나' '왜 행정고시를 봤나' 등 기초적인 질문만 있었다. 조금이라도 민감한 질문은 없었다. 이유는 추측이 됐다. 시위 주도 활동을 제외하면, 다른 이유를 떠올리기 어려웠다.

(이후 윤종규는 거의 30년이 지나 「2008년 진실·화해를 위한 과거사 정리위원회」 조사를 통해 정확한 실체를 알게 된다. 조사 결과 당시 3차 시험에서 5명의 이름에 빨간 표시가 돼 있던 것으로 드러

     담대하고 끈덕지게

났다. 성적에 관련없이 떨어트리란 표시였다. 그중 한 명은 충격으로 극단적인 선택까지 한 것으로 전해졌다.)

3장.
텐사이(천재) 회계사

에이스의 귀환

계속 절망하고 있을 순 없었다. 2차에서 불합격했다면 재도전했겠지만, 다시 준비해서 합격한들 3차에서 또 불합격할 게 자명했다. 길이 아니라 자위하고, 현실을 담담히 받아들이기로 했다. 원통해한들 결과는 바뀌지 않는다. 갈 수 있는 다른 길이 있는데 안 되는 길에 집착하면 본인만 피폐해질 뿐이라 생각했다. 삼일로 돌아갔다. 삼일에서는 에이스가 돌아왔다며 좋아했다.

1년 후 윤종규는 행정고시 3차 시험을 다시 보긴 했다. 3차도 2차처럼 한 번의 기회를 더 준다. 원래 안 볼 생각이었지만, 집안의 첫 고시 합격자라는 숙부의 통사정에 면접장에 다시 갔다. 이 해부터 행시에 재경, 일반 등 직렬 구분이 생겼고, 집단 토론 면접 등 다양한 면접 방식이 도입됐다. 윤종규는 재경직을 선택해 면접을 봤다. 행정고시를 왜 봤느냐는 질문에 윤종규는 "재무부 장관이 돼 국가 경제에 기여하고 싶다"고 했다. 결과는 뻔했다. 혹시나 하는 맘에 최종 합격자 명단을 살폈지만 그 해에도 윤종규의 이름은 없었다.

예상은 했지만 속이 상해 당시 시험을 주관하던 총무처 장관에게 장문의 편지를 썼다. "작은 생각의 차이 조차도 용납을 하지 못하면 어떻게 우리 사회가 어떻게 발전하겠습니까? 관료에게 요구되는 충성심은 개인에 대한 맹목적 충성심이 아니라 국가에 대한 이성적 충성심입니다. 비록 재학시절 정권에 비판적 시각을 가졌더라도 창조적이고 진보적인 젊은이가 국가사회에 참여할 기회를 봉쇄하는 것은 부당합니다. 이후론 그 뜻을 구현할 기회를 주는 폭넓은 인재 등용이 되기를 바랍니다."

총무처에서 답장이 왔었다고 한다. 하지만 그 사실을 2009년 진실화해위원회 조사가 끝난 다음 알게 됐다. 아내가 답장을 발견하고는 찢어 버린 후 그에게 수십년 동안 알리지 않은 것이었다. 아내가 뒤늦게 알린 내용은 '귀하의 민원은 이유없으니 그리 아시기 바랍니다'는 것이었다.

행정고시는 불합격했지만 윤종규의 수험 인생은 끝나지 않았다. 회계사 3차 시험이 남아 있었다. 회계사 시험은 2차 합격 후 회계법인에서 시보로 경력을 쌓은 뒤, 실무 경력을 기반으로 3차 시험을 보는 시스템이었다. 각 회계법인은 시보 회계사들의 3차 시험 준비를 적극 지원했다. 시간 배려는 물론 학원비 지원도 했다. 시험

1~2개월을 앞두고는 장기 휴가도 줬다. 윤종규는 그렇게 1982년 18회 회계사 시험에 최종 합격하면서, 정식 회계사가 됐다. 18회 전체 합격자는 78명. 지금과 비교하면 무척 적은 수였다.

주니어 회계사를 하면서 2년 반의 서울대 야간대학원 생활도 성공적으로 마쳤다. 한 학기도 쉬지 않고 정확히 2년 반 만에 코스를 마무리하면서 논문만 남겨두게 됐다. 일주일 3번은 학교를 가는 힘든 일상이 이어졌지만, 택시를 합석해 함께 대학원을 다닌 동료들이 큰 힘이 됐다. 당시 재무부 사무관이던 최중경 전 지식경제부 장관(현 한미협회장)이 그의 대학원 동기다.

이 무렵 윤종규는 장모와 아내의 간절한 바람에 따라 교회에 출석하며 신앙 생활을 시작한다. 이후 사회활동에 큰 정신적 버팀목이 됐다고 한다.

리스업계 회계 최고 권위자

인생은 의도한 대로 흐르지 않는다. 하지만 의외의 길이 펼쳐지고, 그 길이 새 운명이 되는 게 인생이다. 회계사란 직업은 생각보다 만족스러웠다. 크게 3가지 이유였다. 첫째는 누군가를 돕는 일이란 것이다. 잘못이 있건 없건 클라이언트를 괴롭히는 일이 아니라, 돕는 일이란 점이 좋았다. 둘째는 80년대 가치관과 관련된 것이었다. 80년대는 모두가 정체성에 대한 고민과 번뇌를 하던 시절이었다. 어떤 일을 하건 '군사정권이나 거대재벌의 불법 이익을 위한 일이 되는 것 아닐까' 고민을 하게 되던 시절, 회계사는 이런 고민에서

                                        담대하고 끈덕지게

상대적으로 자유로웠다. 자본시장에 필요한 일을 의뢰받아 하는 일이기 때문이다. 여기에 소위 시국사범은 당시 취업하기 쉽지 않았다. 회계사는 그런 걱정을 할 필요가 없었다. 셋째는 인간으로서 너무 당연한 기준인 보수. 지금도 그렇지만 그 시절엔 특히, 회계사의 급여가 동년배 급여생활자에 비해 괜찮은 편에 속했다. 열심히 하면 상승폭도 가팔랐다.

윤종규는 한 해도 빠지지 않고 평가가 가장 좋은 그룹에 속했다. 행정고시에 불합격한 충격으로 업무에 온전히 집중할 수 없었던 3년 차에도 탑 클래스 자리를 놓치지 않았다.

윤종규는 주니어 시절 주로 대기업 관련 일을 했다. 첫 해 지금의 LG인 금성사 결산 업무에 투입됐고, 행정고시에 불합격하고 돌아온 3년 차에는 삼성 계열사 결산 업무에 투입됐다.

그렇게 업무가 손에 익고 4년 차가 된 1983년. 본격적으로 그만의 영역을 구축하게 된다. 당시 금융계엔 리스업이 막 태동해, 업계엔 아직 정리된 회계기준이 없었다. 정부는 리스업 회계 기준 마련을 회계법인에 주문했고, 삼일과 동영(삼정의 전신)이 공동 수주하게 된다.

80년대 리스 회사들은 단자 회사들과 함께 금융계 가장 선망받는 직장 중 하나였다. 서울대 등 좋은 대학을 나와 금융계에 입사한다면 단자 아니면 리스에 가던 시절이었다. 장기신용은행의 인기가 더 대단했다는 증언도 있지만, 단자와 리스가 최고 직장이란 데 아무도 이의를 제기하지 않았다.

삼일은 동영과 함께 리스업 회계기준 마련 사업을 수주 받아 회계 이론에 정통한 파트너와 실무에 밝은 파트너를 각각 투입했다. 그리고 실무를 할 회계사로 은행 근무 경력이 있던 윤종규를 선발했다.

리스 회계 기준 마련 과정에서 관건은 실무적으로 표준이 되는 미국 회계 기준과 한국 세무법상의 요구 사항을 조화시키는 일이었다. 리스 이용 회사는 당연히 부채, 즉 자금 조달 부분의 회계상 부담을 적게 가져가려고 한다. 그러면서 비용 처리는 많이 받고 싶어 한다. 이에 반해 표준이 되는 미국의 회계 기준은 매우 엄격해서, 이제 태동 단계에 있는 한국의 리스 회사들은 그 기준을 맞추기 어려웠다.

결국 국제 기준에 준하면서, 리스 분류(금융리스, 운용리스) 등 세부 기준을 어떻게 한국적 현실에 맞게 풀어낼지가 프로젝트의 주요 과제가 됐고, 윤종규가 참여한 TF팀은 국내 세무 및 금융감독 기준을 준수하면서 현실을 반영한 회계 기준 마련에 성공하게 된다.

리스 회계 TFT는 윤종규에게 좋은 기회로 작용했다. 리스 업계를 깊게 이해하는 계기가 되면서, 리스 분야 회계의 권위자 지위를 확보하게 된 것이다.

협업 과정에서 업무를 조율하는 기술을 배우는 기회도 됐다. 상급자인 두 파트너 회계사는 업무 사안을 갖고 자주 논쟁을 했다. 각자 관점이 달라, 한 번은 일요일 아침에 나와 저녁 10시까지 치열한 논쟁을 벌이는 일까지도 있었다. 이후 윤종규는 둘을 붙여서는 안 된다고 생각해, 논쟁의 여지가 있는 주제는 둘에게 각각 따로 보고했다. 그렇게 각자 지적 사항을 반영해 보완 보고와 설득 과정을

  담대하고 끈덕지게

거치면서, 충돌과 시간 지연 없이 프로젝트를 완수할 수 있게 됐다. 그렇게 리스 회계 TFT는 윤종규가 동영 등 다른 회계법인에까지 '일 잘하는 젊은 회계사'로 알려지는 계기가 됐다.

일의 덕목

내 회사도 아닌데 무작정 열심히 일하긴 어렵다. 윤종규는 일의 미션과 비전, 핵심 가치를 중요하게 생각했다. 일한 대가로 돈을 받는 프로라면 조직에 있는 동안 발자취나 흔적, 'Footprint' 또는 'Milestone'을 남기겠다는 생각이 있어야 한다는 것이다.

일의 목표도 중요하다고 생각했다. 열심히 일했는데 결과물이 없을 때는 목적을 설정하지 않고 일했을 경우가 많다. 보고서를 쓴다면 왜 이 보고서를 썼는지 답할 수 있어야 하는 것이다.

윤종규는 훗날 KB 회장이 된 후 직원들에게 '3心'을 강조했다. '초심, 뚝심, 득심' 세 가지다. 세 가지 마음이 있으면 개인과 조직의 성공을 담보할 수 있다는 게 윤종규의 얘기다. 첫째가 늘 초심을 잊지 않고, 기억하는 것이다. 처음 조직에 발을 뗐을 때 그때 기분, 리더라면 처음 선임됐다는 전화를 받았을 때 설렘과 기쁨을 기억하는 것이다. 둘째가 끈덕지게 실행해 나가는 '뚝심'이다. '열심'이나 '뒷심'과도 일맥상통한다. 뚝심으로 '제 몫을 다 하는 문화'는 직업인으로서 가장 기본이라고 강조했다. 나에게 주어진 일을 주도적이고 자율적으로 수행할 때 '몰입'하는 상태가 되며, 이를 통해 스스로가 발전할 수 있다는 것이다. 셋째는 주변과 고객의 마음을 얻는 '득심'이다. 직원의 마음, 고객의 마음을 얻을 수 있어야 조직 관리와 성과 관리에 성공할 수 있다고 했다.

조직이 내게 주는 것은 자유가 아니라 자율이란 생각도 윤종규가 평생 견지했던 마음가짐의 하나다. 자율은 책임이 따르는 자유를 뜻한다. 성과를 위해 그 어떤 일도 할 수 있지만, 그에 대한 책임은 내가 지는 것이다. 조직은 나에게 정직과 신뢰를 전제로 한 자율을 주는 것이고, 그에 대해 나는 신의성실의 원칙에 따라 자율을 누릴 권리와 의무가 있다는 게 윤종규의 마음가짐이었다. 진정한 자유는 자기 규율이 따라야 하는 것이다.

자율성이 강한 조직일수록 저변에는 강력한 규율이 흐르고 있다. 예를 들어 구글은 업무 시간의 20%를 자유자재로 쓰라고 허락하고 있는데, 저변에는 80%의 시간은 집중해서 자기 일을 완벽하게 해냄으로써 실적을 내라는 뜻이 들어 있다. 실적을 내지 못하면 스스로 재교육을 해서 본인의 역량을 Re-build 하든가, 떠나야 한다. 윤종규는 훗날 KB 회장이 된 후 '배달의 민족'을 방문해 인상 깊게 본 구절을 자주 인용하곤 했다. '이끌거나, 따르거나, 떠나거나'라는 것이다. 조직에 계속 있으려면 본인이 이끌거나, 아니면 따르거나, 아니면 험담하지 말고 떠나라는 얘기다. 불과 몇 년 안 된 회사지만 강력한 규율이 있고 이를 함축한 캐치프레이즈까지 있다는 것에 윤종규는 큰 인상을 받았다고 한다.

윤종규는 주변과 관계도 중요하다고 생각했다. 오래 살아남는 유전자는 의외로 이기적인 유전자가 아닌 이타적인 유전자라고 윤종규는 자주 얘기했다. 팀워크, 팀 플레이, 조직을 위해 때로는 개인이 손해보는 느낌을 받더라도, 이타적인 행위에 의해 쌓인 평판은 결국 궁극적인 일의 성과로 돌아온다고 여겼다. 또 나와 고객의 이익 중 선택의 기로에 있다면 고객의 이익에 부합하는 방향으로 결정하는 것이 궁극적으로 나와 조직을 위하는 길이라고 생각했다. 그러면 고객은 '정말 나를 위한 회사구나' 생각으로 다른 사람에게까지 추천을 하는 충성 고객이 되고, 회사는 확실한 수익 기반을 확보할 수 있다.

윤종규는 일에 대한 마음가짐을 스스로 다잡는 노력을 의식적으로 했다. 워킹(Working)과 라이프(Life)의 밸런스(Balance)가 중요하다고 하면서, 정작 '워킹, 즉 일할 때 행복한가'에 대해선 고민하지 않는 경우가 많다. 윤종규는 라이프가 행복한 것 못지않게, 워킹도 만족스러워야 하며, 나아가 보람과 가치를 느낄 수 있어야 한다고 생각했다. 그렇지 못하면, 인생의 절반 심지어 그 이상을 불행한 상태에서 보내야 하는 것이다. 그래서 직장 생활에서의 만족도를 높이는 일은 인생에서 생각보다 중요한 일일 수 있다.

물론 좋아하는 일이 뭔지 모르는 경우가 대부분이다. 남은 방법은 '하다 보니 좋아하게 되는' 상태가 되는 것이라고 윤종규는 자주 얘기했다. 사람도 처음부터 좋아서 사귀는 경우도 있지만, 사귀다 보니 좋아지는 경우도 있다. 일을 조금 더 긍정적으로 생각하고, 적극적으로 대하고, 좋아하는 쪽으로 노력하는 자세를 취하다 보면 워킹에서도 행복을 찾을 수 있는 것이다. 그의 말처럼 그 작은 마음가짐의 차이가 어쩌면 인생 절반의 행복을 가져올지 모른다. 윤종규는 평생을 실천하기 위해 노력했다고 한다.

회장까지 나서 설득한 일본행

리스업 회계 기준 마련 프로젝트는 1984년 초 마무리됐다. 곧 주니어 회계사에 주어지는 해외 연수 기회가 찾아왔다. 연수란 이름이 붙었지만, 실은 해외 발령에 가까웠다. 제휴된 해외의 현지 회계법인에서 현지 회계사들과 호흡을 맞춰 일을 하는 것이다.

이를 두고 당시 회계사들은 스스로를 '외국인 노동자'로 표현했다고 한다. 언어도 현지 제도도 낯선데다, (글로벌화한 지금은 상황이 달라졌지만) 당시만 해도 한국계 기업에서 현지 일감이 들어오는 경우가 드물어, 잡일만 떠맡는 경우가 많았기 때문이다. 특히 언어가 치명적이었다. 한국에서 배운 영어 정도로는 외국에서 업무를 불편 없이 수행하는 데 어려움이 무척 컸다. 아무리 지식이 많아도, 아는 것을 제대로 표현하기 어려웠다. 결국 현지 회계사들 보기에 파견 나온 한국 회계사들은 일 잘 모르는 외국인에 불과했고, 한국의 지위보다 한두 단계 낮은 직급을 감수하는 게 당연했다. 당시 회계사는 스텝 B, 스텝 A, 시니어, 슈퍼바이저 등으로 직급이 올라갔는데, 한국에서 시니어 회계사였다면 미국에서 스텝 A 대접을 받는 식으로 직급이 내려갔다.

그래도 해외 근무는 그 자체로 좋은 기회였다. 가족이 있는 경우엔 특히 그랬다. 윤종규는 연수지로 처음 미국만 생각했다. 핵심적인 역할을 맡지 못하더라도, 가장 앞선 나라에서 일을 해보고 싶은 욕심이 있었다. 그런데 권유를 받은 곳은 일본이었다.

무척 실망스러웠다. 동기들 사이에서 자신이 꿇릴 것 없다고 생각했는데 왜 미국을 못 가는지 의아한 생각이 들었다. 윤종규는 본인이 야간대학 출신인 것만 빼면 어느 것 하나 밀릴 게 없다고 생각했다. 3차 최종 시험의 1, 2, 3 등이 모두 삼일에 있었는데 그중 3등이 윤종규였다. 1등은 아니었지만, 미국 연수를 가기엔 충분하다고 생각했다. 그런데 일본에 가라니. 윤종규 회계사는 무척 당황스러웠다.

윤종규는 바로 거절했다. 미국 아니면 안 가겠다는 것이다.

서태식 당시 회장 사무실에서 호출이 왔다. 서태식 회장은 삼일 회계법인의 창립자다. 윤종규는 주눅들지 않고 본인 사정을 쭉 늘어놨다. 외환은행 외환 파트에서 일하며 미국에 관심을 가졌던 이야기, 일본은 전혀 생각해 본 적이 없고 오직 미국만 생각해 왔다는 이야기 등이었다. "서 회장 본인은 물론 삼일 내 촉망받는 회계사 모두 미국 연수를 다녀오지 않았느냐"고도 항변했다. 형식은 읍소였지만, 사실은 따지는 것이었다.

서 회장은 윤종규를 설득했다. "아직 자리를 못 잡았다고는 하지만, 미국은 그나마 우리도 돌아가는 사업이 있네. 그런데 일본은 아무것도 없네. 진짜 아무것도 없어. 알다시피 일본은 경제 규모나 교역량에서 세계 넘버 2야. 이곳에서 새로운 비즈니스를 해달라는 얘기네. 젊은 회계사 중 똑똑한 자네가 일본에서 새로운 기회를 찾아달란 얘기야."

서 회장은 새로운 미션을 갖고 새로운 시장에 파견 나가는 회계사의 조건으로 두 가지를 얘기했다. 첫째가 똑똑할 것. 둘째가 의지와 창의력이 있어야 할 것. 본인 생각에 윤종규 외에 적임자가 없다는 게 서 회장의 말이었다.

창립자가 이렇게까지 얘기하니 바로 거절하기 어려운 상황이 되고 말았다. 하지만 아무리 생각해도 아닌 것 같았다. 윤종규는 직속 상관이었던 파트너를 찾아가 '그래도 미국에 가야 할 것 같다. 어떻게 생각하시냐'고 물었다. 상의를 빙자한 선언이었다.

그 파트너는 정색을 하고 얘기했다. "회장님께 두 번이나 거절을 했다며? 어른들이 그래도 생각해서 제안한 건데 그렇게 하는 건 별로 좋지 않다. 다시 한 번 생각해 봐라."

결국 윤종규는 일본에서 도전을 택하기로 했다. 새로운 개척과 도전이니 이왕 한다면 목숨 걸고 제대로 해야 한다고 생각했다. 당시 삼일 내에선 일본 사업부 발족에 대해 희망적으로 보는 의견이 많지 않았다. 하지만 그게 오히려 윤종규의 도전 정신을 자극했다.

서 회장이 윤종규를 재차 불러 최종 결심을 물었다. "여전히 마음은 미국에 있습니다. 하지만 일본 사무실이 꼭 필요하다 하시니 제가 가겠습니다. 가서 열심히 하겠습니다."

한일리스 출범

막상 연수를 떠나려니 쉽지 않았다. 일본어 공부 등 일본 갈 준비하기에도 바쁜데, 두 가지 현안이 한꺼번에 터졌다.

첫째가 한일리스 출범이었다. 당시 정부는 금융시장 선진화를 명분으로 금융계 인허가를 잔뜩 내고 있었다. 리스업계도 마찬가지였다. 기존 시장에 3개사(개발리스, 산업리스, 제일시티리스) 뿐 이었는데, 회계 기준이 마련된 후 리스사 인허가를 새로 내기 시작했다. 새로

담대하고 끈덕지게

인허가를 받아 출범하는 첫 회사가 한일리스였고, 그 설립 사무를 삼일이 맡게 됐다.

자연스레 윤종규가 투입됐다. 윤종규는 한일리스 설립준비위원회에 참여해 자문을 했다. 당시 한일은행 상무가 신임 한일리스 사장 후보로 내정되면서 설립준비단장을 맡았고, 윤종규가 자문위원을 맡았다.

사실 한일리스 설립 사무 자체를 윤종규가 영업해온 셈이었다. 윤종규는 한일리스 설립 소식을 듣고는, 당연히 리스업 회계기준을 맡았던 삼일이 설립사무를 맡아야 한다고 생각했다. 한일 쪽에 연이 닿아야 했는데, 찾은 연결 고리가 삼일의 선배 회계사였다. 선배 회계사의 동기가 한일은행 기획부장으로 있었던 것이다. 윤종규는 곧장 선배 회계사로부터 기획부장을 소개받아 한일은행을 찾았다.

찾아간 명분은 설립 사무 브리핑이었다. 리스업 회계 기준을 만들면서 알게 된 노하우를 전수해 주겠다는 것이다. 윤 회계사는 리스 회사의 구조를 어떻게 짜야 하는지, 설립 이후 영업을 어떻게 하는지 등 리스업에 대한 모든 것을 4개 강좌로 쪼개 한일리스 설립준비단에 브리핑했다. 설립준비단은 반색했고, 설립 사무가 삼일회계법인으로 넘어오는 것은 당연했다. 그렇게 한일리스는 무사히 첫 새 인가 회사가 됐다.

두 번째 현안은 서울대 경영대학원 논문 준비였다. 일본에 가기 전 반드시 논문을 완성해야겠다는 목표를 세웠다. 다녀오면 못 쓸 것 같았다. 그런데 하필 이때부터 대학가 석사 논문 심사가 까다로워졌다. 석사장교 제도의 영향이 있었다. 석사를 받으면 군대를

6개월 만에 다녀올 수 있는 제도로, 몇 년 운영되다 사라졌다. 석사 장교를 뽑는다는 사실이 알려지자 대학원마다 석사 지원이 몰리게 됐다.

엎친 데 덮쳤다. 매우 까다로운 논문 심사 교수를 만나게 된 것이다. 일리노이대 출신의 K 교수였다. K 교수의 지론은 '학생은 공부를 최대한 많이 해야 한다'였다. 수업이 힘들었고, 과제도 가장 많은 편이었다. 논문 심사가 엄격한 건 물론이었다.

K 교수 연구실은 이미 1983년부터 곡소리가 나고 있었다. 논문 심사에서 무더기로 탈락자가 나오고 있던 것이다. 1984년부터는 아예 논문을 쓰려는 학생들에게 제안서부터 내게 했다. 제안서가 통과돼야 논문 쓸 자격이 생기는 것이다. 윤종규는 다행히 제안서를 통과해 1984년 상반기 논문 준비에 들어갔다. 11월께 심사를 통과해 다음 해 1월 정식 제출하는 것을 목표로 했다.

서울대 첫 워드프로세서 논문

그러는 사이 일본어 공부가 발등에 떨어진 불이 됐다. 도저히 일본어 공부할 짬이 안 났다. 시간을 쪼개 서울 종로5가에 있는 기독교방송 부설 일본어 학원을 다녔다. 당시 대세 교재가 '박성원 일본어'였는데 제대로 의사 소통을 하려면 1, 2권을 떼야 했다. 시간상 불가능한 일이었다. 결국 윤종규는 1권만 마친 채, 1985년 1월 일본으로 떠났다. 1권도 알고 보면 복습은 거의 하지 못한 채 책을 한 번 살펴본 정도에 그쳤다.

담대하고 끈덕지게

그나마 비빌 언덕은 영어였다. 윤종규는 영어에는 꽤 흥미가 있었고, 파견 가는 곳이 Cooper&Lybrand Tokyo Office를 인수한 일본 '쥬오(中央) 회계법인'의 '국제부'라 다들 웬만큼은 영어를 할 거라고 기대했다. 실제 파견 간 회계법인의 회계사들은 일본 사람들치고는 영어 소통이 원만했고, 다행히 큰 무리는 없었다.

하지만 생활은 달랐다. 일본어 부족의 한계가 자주 느껴졌다. 노력으로 극복할 방법밖에 없었다. 틈틈이 NHK 방송을 듣거나, 현지 신문을 읽으면서 일본어 공부를 했다. 일본어는 한자를 섞어 쓰는 단어가 많아서, 웬만한 글은 일일이 사전을 찾아보지 않아도 짐작이 갔다. 대화가 문제였다. 현지 동료들에게 밥을 사가며 식사 자리를 만드는 등, 이런 저런 얘기를 할 기회를 늘려 가며 일본어 실력을 늘려 나갔다.

이 시기 윤종규는 서울대에 의외의 족적을 남긴다. 그가 쓴 석사 논문이 서울대 첫 워드프로세스 작성 논문이 된 것이다. 그때만 해도 대학원생들은 활자 인쇄 방식을 썼다. 원고를 인쇄소에 맡기면 식자공들이 활자를 조합해 인쇄하는 것이다. 교정을 봐서 수정할 사항이 있으면 다시 인쇄소에 맡겨야 했다. 그런데 윤종규는 1984년 말 논문 심사가 통과된 후 1985년 초에 일본으로 가야 했다. 심사 과정에서 논문 수정을 위해 인쇄소를 오가는 등 활자인쇄 교정이 불가능한 것이다.

윤종규는 수를 냈다. 워드프로세스 방식으로 논문을 완성하겠다고 결심한 것이다. 원고만 확정되면 그대로 인쇄하면 되니, 식자공을 통한 교정 과정이 불필요하다. 윤종규는 고민 끝에 지도 교수에게 워드프로세스가 활자 인쇄보다 진보된 기술이니 워드프로세스 작성 논문을 인쇄 논문으로 받아달라고 부탁했고, 이 요청이 수용되면서 그의 논문은 서울대 첫 번째 워드프로세스 논문으로 등록됐다. 주제는 '감사인의 독립성에 대한 이해관계자 집단의 지각에 관한 실증적 연구'였다.

이후 윤종규는 1997년 성균관대에서 '중소 제조업의 이익 및 조세 감면 조정을 통한 법인세 유연화에 관한 연구' 주제로 경영학 박사까지 받는다. 윤종규는 현재 기회가 생길 때마다 성균관대 출강을 하며 후배들에게 경험을 나누고 있다. 윤종규는 학업에 있어 어떻게 보면 탐욕스러워 보이기까지 한다. 2004년 한국방송통신대에서 법학 학사도 받았다. 상고와 야간 대학 출신이란 사실에 분풀이라도 하듯 윤종규의 공부엔 평생 끝이 없다. 그를 아는 지인들은 "이제 좀 공부를 쉴 법도 한데, 윤종규는 차원이 다른 사람"이라며 혀를 내두른다.

한국에서 건너온 텐사이

일본 쥬오 회계법인과 윤종규는 인연이었다. Cooper&Lybrand Tokyo가 쥬오 회계법인 국제부로 인수되는 과정에서 많은 회계사들이 떠나며, 쥬오 회계법인이 금융 전문 회계사 공백 상태였던 것이다.

이런 상황에서 금융이라면 누구보다 자신 있는 윤종규가 쥬오 회계법인에 왔다. 자연스레 처음부터 맹활약했다. 한국에서 금융 관

담대하고 끈덕지게

련 일을 많이 했다는 얘기를 듣고, 쥬오 회계법인은 그에게 금융 클라이언트를 맡겼고, 클라이언트마다 좋은 평이 나온 것이다. 회계는 그 자체가 공통 언어라, 일본어가 서툴러도 업무에 문제가 없었다.

윤종규는 금세 쥬오 회계법인 국제부 내 금융 관련 실무를 주도하는 자리까지 오르며, 현지 승진을 했다. 당초 윤종규도 파견 온 다른 외국인 회계사처럼 직급을 한 단계 낮춘 상황이었다. 한국에선 3년 차 시니어였는데, 스텝 A를 받았던 것이다. 하지만 부임 6개월 만에 스텝 A에서 시니어 회계사가 되면서, 한국의 직급을 회복했다. 연수 기간의 외국인 회계사가 승진하는 건 이례적인 일이다.

경제적으로도 크게 좋아졌다. 스텝 A의 급여로는 도쿄의 단칸방 월세조차 월급의 40%가 넘어 빠듯했는데, 승진하면서 월급이 늘어난 것은 물론, 그때까지 없었던 별도 월세 지원까지 받게 됐다. 기존에 자가 부담한 월세까지 소급해서 일시 지급했고, 이후 윤종규는 일본 생활에 큰 여유가 생기게 됐다.

쥬오 회계법인은 윤종규를 풀가동했다. 쥬오 회계법인의 스텝 회계사들을 상대로 금융 관련 업무 연수까지 맡겼다. 지금도 기억난다는 후지산이 보이는 가와구치코 연수원에서 그때까지 서툴렀던 일본말로 일본 회계사들에게 금융 관련 강의를 한 것이다. 당시 일본의 동료 회계사들은 그 장면을 보고 충격을 받았다고 했다. 일본 온 지 5개월 만에 맡은 일을 하는 것을 넘어, 일본어로 강의까지 하는 경우는 처음 봤다는 것이다. 자연스레 윤종규는 '텐사이(천재)'란 별명이 생겼다. 사실은 곧 서울에 알려졌고, 삼일 회계법인 내 크게 회자됐다. 당시 윤종규는 일본 동료들과 사적인 관계도 꽤 괜찮았다. '지니어스가 캐릭터도 좋다'는 칭찬을 자주 들었다고 한다.

(윤종규에게 겸손은 몸에 밴 체질이었다. KB금융지주 회장이 돼서도 직원들이 보고를 하러 가면 문 앞에 나가 악수를 청했고, 보고를 마치고 집무실을 나갈 때는 사무실 밖까지 나와 어깨를 두드리며 격려했다. 다만 업무에 들어가면 달라진다. 윤종규의 첫 인상은 '온화한 덕장'이지만, 함께 일해본 사람들은 공통적으로 철두철미한 일처리를 가장 먼저 언급한다. 일의 처음부터 끝까지 큰 흐름을 모두 챙기면서, 세세한 부분까지 보완을 지시한다는 것이다. 원칙을 지켜야 할 때는 고집스러운 모습을 보여주기도 한다.)

일본에서 미국 회계사 합격

일본에서 잘 나갔지만, 그래도 머릿속에선 '주류는 미국'이란 생각이 떠나지 않았다. 일본을 아무리 잘 알고 일본어를 잘해도, 결국엔 마이너라 생각했다. 세상은 미국과 나머지로 분류된다는 것이다. 한국에 돌아가 메이저가 되려면 영어를 잘하고 미국을 잘 알아야 한다고 생각했다.

그래서 도전한 게 미국 회계사다. 일본에서 일하는 동안 미국 회계사를 따기로 했다. 가장 자신 있는 공부로 미국이란 결핍을 채우기로 한 것이다. 미국에 파견 나가 있는 동료 회계사에 편지를 썼다. 일본에서 현실적으로 준비할 수 있는 방법을 물었다. 동료 회계사와 지인이 자료와 미국 회계사 수험서를 보내줬다.

일본인 동료들은 불가능하다고 봤다. 회계법인에 금융 전문가가

　　　　　　　　　　담대하고 끈덕지게

없다 보니 금융 관련 일은 모두 윤종규에게 떨어진 상황이었다. 쥬오회계법인 국제부에서 오버타임 근무가 제일 많은 사람이 윤종규였다. 주변에선 '윤 상 괜찮냐, 그러다 죽는다'고 했다. 그런데 미국 회계사 시험까지 보겠다니. 불가능하다고 봤다.

윤종규는 자신이 있었다. 한국에서 늘 하던 수준의 업무량이었기 때문이다. 당시 일본을 과로사회라 했지만, 한국보다는 훨씬 덜 했다는 게 윤종규의 기억이다. 단적으로 당시 한국은 주 6일제였지만, 일본은 이미 주 5일제였다. 오히려 시간이 남는다는 느낌이었다. 주말을 잘 이용하면 미국 회계사에 합격할 수 있겠다는 생각이 들었다.

일본은 한국보다 공공시설이 좋았다. 구립 수준의 도서관도 시설이 꽤 잘 돼 있고 책도 많고 깨끗했다. 주말마다 가족과 자전거를 타고 구립 도서관에 갔다. 1층 어린이 도서관에 아내와 딸을 두고, 성인 열람실에서 공부했다. 점심은 가족과 근처 단골 우동집에서 해결하고, 늦도록 공부했다.

일본에 온 지 7개월 만인 1985년 10월 휴가를 내고 미국에 시험을 보러 갔다. 혹시 불합격하면 민망할까 한국과 일본 누구에게도 알리지 않았다. 휴가라 둘러댔다. 처음부터 두 번 도전할 계획이었다. 미국은 당시에도 부분 합격 제도가 있었다. 불합격한 과목은 다음 해 통과하면 된다. 회계, 감사, 세무, 미국 상법 등 전체 4과목 중 공부를 마치지 못한 미국 상법만 제외하고 첫해 3과목에 응시했다. 평균 94점 부분 합격에 성공했다. 과목별 커트라인이 60~70점이고, 한 과목이라도 과락(40점)이 있으면 안 된다는 게 최종 합격의 조건인데, 부분 합격이지만 커트라인을 훌쩍 넘었다.

그제서야 서울 사무실에 편지를 썼다. '비용을 스스로 부담하고 미국 회계사에 도전하겠다'는 내용이었다. 서울 사무실은 반색했다. 일 잘하는 직원이 미국 관련 업무도 할 수 있는 자격증을 따겠다는데 말릴 이유가 없었다. '비용을 회사가 부담해줄 테니 마무리 하라'고 알렸다. 그렇게 다음 해 윤종규는 미국 상법까지 응시해 4과목 평균 92.5점으로 최종 합격했다.

윤종규의 미국 회계사 합격은 한국보다 일본에서 더 화제가 됐다. '텐사이(천재)는 역시 다르다'며 감탄이 줄을 이었다.

1986년 1월 윤종규는 일본에서 한 번 더 승진을 했다. 일본 온지 10개월 만에 슈퍼바이저가 됐다. 한국에서 직급 복귀를 넘어 오히려 높아진 것이다.

담대하고 끈덕지게

4장.
최초가 아니면 의미 없다

삼일총서 첫 발간

승진 두 달 후 한국에서 호출이 왔다. 일본에서 18개월을 보낼 계획이었는데, 1년여 만인 1986년 3월 서울로 돌아가게 됐다. 리스업 때문이었다. 대표 리스사 중 한 곳인 '개발리스'가 회계법인을 삼일로 바꾸겠다고 알려왔는데, 이를 맡을 사람이 윤종규 외에 없었다. 개발리스도 윤종규가 맡는 것을 조건으로 삼일에 의뢰한 것이었다.

할 수 없이 한국에 돌아가겠다고 하자 일본에서 난리가 났다. 금융을 잘 아는 회계사 확충을 못했는데, 갑자기 떠나면 어떻게 하나는 것이다. 쥬오에서 윤종규는 일본에서 영미계 클라이언트들 외에 CBS, 소니, 일본화재해상 등 미국에 상장한 일본 회사들도 맡고 있었다.

윤종규는 할 수 없이 타협안을 냈다. 일단 한국에 돌아가지만, 일본에서 맡던 일은 어떻게든 마무리하겠다는 것이다. 윤종규는 서울에 돌아와 개발리스를 관리하면서, 일본에 한 달짜리 출장을 가서 맡고 있던 회사들의 감사를 마쳤다. 윤종규의 성실성과 공헌에 감명 받은 쥬오 회계법인은 이후에도 삼일로부터 파견을 환영했고, 후배 회계사들의 일본 연수 기회가 대폭 확대됐다.

윤종규가 한국에 돌아온 후 직급이 이슈가 됐다. 그의 동기들은 아직 시니어 2년 차인데, 윤종규는 일본에서 슈퍼바이저 직급을 달았기 때문이다. 이를 인정해서 삼일에서도 슈퍼바이저를 달아줄지 격론이 있었다. 결국 대부분 파트너들이 '이왕 높은 직급을 달았는데, 원위치는 안 된다'는 의견을 내면서, 윤종규는 동기들보다 빠르게 슈퍼바이저를 달게 됐다.

삼일이 회사 차원으로 새로 시작한 일은 통신업 개척 빼고 거의 다 관여했다는 게 윤종규의 기억이다. '삼일총서'가 대표적이다. 매출 구조가 이상적인 회계법인의 업무 구성을 보면 회계감사 40%, 컨설팅 30%, 세무 30% 정도 된다. 그런데 당시 삼일의 수입 구성은 회계감사가 압도적이었다. 삼일의 당면한 과제는 늘 세무 분야 강화였다. 하지만 당시 세무 시장은 국세청 출신 세무사들이 장악하고 있었다. 삼일 등 기존 회계법인은 세무 시장에서 제대로 운신하지 못했다.

고민 끝에 삼일이 낸 아이디어가 '삼일총서'다. 미국의 CCH와 일본 DHC의 서비스를 벤치마킹한 것이었다. 국가 회계 세무 제도를

   담대하고 끈덕지게

요약하고 설명한 백과사전으로, 제도가 바뀔 때마다 업데이트해서
발간하는 것이다. 일본 DHC는 당시 일본 기업들에게 큰 참고가 되
고 있었다. 삼일은 이를 모델로 해서 삼일총서를 만들기로 했다.

말처럼 쉬운 일은 아니었다. 프리랜서들을 고용해 세무 자료를
모으고 이론을 정리했다. 국세청 직원들을 일일이 만나, 예규 해석
내용도 반영했다. 예규 해석은 문구를 사람이 해석하는 일이라 각
담당자를 일일이 만나지 않으면 안 됐다. 국세청 직원은 처음엔 다
들 접촉을 꺼렸지만, '납세자 불편을 해소하고 결국엔 각종 문의를
줄이면서 행정 코스트가 줄어든다'는 논리로 설득하자 하나둘 응했
다. 설득하고 다니느라 삼일 관계자들이 밥, 술 꽤 샀다는 게 윤종
규의 기억이다.

그렇게 삼일총서가 나왔고, 이후 삼일은 세금에 강하다는 이미지
를 얻게 됐다. 삼일총서 자체가 삼일의 수입원 중 하나가 되기도 했
다. 두꺼운 총서가 깜깜이 세무로 답답해하던 기업들에게 불티나게
팔려 나간 것이다. 당시 삼일총서에 참여했던 회계사들은 다수가
현재 세무법인의 대표로 있다.

윤종규는 삼일총서 참여를 계기로 세무전문가 타이틀도 얻게 된
다. POSCO 등 다수 기업들의 조세 불복쟁송을 승소로 이끌었고,
국제조세 분야에서 일본계 기업에 대한 가격대책 수립과 조세 불복
업무를 주도했다. 조세 관련 각종 위원회 활동을 통해 상속세와 소
득세율 인하, 9억원 초과 1세대 주택 양도세 과세 등의 정책 결정
도 자문했다. 과소자본세제 도입과 관련해 외국계 은행의 자본유출
움직임을 파악하고 시행령 개정에 기여해 외환 시장의 불안감 해소

를 돕기도 했다.

윤종규의 업무 성과는 일에 대한 태도가 큰 영향을 미쳤다고 한다. 윤종규는 각종 프로젝트를 진행할 때마다 마음속으로 직급을 2~3단계 높여 일하기 위해 노력했다. 대리는 차장이나 팀장 또는 부장인 것처럼 일하고, 부장은 임원이나 사장, 회장인 것처럼 일해야 한다는 것이다. 윤종규는 훗날 KB 회장이 된 후 직원들에게도 이 같은 태도를 강조했다. '우리 임원이라면 어떻게 할까' 생각 후 일을 하면 일의 지평을 크게 넓힐 수 있다는 것이다. 리더를 꿈꾸는 사람이라면 '내가 리더가 되면 어떻게 해야겠다'는 준비를 나도 모르게 하게 되는 효과가 있다. 윤종규는 의사 결정을 할 때도 두세 단계 위에 빙의해 해볼 필요가 있다고 자주 강조했다. 부장일 경우 '내가 만일 본부장이라면, 사장이라면 어떤 결정을 할지' 생각하고 실행하는 것이다. 가능하다면 내 의사 결정과 상급자의 의사 결정을 비교할 필요도 있다. 이런 시뮬레이션 훈련을 수시로 하면 역량과 경험이 훨씬 확장될 수 있다는 게 윤종규의 지론이다.

일본 비즈니스와 초고속 승진

귀국 이후 윤종규는 더욱 승승장구했다. 시기를 잘 탔다. 정부는 1987년 리스 인가를 본격적으로 내주기 시작했고, 곧 리스사들이 우후죽순 생겨났다. 신설 회사들은 가장 최근 생긴 한일리스에 설립 노하우를 물었고, 한일리스는 '삼일의 윤종규 회계사를 찾아가라'고 답했다. 윤종규는 밀려드는 의뢰로 눈코 뜰 새 없이 바빴다.

　　　　　　　　　　　담대하고 끈덕지게

자연스레 보상이 따랐다. 1988년 동기들 중 가장 먼저 Manager 타이틀을 달았다.

일본계 비즈니스도 밀려들기 시작했다. 당시 일본은 버블 붕괴 직전의 전성기였다. 성장세가 지칠 줄 몰랐던 일본 회사들은 경쟁적으로 한국에 들어오고 있었다. 한국 정부가 자금 유입에 있어서는 일본에 빗장을 풀기 시작했고, 종합상사를 필두로 금융회사와 메이저 기업에 이르기까지 일본 회사들이 줄지어 들어왔다.

당시 국내 회계업계에서 일본계 비즈니스는 특정 개인이 독점하다시피 했다. 일제 시대 교육을 받은 베테랑 회계사로, 일본말을 잘했다. 그는 재한 일본인 상공인회 등 각종 일본의 재한 단체 고문을 도맡으며, 일본에서 한국으로 들어오는 길목을 지키다시피 했다.

윤종규는 이 구조를 깨기 위해 3가지 차별화 포인트를 만들었다. 첫째가 '원스톱 풀 서비스'를 제공하는 것이다. 회계 자문뿐 아니라 한국 지사 설립과 운영에 필요한 종합 서비스를 제공하는 것이다. 한국에 거점을 세우려는 고객 입장에서 한 곳에서 알아서 다 해주는 것만큼 편한 게 없다. 둘째는 정보 제공 서비스를 하는 것이다. 해외 진출할 때 가장 걱정되는 것이 현지 사정에 대한 정보 비대칭성이다. 규정이 바뀔 때마다 언어의 장벽 등으로 인해 현지 규제를 제대로 인지하기 어려운데, 관련 서비스를 해주자는 것이다. 셋째는 삼일 내 전문 분야별로 팀워크 체계를 갖춰 놓는 것이다. 개인이 대행하는 체계에서는 특정 업무를 처리하는 데 아무래도 시간이 걸릴 수밖에 없는데, 삼일은 팀제와 팀워크를 활용해 스피디하게 자문과 대행 업무를 처리하자는 것이다.

세 가지 포인트를 필두로 삼일이 가장 먼저 한 일은 '삼일 뉴스레터'를 만드는 것이었다. 당시는 이메일 쓰는 사람이 거의 없으니, 팩스로 보냈다. 한국의 주요 경제 정치 뉴스를 요약하면서, 기업들이 알아야 할 법규 변화 내용을 요약해 담았다. 윤종규의 사업가적 면모가 잘 발휘됐다. 윤종규는 팩스를 보내면서, 삼일이 제공할 수 있는 서비스를 지속적으로 알렸다.

80년대만 해도 한국에 온 외국 기업들은 회계 감사를 거의 받지 않았다. 자본 유치를 위한 배려였다. 그래서 외국 기업들은 회계 감사가 아닌 세무 쪽 니즈가 많았다. 윤종규는 법인세 신고 대행·자문, 임직원 개인소득세 신고 등 영역에서 외국 기업을 위한 맞춤형 서비스를 뉴스레터 팩스를 통해 적극 알렸다.

전략이 통했는지 일본 기업들의 의뢰가 줄줄이 들어왔다. 윤종규는 내친 김에 세무뿐 아니라 국내 법규가 적용되는 모든 분야에 대한 컨설팅도 제공하기로 했다. 노무 분야가 대표적이다. 이 시기 삼일은 노동청장 출신의 고문을 영입하는 등 노무 분야 서비스를 대폭 강화했고, 윤종규는 이를 적극 활용했다. 곧 일본 기업들 사이에선 삼일이 노무 분야도 잘한다는 소문이 나기 시작했다. 노사 관계에 대한 자문, 급여 및 퇴직금 체계의 재정비 업무 의뢰가 이어졌다.

삼일은 특히 일본 기업들의 국내 인허가 대행 수주에 공을 들였다. 당시만 해도 회계법인이 인허가 대행을 하는 일은 낯설었다. 주로 변호사들이 하던 일이었다. 윤종규의 생각은 달랐다. 회계와 세무를 대행하는 과정에서 일본 은행의 한국 지사 설립 과정과 관련한 각종 서류를 공유받고 보니, 삼일이 충분히 대행할 만한 수준이란 것이다.

윤종규는 일본 은행들의 국내 지점 설립 과정 일체를 대행하는 비즈니스를 개발했다. 윤종규 제안에 따라 삼일은 한국은행 출신의 회계사를 영입해 한국은행 쪽 인허가 업무를 맡겼고, 일본 은행이 한국에 진출할 때 인허가 업무를 어떻게 진행해야 하는지 샘플을 만들어 일본 은행들에 제공하며 마케팅을 했다.

삼일의 영업 포인트는 적중했다. 설립 사무와 관련한 원스톱 풀서비스 제공, 관련 정보 제공, 노무 컨설팅, 인허가 대행 등을 무기로 한국에 진출하는 일본 기업을 모조리 끌어오다시피하게 됐다. 삼일이 맡은 일본 은행은 사이따마, 교와, 다이요고베 등 10곳이 훌쩍 넘었고, 다이와 등 증권사, 여러 곳의 종합상사도 삼일의 고객이 됐다. 회계 감사뿐 아니라 각종 고문 업무도 대거 수주했다. 당시 일본에선 한국에 진출할 때 재한 일본인 상공회와 함께 삼일도 반드시 들러야 할 곳으로 인식됐다.

윤종규는 일본계 비즈니스를 총괄하면서 1989년 이사로 승진했다. 삼일에선 팀장 승진 후 이사가 되는 데 보통 수년이 걸린다. 하지만 윤종규는 1년 만에 해냈다. 지금도 찾기 힘든 예외적, 초고속 승진이었다. 윤종규와 함께 본부장을 단 선배들과 연차 차이는 3~5년이 넘었다. 리스업과 일본계 비즈니스를 통해 삼일 내 확실한 독자 영역을 구축한 덕이었다.

리더는 등으로 가르쳐야 한다

이 시절 리더로서 윤종규 스스로 강조한 덕목은 '리더는 '등으로' 가르쳐야 한다'는 것이었다. 솔선수범, 언행일치의 실천을 뜻한다. 서태식 회장이 그에게 강조한 자세이기도 했다. 말만 하는 리더는 결국 '말만 잘한다'는 평가를 받게 된다. 좋은 리더는 말로써 나를 따르라고 하는 게 아니라, 조용하게 행동으로 실천해 후배들을 이끌어야 한다는 게 윤종규의 생각이었다. 그럴 때 후배들은 '그래. 저렇게 해야 해, 나도 저렇게 하고 싶다'는 생각을 갖게 되고, 리더를 따르게 된다. 처음 경험하는 프로젝트나 고객을 상대해야 한다면, 블랙컨슈머 같은 가장 응대하기 어려운 고객을 리더가 전담해야 한다. '문제를 해결하라'고 시키는 게 아니라, 직접 해결하는 모습을 보여주는 것이 좋은 리더라고 생각했다. 처음 해보는 것, 직원들이 두려움을 갖는 것에 대해 '이렇게 하는 것'이라며 골격을 보여주는 것이 리더의 역할이란 것이다. 리더는 스스로 모범을 보임으로써 팀원들이 겁내지 않고 나아갈 수 있도록 길을 열어줘야 하며, 이후 뒷받침을 해주고 독려해야 하는 책무를 갖고 있다고 했다.

윤종규는 리더가 들을 수 있는 최고의 찬사는 퇴임 후에 나온다고 생각했다. '그분이 계셔서 참 좋았다' '그 선배 참 대단했어' 같은 후일담이다. 솔선수범하는 리더들이 들을 수 있는 말이다.

새로운 시도의 중요성과 실패에 대한 용납도 강조했다. 완벽하지 않을 것 같으면 아예 안 해버리는 리더들이 있다. 실패가 두렵기 때문이다. 하지만 가장 큰 실패는 아무것도 하지 않는, 부작위의 실패라는 게 윤종규의 생각이었다. 특히 회사 내 리더라면 실패를 무서

워해선 안 된다고 생각했다. 실패하는 과정에서 했던 준비가 다음의 비슷한 시도에서 성공으로 이어질 수 있기 때문이다. 특정 기업 영업에 실패한 회계펌이 그 경험을 갖고 다른 영업에선 성공할 수 있는 것이다.

안 가는 것보다는 한 발이라도 가는 게 낫다. 원칙과 기준이 크게 무너지지 않으면서 한 발 더 나갈 방법이 있다면 실패 가능성이 있더라도 받아들이는 용기가 필요하다고 윤종규는 생각했다.

윤종규는 훗날 KB금융 회장이 된 후 신임 리더 연수를 할 때마다 "리더가 가장 많이 하는 실수가 '나는 완벽하게 보여야 한다' 또는 '나는 완벽하다'고 생각하는 것"이라고 역설했다. 대부분 리더들은 팀원들에게 허점을 보이지 않기 위해 노력하지만, 이는 쉽지 않은 일이고 오히려 부작용만 만들 수 있다는 것이다. 허점을 너무 보이는 것도 문제지만, 나에게 부족한 점이 있고 얼마든지 실수할 수도 있다는 사실을 스스로 인정할 수 있어야 한다고 여러 차례 강조했다.

윤종규는 또 직원들이 가장 실망할 때는 리더가 허점을 보일 때가 아니라, 소위 오리발을 내밀 때라고 했다. 평소 공은 다 가져가면서, 문제가 생기면 '내가 언제 그렇게 이야기했냐'라고 말할 때 팀원들은 실망한다는 것이다. 리더 스스로 자기 합리화를 하면서 본인은 정말 잘못이 없다고 생각할지 모르지만, 팀원들의 눈을 속일 수는 없다. 공은 팀원에 돌리고, 책임은 내가 지는 리더가 돼야 한다고 스스로를 항상 다잡았다.

故 김정태 행장과 인연

본부장이 된 윤종규는 본격적으로 금융에 관심을 두기 시작한다. 일본계 은행과 국내 리스를 도맡은 것을 계기로 '금융 분야에 독보적인 회계사가 돼야겠다'고 결심했다. 처음 타깃을 잡은 건 증권사들이었다. 윤종규는 증권사를 고객으로 영입하기 위해 다양한 네트워킹을 했고, 추후 그를 금융계로 끌어 준 김정태 동원증권 사장도 이때 만나게 된다.

윤종규가 처음 김정태 사장을 만난 건 김 사장이 동원창투를 맡고 있을 때였다. 윤종규는 김 사장에게 '창투사(창업투자사)가 투자한 회사를 어떻게 관리해야 하는지' 등에 대한 자문을 해줬고, 김 사장은 그 결과를 꽤 만족스러워했다. 김 사장이 동원증권 사장으로 옮긴 후에 윤종규는 증권사 내부 통제에 대한 자문을 맡았고, 윤종규에 대한 김 사장의 믿음은 더욱 깊어졌다.

윤종규는 회계 감사를 마치면, 경영에 참고할 만한 내용을 고객에게 레터 형식으로 보내주는 원칙을 갖고 있었다. 회계처리에 대한 의견뿐 아니라, 업종 내 다른 회사와 비교해 경영상 개선이 필요한 부분에 대한 조언도 담았다. 김정태 사장은 이를 무척 마음에 들어 했다. 보통의 회계사들은 식사나 골프 약속 잡자는 얘기만 하는데, 윤종규는 늘 도움되는 얘기를 한다는 것이다. 김 사장은 윤종규가 얘기할 때마다 꼭 메모를 했고, 가능한 부분은 실행도 했다.

김 사장이 윤종규의 조언을 직원 연설에 쓰는 일도 있었다. 김 사장이 주택은행장이 되고 얼마 안 돼 윤종규를 불렀다. 이 자리에서 윤종규는 "좋은 금융회사는 셋 중 하나가 강해야 한다. 프로덕트(금융상품), 채널(영업망), 테크놀로지(신금융). 셋 중 적어도 하나는 강점이 있어야 한다"고 조언했는데, 김정태 행장이 이를 직원 연설에 그대로 쓴 것이다.

윤종규는 은행장이 된 김정태 행장을 만날 때마다 사전 준비에 많은 시간을 썼다고 한다. 김 행장이 본인 의견에 대해 높은 평가를 하니, 만날 때마다 어떤 얘기를 해야 하나 고민이 많이 들었다는 것이다.

주택은행 뉴욕 상장

윤종규는 금호그룹도 맡고 있었다. 박성용 금호 회장은 김정태 행장만큼이나 윤종규를 좋게 봤다고 한다. 그 덕에 삼일은 금호그룹 외에 계열사로 있던 광주은행과 당시 금호그룹이 막 추진하던 아시아나 항공 설립 자문까지 맡게 됐다.

윤종규는 이미 항공에 대한 경험이 있었다. 일본의 3대 항공사 중 한 곳인 'JAS'가 한국에 진출할 때 인허가 업무를 대행한 적이 있는 것이다. 이때 항공에 대한 공부를 많이 했다. 윤종규는 이 경험을 바탕으로 회계 자문뿐 아니라 각종 인허가 대행도 하면서 아시아나 설립 작업에 깊숙이 개입했다.

그런데 윤종규의 팀은 이미 대한항공을 고객으로 두고 있었다. 대한항공은 윤종규의 아시아나 자문을 못마땅하게 생각했다. 삼일이 대한항공의 정보를 신생 항공사에 유출할 위험이 있다고 본 것이다.

그러던 차에 삼일 내 다른 팀에서 윤종규에게 제안이 왔다. '우리 팀이 관리하는 주택은행과 대한항공을 교환하자'는 것이다. 주택은행에 윤종규와 친분이 두터운 김정태 행장이 새로 부임해 윤종규를 자주 찾는 상황이니 이래저래 고객 교환이 좋겠다는 것이다. 마침 양쪽에서 받는 감사 보수가 비슷했다.

윤종규는 고심 끝에 수락했다. 대한항공의 불만을 없애면서, 그의 팀이 금융에 본격적으로 진출할 수 있는 기회가 될 것이라 본 것이다. 금융을 확실한 영역으로 구축하려면 메이저 회사 하나쯤은 고객으로 두고 있어야 했는데, 주택은행은 당시 가장 우량한 은행 중 한 곳이었다.

윤종규는 당시 팀 내에서 대한항공을 맡고 있던 동료들을 설득했다. "삼성, LG 등 대기업은 모두 다른 본부의 고객이다. '삼일이, 또 우리 본부가 앞으로 주력으로 삼을 만한 분야는 뭐가 있나' 고민해 보면 삼일이 상대적으로 취약한 금융 만한 게 없다. 독자 영역을 개척하는 데 금융이 가장 좋다고 생각한다. 깊게 생각해서 이번 한 번은 양보를 해달라. 대한항공을 내놓으면 다른 원하는 것을 다 들어주겠다." 그렇게 동료들의 이해로, 대한항공을 주고 주택은행을 가져왔다.

자연스레 김 행장은 현안이 있을 때마다 윤종규를 보다 자주 부르게 됐다. 이 사실은 금융계에 널리 알려졌고, 윤종규는 금융계 메이저 회계사로 등장하게 된다.

이후 윤종규는 주택은행의 미국 증시 상장 업무도 진행하게 된다. 주택은행을 필두로 다른 국내 은행도 미국 상장을 추진할 것으로 예상돼, 주택은행의 상장 업무 자문을 누가 맡을지는 금융계 큰 관심거리 중 하나였다. 금융사들의 미국 증시 상장 자문에서 선두 주자가 될 수 있는 일이었기 때문이다.

막판에 삼일의 미국 파트너사인 PWC가 변수가 됐다. 미국 현지 업무 진행을 PWC가 맡아야 했는데, 진행료로 당시로는 꽤 고액인 500만 달러를 불렀다. 곧 김정태 행장에게서 전화가 왔다. 금액이 비싸서 다른 데 맡겨야 하겠다는 것이다. 알고 보니 KPMG에서 300만 달러 제안이 온 상태였다. 윤종규는 김 행장에게 잠시 시간을 달라고 요청했다.

곧장 PWC를 설득했다. 이 프로젝트만 성공하면 앞으로 한국 기업들의 상장 자문 업무를 줄줄이 가져올 수 있는 굉장히 좋은 기회라고 했다. 한국뿐 아니라 일본 등 아시아 기업들의 관련 업무도 가져올 수 있을 거라는 설득도 했다. 주택은행의 상장 자문을 그를 위한 투자라 생각하고, 300만 달러에 진행하자는 것이다.

결국 PWC는 수락했고, 300만 달러 금액에 주택은행의 상장 작업을 진행했다. 상장 과정에 필요한 업무는 삼일이 대부분 진행했다. PWC는 사실상 서류 서명 등 작업만 한 셈이 됐다. 업무 진행 과정은 힘들었지만, 미국 회계기준과 뉴욕시장 상장 관련 업무를 제대로 익히는 기회가 됐다. 윤종규 본인과 스텝 모두 이때 실력이 크게 향상됐다고 기억한다. 이후 국민은행, 신한은행, 우리은행 등이 뉴욕 시장에 상장을 추진했고, 업무 모두 고스란히 삼일이 차지했다.

금융 분야 최강자로 올라선 삼일

윤종규는 1991년 파트너까지 승진한다. 회계법인에서 파트너는 오너 그룹에 드는 것을 뜻한다. 법인에 대한 지분을 갖게 되고, 보좌 조직을 구축할 수 있다. 가난했던 윤종규 집안에 본격적으로 숨통이 트인 것도 파트너에 오르고부터라고 한다. 본인 식구 외에 처가 식구, 1986년 사고로 돌아간 형의 식구들까지 돌보느라 파트너가 되기 전까진 회계사 월급으로도 빠듯했다는 게 주변의 전언이다.

윤종규는 고속 승진을 거듭하는 동안에도 선후배 동료들과 격의 없이 지냈다. 윤종규 개인적으로 가장 인연이 깊은 상사는 이노창 당시 파트너 회계사다. 이노창 파트너의 조직은 삼일 내 가장 역동적인 사무실로 통했다. 클라이언트 중 재벌 기업이 없어서 절대 규모는 크지 않지만, 새로운 영역을 개척하면서 성장이 가장 빨랐다. 회계 감사만 하는 다른 사무실과 달리 세무, 노무 등 다양한 서비스를 하면서 업무 범위도 넓었다.

당시 내부 경쟁하던 다른 사무실은 정부 쪽 네트워크를 동원해 기업 클라이언트를 모셔오곤 했는데, 그런 식의 영업은 후유증이 생긴다는 게 이노창 파트너와 윤종규의 생각이었다. 결국 끊임없이 신사업에 천착하게 된다.

이런 사무실 분위기는 위기 때 빛을 발하게 된다. 승승장구하던 한국 경제에 1997년 외환위기라는 거대한 파고가 덮쳤다. 많은 기업과 금융회사가 어려움을 겪고 도산했지만, 회계 업계에는 오히려 좋은 기회가 됐다. 금융사들에 대한 회계 감사와 자문 업무가 급증하는 환경이 조성된 것이다.

그 과정에서 가장 큰 활약을 펼친 회계사 중 한 명이 금융과 일본계 부문 총괄 본부장을 맡고 있던 윤종규였다. 외환위기가 터지자 정부는 금융 안정을 위해 '은행·증권 경영평가위원회'를 운영했는데, 윤종규는 외부 회계 전문가 자격으로 이름을 올리게 된다. 주택은행을 고객으로 두고 있던 게 계기가 됐다.

윤종규는 은행·증권 경영평가위원회 참여를 계기로 외환은행, 서울은행, 농협 등을 새 클라이언트로 확보했다. 외환위기 이후 일이 크게 늘자 회계법인들이 감사 보수를 인상했던 상황에서, 새로 고객으로 편입된 금융사들은 윤종규의 팀뿐 아니라 삼일 전체 입장에서도 새로운 캐시카우로 부상했다. 연이어 윤종규는 뉴욕 시장에 상장된 은행들에 대한 미국 회계기준에 의한 회계감사 업무까지 맡게 되면서, 윤종규와 삼일의 금융 분야 경쟁력은 크게 강화됐다.

이전에 삼일은 금융 분야에서 주택은행 외에 국민은행과 장기신용은행 정도만 고객으로 두고 있었다. 나머지는 삼정과 안진이 나눠 갖고 있었다. 하지만 윤종규의 활약 덕분에 삼일은 금융 분야 선두 자리에 올라서게 된다.

이후 윤종규의 팀은 거침이 없었다. 일본 관련 업무는 외환위기 시절에도 계속 들어왔고, 대부분 윤종규 팀의 차지가 됐다. 굿모닝증권 실사 등 굵직한 사업 진행도 다수 진행했다. 윤종규의 팀은 자신감과 사기가 최고조로 올랐다.

외환위기 극복과 금융 구조조정

외환위기 극복 과정의 최대 이슈는 금융권 구조조정이었다. 윤종규가 참여한 2차 구조조정 당시 은행계엔 크게 3가지 이슈가 있었다. 첫째가 우리금융 출범이었다. 한빛(옛 상업+한일), 평화, 경남, 광주은행을 묶어 하나의 은행으로 만드는 것이었다. 출범을 앞두고 평화은행 노조의 반발이 극심했지만 강행됐다. 둘째가 한때 최대 은행이었던 조흥은행의 처리였다. 조흥은행 부실의 가장 큰 원인은 쌍용양회였다. 쌍용양회가 회생 가능하면 조흥은행도 살 수 있었다. 쌍용양회의 인수자가 나타나긴 했다. 일본의 '태평양 시멘트'였다. 그러나 인수 및 정상화 작업이 지지부진하면서 무산됐고, 조흥은행은 결국 신한은행에 인수되는 운명을 맞는다. 셋째가 외환은행 매각이었다. 외환은행은 당초 독일의 코메르츠방크가 인수하기로 했다가 무산됐다. 당국은 코메르츠방크의 경영진을 불러 인수 의사를 다짐받기도 했지만 무산되고 말았다. 이후 미국계 사모펀드인 론스타에 인수된다.

증권계에선 동방페레그린, 장기신용은행증권, 쌍용증권 처리가 핵심 이슈였다. 동방페레그린과 장기신용은행증권은 결국 문을 닫았고, 쌍용증권은 매각으로 방향이 잡혔다. 윤종규는 그중에서 쌍용증권 매각을 위한 실사 작업에 참여했다. 처음 나쁘지 않은 조건으로 미국의 한 보험회사에 인수가 추진됐다. 쌍용으로선 기회였는데 회사 측의 불투명한 정보 공개가 문제가 됐다. 인수자 측은 부실 규모를 가늠하기 위해 계열사 간 거래를 제출해 달라 했는데, 쌍용증권 측은 계열사 간 거래는 존재하지 않는다고 부인했다. 윤종규는 최대한 솔직하게 자료를 제공해야 매각이 가능하다고 쌍용 측을 설득했지만, 쌍용은 계속 부인했다. 결국 인수자 측은 "계열사 간 거래가 없을 수 없다. 부실 규모를 측정할 수 없다"며 인수 작업을 중단했다. 결국 쌍용증권은 미국의 H&Q에 낮은 가격에 팔려 굿모닝증권으로 바뀌게 된다. 윤종규는 이 작업까지 마무리했다.

동아건설 워크아웃

외환위기는 한국 경제에 '기업 워크아웃' 도입의 계기가 됐다. 워크아웃은 부채를 주식으로 전환시키는 등의 작업을 통해 기업을 회생시키는 절차를 말한다. 그때까지 없던 개념이었다. 외환위기 전에 기업 정리 작업은 어음을 못 막은 기업을 부도처리하는 수준에 그쳤다.

워크아웃 개념이 도입된 후 첫 적용 사례는 동아건설이었다. 주채권은행이 서울은행이었는데, 윤종규가 당시 서울은행을 맡고 있어서 자연스레 동아건설의 워크아웃에 참여하게 됐다. 초기 워크아웃은 정부가 주도했다. 이헌재 당시 재정경제부 장관 주도로 정부가 은행을 지휘했고, 전문가들이 참여해 세부 전략을 짜는 방식으로 진행됐다.

전문가 그룹 중 한 명으로 참여한 윤종규는 워크아웃의 기본 틀을 만드는 작업을 맡았다. 그는 백방으로 다니며 워크아웃 관련 자료를 수집했다. 하지만 워크아웃 개념이 낯설 때라 쉽지 않았다. 결국 외국 자료 등을 참고해 기업 파산과 회생 등에 관련한 절차를 새로 만드는 방식으로 진행했다.

윤종규가 참여해 정립된 워크아웃 절차의 시작은 기업의 계속 가치와 청산 가치부터 따져보는 것이다. 기업을 평가해 생존시키는 게 나은지, 청산시키는 게 나은지 평가하는 것이다. 기업 가치를 낙관, 중립, 비관의 레인지로 분류한 뒤, 계속 가치와 청산 가치를 숫자로 산출하는 방식이다.

계속 가치가 청산 가치보다 높아서 생존시키기로 결정했다면, 다음으로 사업 정리를 통한 현금 마련이 중요하다. 이 작업이 잘 되려면 남이 탐내는 사업부터 정리해야 한다. 보통 오너들은 이런 사업을 꼭 지키려고 하지만, 돈이 되는 사업을 과감하게 처분할 수 있어야 현금을 만들어 일부라도 부채를 갚을 수 있고, 부담이 줄면서 남은 부채도 출자 전환이나 매각을 통해 해결할 수 있다.

부채를 매각할 때는 가치 평가가 중요하다. 부실부채(부실채권)는 NPL(nonperforming loan)이라 불리는데, 주로 공격적인 성향의 펀드들이 낮은 가격에 인수한다. 예를 들어 못받은 빚 100만 원을 10만 원에 사는 식이다. 매도자는 빌려준 100만 원 가운데 10만 원만 회수한 결과가 된다. 10만 원의 부채를 사들인 인수자는 10만 원 이상을 회수하면 수익을 남길 수 있고, 갑자기 기업 사정이 좋아져 100만 원 전체를 회수하면 엄청난 수익을 남기게 된다. NPL은 회계법인이 평가한 가격을 기반으로 입찰에 부쳐 가장 높은 가격을 제출한 참가자가 낙찰받는 식으로 매각이 진행된다.

이렇게 NPL 매각 등을 통해 워크아웃이 마무리되면 기업과 채권단은 새 주인을 찾기 위한 M&A를 추진하게 되고, 인수하겠다는 주체가 나타나면 구조조정은 최종 마무리된다.

이런 워크아웃 체계가 정립되면서 이후 한국의 부실 기업들은 바로 이 절차대로 정상화 작업을 밟게 된다. 한국 기업 워크아웃의 교본이 이때 마련된 것이다.

워크아웃 방식의 기업 구조조정은 부실 기업 처리 과정의 주도권에 영향을 주게 됐다. 외환위기 전까지 기업의 파산이나 청산 작업은 변호사가 주도했다. 법적 절차의 성격이 강했기 때문이다. 그 과정에서 회계사는 근거 자료를 만드는 보조적 역할에 그쳤다. 윤종규는 과거 한일은행의 대한유화 처리에 참여하면서 회계사로서 한계를 뼈저리게 느낀 바 있다. 변호사가 달라는 정보를 취합해서 주는 수준에 그치면서, 관련 보수도 변호사보다 훨씬 적었다. 하지만 기업 가치의 계산이 중요한 워크아웃 도입 이후에는 기업 구조조정의 주도권이 회계사로 넘어오게 된다. 오로지 숫자만이 판단의 근거가 되고, 숫자로 얘기하는 구조조정은 회계사가 이끌게 된다. 또 워크아웃 기업의 자구 노력 과정에서 추진되는 계열사 매각 등에는 재무 자문이 필요한데, 자연스레 회계법인들의 차지가 됐고 관련 산업 급성장의 계기가 됐다. 윤종규는 바로 이 작업에 참여했다는 자부심이 있다.

40대 초반의 부대표

회계업계에 따르면 한국에서 회계업계 퀀텀 점프는 세 차례가 있었다. 첫째가 외부 감사의 도입이고, 둘째가 세무 시장의 개척, 셋째가

외환위기 이후 기업 컨설팅과 M&A 시장 개척이었는데, 윤 본부장
은 결과적으로 둘째와 셋째에 기여한 셈이 됐다. 윤종규는 특히 셋
째인 워크아웃 도입에 참여하면서 이근영 장관, 김석동 장관, 정건
용 총재 등 정부 주요 인사들과도 관계를 맺는다.

김석동 당시 재정경제부 국장은 윤종규가 훗날 국민은행에 합류
할 때 추천을 한 것으로 전해진다. 김정태 행장이 원래부터 윤 본부
장을 염두에 두고 있던 상황에서 김석동 국장의 추천까지 더해지니
김 행장이 합류를 강하게 권유하는 계기가 됐다. 윤종규는 이 사실
을 국민은행 합류 이후 김석동 국장과 식사 자리에서 알게 됐다고
한다.

윤종규는 삼일에서 1998년 전무를 거쳐 1999년 부대표까지 오
른다. 그가 입사할 때 모셨던 본부장이 이때 함께 부대표가 됐으니,
윤종규의 부대표 취임은 삼일은 물론 회계 업계를 통틀어 유례없는
초고속 승진이었다.

윤종규가 회계사로서 성공한 가장 큰 비결은 도전과 개척을 두려
워하지 않고 현실에 안주하지 않으면서 생각의 틀을 깨는 것이었
다. 윤종규는 법무법인 등 다른 업권이 하는 일을 볼 때마다 '이 정
도면 나도 할 수 있겠는데?'라는 생각부터 했다. 일본계 상사의 한
국 지점 인허가를 진행하고 나서 '은행 인허가 업무는 나도 할 수
있겠다'며 사고의 지평을 확장한 게 대표적이다.

처음이 된다는 건 말처럼 쉽지 않다. 윤종규가 부대표에 오르기
까지 가장 많이 들은 말 중 하나가 "회계 법인이 이런 일도 합니
까?"란 냉소적 반응이었다. 지사 설립 인허가 업무를 대행할 때도,

   담대하고 끈덕지게

세무 서비스를 시작할 때도, 외국인 투자 인허가를 대행할 때도, 재무자문 업무를 시작할 때도 이 말을 들었다.

냉소적인 반응을 믿음으로 바꾸는 힘은 차별화된 전략과 실행력에서 나왔다. 관련해서 정부를 설득할 필요가 있으면 설득하고, 규정이 없으면 만들어서 제출했다.

클라이언트 기업을 대할 때는 원칙을 강조했다. 결손에 시달리던 한 기업이 장부를 손본 뒤 회계감사에서 "3년만 있으면 장부와 실제 자금 흐름을 맞출 수 있으니 덮어 달라"고 요청했을 때도 "감춰서 될 일이 아니지 않느냐"며 규정대로 처리했다. 해당 기업은 결국 흑자 기업으로 전환했다. 예외 없는 원칙 적용은 윤종규의 명성을 공고히 하는 데 기여했고, 결국 2001년 상장사협회에서 주는 '감사인 대상'을 받는다.

윤종규는 부대표가 되면서 후배 회계사들에게 '쌓음, 섬김, 나눔' 세 가지를 가장 강조했다. '쌓음'은 일을 프로페셔널하게 할 수 있는 실력과 고객 네트워크를 쌓는 것을 뜻한다. '섬김'은 고객 중심의 정신이다. 회계사는 고객에게 도움이 돼야 지속적인 관계 형성이 가능하다고 봤다. 또 회계는 동료끼리 협업할 일이 많으니 동료를 섬기는 일도 중요하다고 했다. 마지막으로 '나눔'은 과실을 나누는 것이다. 일을 하는 건 행복해지기 위해서고, 열심히 일한 과실을 나눠야 행복해질 수 있다고 강조했다.

'쌓음, 섬김, 나눔'은 이후에도 윤종규의 일에 대한 평생 기본 가치가 된다. 후일 KB 회장이 되고 만든 KB의 5가지 핵심 가치도 '쌓음, 섬김, 나눔'에서 나왔다. '쌓음'은 전문성과 혁신성으로 바꿔 썼고, 섬김은 정직과 신뢰를 바탕으로 한 고객 중심으로, 나눔은 동반 성장으로 고쳐 썼다는 게 윤종규의 설명이다.

위임과 방임

전략은 리더가 짜지만 실행은 팀원이 한다는 게 회계사 시절 윤종 규의 리더로서 기본 철칙이었다. 기업이 지속적으로 성장하기 위해 서는 고객의 사랑을 받아야 한다. 고객의 사랑은 좋은 상품이나 서 비스에서 나오고, 좋은 상품과 서비스는 직원 만족과 충성심에서 나온다. 윤종규는 전문화된 지식서비스를 제공하는 회계법인의 경 우는 더욱 그렇다고 생각했다. 그 생각에 따라 강조한 게 쌓음, 섬 김, 나눔이었다. 고객과 팀원을 중심에 두는 가치다.

윤종규는 조직 운영 과정에서 일의 배분도 중요하게 생각했다. 특히 '위임'과 '방임'의 구분을 강조했다. 직원에게 일을 맡기는 것 은 Empower(권한 부여)로 표현할 수 있다. Empower는 위임과 방 임으로 나뉘는데, 그 차이는 일에 대한 이해에서 갈린다. 본인이 내 용을 정확하게 파악하고 권한을 부여하면 위임이지만, 내가 모르는 일을 직원에게 시키면서 '너만 믿을게' 하며 방치하는 것은 방임이 다. 관리 사고는 보통 '위임'이 아닌 '방임'을 했기 때문에 일어난다.

'위임'은 리더가 명시적으론 몸을 빼지만 일을 다 꿰뚫고 있다는 것을 전제로 한다는 게 윤종규의 생각이었다. 리더가 할 수 있는 가 장 무책임한 말은 '그 친구가 그럴 줄 몰랐어' 하는 것이며, 이는 방 임의 결과란 것이다.

담대하고 끈덕지게

나아가 위임이 지속 가능하려면 Inspire(동기부여)를 더해야 한다고 봤다. Empower만으로 끝날 게 아니라, 직원들이 신나게 일할 수 있도록 Inspire(동기부여)까지 해야 진정한 위임에 해당한다는 것이다. Empower와 Inspire는 실과 바늘처럼 함께 가야 하고, 프로젝트를 마칠 때마다 성과에 대한 코칭이 반드시 따라야 한다고 봤다.

그런 차원에서 윤종규는 후배 양성도 강조했다. 솔선수범해 후배 파트너를 배출하면서, 그 후배 파트너들에게 각자 2-3명의 파트너를 양성하자고 독려했다. 그는 이를 '분신만들기'라고 표현했다. 어차피 본인의 가용시간은 제한돼 있다. 본인을 대신한 분신을 가능한 많이 만들어야 지속 성장이 가능하다. 분신양성을 위해서는 정보를 공유하고 경험을 전수하며 기회를 부여하고 코칭해야 한다. 여기에는 시간이 많이 들어 당장은 비효율적인 일이 될 수 있다. 하지만 윤종규는 장기적 안목으로 인내심있게 추진했다. 이를 위해 다른 비용은 절약을 강조하면서도 인력 양성과 교육 투자는 아끼지 않았다. 윤종규는 회계사 인력이 부족한 상황에서도 해외와 국내연수를 꾸준히 보냈다.

고객서비스에선 One Stop 토탈 서비스와 2H1L을 강조했다. 고객이 문제해결을 위해 여기저기 찾을 필요가 없이 One Stop으로 Total Service를 제공할 수 있어야 한다는 것이다. 당시 회계법인은 회계감사, 세무, 컨설팅 등 분야별로 나눠 조직을 편제하고 있었는데, 윤종규는 모든 서비스를 One Stop으로 제공할 수 있는 고객 중심의 조직체계를 구축했다. 고객과의 긴밀한 접촉을 통해 니즈를 파악하고 새로운 이슈를 선점해, 높은 품질(High Quality)로 기민하게 대응(High Speed)해 해결책을 찾으면서도, 고객이 체감하는 가치보다 낮은 보수(Low Cost)를 받아 고객만족을 높이자는 기조였다. 소비자 만족은 상품이나 서비스에 대한 평판과 새로운 고객 유치로 연결된다고 강조했다.

리더의 번뇌

윤종규는 삼일 부대표까지 오르면서 장기발전특별위원회의 실무간사로 회계사 인력을 대폭 확충한 것과, 공인회계사 시험제도 특별위원회 위원으로 활동하며 현재의 공인회계사 시험제도의 근간을 마련한 것을 보람 있는 일로 회상했다. 성공하지는 못했지만 세무사회와의 통합을 시도한 것도 기억에 남는다고 했다. 일본과 협업해 PWC의 강제 통합 시도를 막고 삼일의 독자성을 지킨 것과 삼일 내에 신우회를 만들어 믿음과 섬김을 공유했던 것도 성과로 꼽는다.

윤종규는 회계제도와 실무를 선진화하고 회계업의 사회 경제적 위상을 높이는 데 기여한 공로로 감사인 대상, 한국 회계학회의 공로상, 한국회계학회 50주년 회계인상, 철탑산업훈장 등을 받았다.

윤종규에게 영광만 있었던 것은 아니다. 클라이언트 수주 경쟁에서 지는 일도 많았고, 경쟁 회계법인이 정치권에 민원을 해서 ○○증권을 클라이언트에서 빼앗아 가는 일을 당하기도 했다. 삼일은 지위 고하를 가리지 않고 연말 각 회계사들에게 본인 업적 기술서를 쓰게 하는데, 윤종규는 ○○증권을 잃은 연도의 업적 기술서에

　　　　　　　　　　담대하고 끈덕지게

서 "변경 움직임이 있는 것을 알고도 저지시키는 데 부끄럽지만 역부족이었음. 본부장으로서 좀 더 큰 업무 수임과 역량 확대 노력이 필요함을 절실하게 느끼고 있음"이라고 반성한 바 있다.

이런 평가는 그가 스스로에게 얼마나 엄격하고 업무에 몰입했는지를 방증하는 것이기도 하다. 그는 1990년 모 리스사 수주에 실패하고는 업적 기술서에서 "최선을 다했으나 최후의 의사결정권자인 사장과의 커넥션이 없어 역부족이었다"고 반성했고, 어떤 해엔 스스로에 대해 "본인이 관여하고 있는 폭에 비하여 깊이가 얕다는 불만을 가지고 있다"는 냉정한 평가를 내리기도 했다. 또 "클라이언트의 수가 많으면 업무 부담만 커진다. 클라이언트의 질을 제고해야 한다"거나 "본부장이 관여하는 클라이언트 영입을 더 늘려야 할 필요를 스스로 절감하고 있음" 같은 다짐도 했다.

때로는 본인 스스로 몰아치기도 했다. 1997년 업적 기술서를 보면 "영어 실력 부족을 통감하고 공부 중" 멘트가 나온다. 당시도 꽤 유창한 실력이었지만, 완벽을 추구하면서 불만을 느껴 스스로를 더욱 채찍질한 것이다. 덕분에 그는 현재 수준급의 영어 실력을 자랑한다.

윤종규가 팀의 리더로서 가장 큰 가치를 부여했던 것은 팀원 관리였다. 전문직이 모인 회계법인은 각 팀원이 하나의 파트 역할을 한다. 팀원이 각자 고유 영역을 갖고 있어서, 누군가 나가게 되면 다른 팀원이 대체할 수 없고 해당 영역을 잃는 일이 벌어진다. 그래서 윤종규에게 가장 큰 고민은 조직과 팀원 관리였고, 문제가 생길 때마다 크게 상심하곤 했다.

연도별 업적 기술서엔 관련한 고민이나 아쉬움의 표현이 자주 등장한다. 아끼는 직원이 창업 등 개인 사유로 그만두면 "유능한 직원을 잃은 것은 아픔이었음" "근무 성적이 우수하고 장래를 기대하였던 ㅇㅇ의 퇴직은 상당한 충격이었음" 소감으로 절절하게 아쉬움을 표현했고, 팀 관리를 위해 "나 스스로 스태프 코칭에 보다 많은 노력을 투입하여야 하나, 미흡한 느낌이 있음" "잠재력이 있는 회계사들의 경우 본인의 보상이 기여도에 비해 낮다고 생각하거나 지나치게 업무 부담을 지고 있다고 생각하는 경향이 있는 것으로 보여 관리가 필요함" 같은 과제를 스스로 부여하기도 했다. '지속적인 출강 등을 통해 네트워크를 구축해서 능력 있는 회계사를 계속 영입하겠다'는 다짐이나, '회계사 관리를 위한 가족 같은 분위기 조성' '실질적인 휴가와 자기계발 기회 보장' '팀별 회식 확대 방안' 같은 고민도 나온다. 그러면서 야근이 많기로 정평이 난 회계법인에서 수요일을 야근 없는 패밀리데이로 운영하기도 했다.

이렇게 간절함을 가득 담은 표현들은 윤종규가 조직을 관리하면서 얼마나 많은 고뇌와 번민을 했는지를 잘 드러낸다. 원만한 관계로 화합하는 과정에서 발휘되는 조직의 팀워크가 중요하다고 봤기 때문이다. 이후에도 사람과 팀 관리에 대한 고민은 윤종규에게 항상 최대 과제가 된다. KB 회장이 된 후 가장 먼저 인사 체계 개편을 한 것도 이런 이유에서다.

윤종규와 KB, 집념의 9년

윤종규는 2023년 11월 3연임을 채우고 퇴임하면서, KB금융지주 회장으로서 9년의 여정을 마무리했다. 그는 퇴임사에서 "KB에서 인연은 매순간 벅찬 감동이었다"며 "퇴임 후에도 가슴 속에 노란 피를 지닌 자랑스러운 KB인으로 최선을 다해 살겠다"고 소회를 밝혔다.

윤 회장은 KB 회장 취임 이후 9년 간 노란 넥타이만 맸다. 그는 직원들 앞에서 노란 넥타이가 20개는 넘는다고 말한 적이 있다. 밥을 먹다 음식물이 묻으면 갈아야 하니 사무실과 차에 비상용 넥타이도 항상 뒀다. 남대문시장에서 윤 회장의 아내가 노란 넥타이를 한 번에 5개를 사자 상인이 '남편이 혹시 국민은행에 다니느냐' 물었다는 일화가 있다. 윤 회장은 그 말을 듣는 순간 기분이 너무 좋았다고 한다. 노란색 하면 사람들이 KB를 떠올릴 정도가 됐다는 것이다.

윤 회장은 KB를 그저 사랑한 데 그치지 않았다. 윤 회장의 재임 기간 최고 성과는 'KB가 우리나라 금융권에서 가장 균형 잡힌 비즈니스 포트폴리오를 갖춘 금융사가 됐다'는 것이다. KB는 비즈니스 포트폴리오가 다양해지면서 앞으로 영업 환경이 불안정해지는 상황이 오더라도 안정적인 성장을 할 수 있는 구조를 갖추게 됐다. 어느 한 곳이 부진하면 다른 한 곳이 틈을 메워주는 체계를 갖추게 된 것이다.

이에 힘입은 KB의 실적 향상은 드라마틱했다. KB금융은 2021년 국내 금융사 최초로 당기순이익 4조원을 돌파한 데 이어, 2023년 4조 6319억원의 당기순이익을 기록했다. 2013년 1조 4007억원 대비 3.3배로 커진 것이다. 자산 성장, 순이자마진(NIM) 상승에 따른 이자이익 증가, 구조 개선 등에 힘입은 것이다. 충당금을 쌓기 전 총영업이익은 2023년 16조 2290억원으로 2013년 7조 1968억원 대비 2.25배로 커졌다. 이자이익이 12조 1420억원을 기록하고, 비이자이익이 자본시장부문 손익 개선 및 증권 브로커리지 수수료 증가 등의 영향으로 4조원을 돌파한 영향이다.

이익 구조도 개선됐다. 윤 회장이 인수한 각 계열사들이 국내 금융업권을 대표하는 회사들로 성장하면서, KB금융그룹 내 비(非)은행부문 순이익 비중은 2023년 40%를 넘어섰다. 2013년 26.5%보다 크게 올라간 것이다. 구성도 좋아졌다. 2014년에는 비은행 이익 가운데 카드의 비중이 90%로 절대적이었는데, 2023년에는 비(非)은행 영역의 이익이 증권, 생보, 손보, 카드 등으로 고루 분포됐다.

수익 지표도 개선됐다. 회장 퇴임 당시 KB는 약 11%의 ROE를 기록했다. 저금리 등 대내외 금융환경 호조 영향도 있었지만, 윤 회장의 각종 개혁 조치가 힘을 발했다는 평가다.

계열사별로 KB국민은행의 순이익이 3조 2610억원으로 2013년 1조 290억원 대비 3배로 커졌고, KB증권 3900억원, KB손해보험 7530억원, KB국민카드 3510억원, KB라이프생명 820억원 등을 기록했다. 2013년 대비 크게는 수십 배 증가한 것이다.

자산 성장을 보면 KB금융의 전체 자산 규모는 2023년 말 기준 715조 7382억원으로, 2013년 308조 3557억원 대비 2.3배로 커졌다. 대기업 등 우량 고객 중심 기업대출 성장 등에 힘입은 것이다. 계열사별로 국민은행의 자산은 2013년 271조원에서 2024년

512조원으로 성장했고, KB증권은 4조원에서 57조원으로, 생명은 7조 6000억원에서 31조 8000억원으로 급성장했다. 이로써 KB금융은 안정적인 포트폴리오를 갖춘 리딩 금융그룹의 면모를 공고히 하게 됐다.

KB금융의 핵심 경쟁력인 KB국민은행은 최고 은행의 지위를 공고히 하면서, 윤 회장 취임 때 목표로 했던 유니버설 뱅킹으로 도약을 점진적으로 이뤄 가고 있다. CIB 부문에서 국민은행은 윤 회장 재임 기간 신디케이티드론, 채권자본시장(DCM), 주식자본시장(ECM), 인수금융, 수출입금융 등 부문에서 국내 1위로 올라섰고, 건전성도 대폭 개선됐다. 총자본비율은 16.73%로 2013년 15.53% 대비 1.2%p 개선됐고, BIS 기준자기자본비율은 18.08%로 2013년 13.29% 대비 4.79%p 개선됐다. 또 고정이하여신비율은 0.31%로 2013년 1.26% 대비 무려 0.95%P 개선됐고, 연체율도 0.22%로 2013년 대비 크게 개선됐다.

윤 회장이 회장에 취임하면서 약속했던 한국의 리딩 금융 타이틀 탈환은 현대증권을 인수한 다음 해인 2017년 해냈다. 2008년 신한금융에 1위 자리를 내준 뒤 9년 만이었다.

2014년 2위로 떨어졌던 은행 부분 국가고객만족도(NCSI) 순위는 2015년 바로 1위로 끌어 올린 후 한 번도 뺏기지 않았다. 지배구조 개편과 엄정한 인사 원칙 확립으로 KB에 대한 금융계의 의심도 걷혔다. 한국ESG기준원(KCGS) 선정 지배구조우수기업에서 금융권 1위를 차지했고, 국내 금융사 시가총액 1위도 탈환했다. 자산관리 분야에선 아시안뱅커로부터 한국 최우수 PB은행에 선정됐고,

퇴직연금 전체 사업자 가운데 최초로 자산관리 적립금 40조원을 돌파했다.

이런 성과는 대대적인 비용 효율화 노력 속에 달성된 것이었다. KB국민은행의 점포수는 2023년 말 806개로 2013년 1169개 대비 31% 줄었고, KB국민은행의 임직원은 2023년 말 1만 4180명으로 2013년 2만 775명 대비 32% 줄었다. 그러는 동안 2023년 그룹 전체 판매관리비는 6조 6470원으로 2013년 4조 97억원 대비 65% 늘어나는 데 그쳤다. 몇 배씩 커진 자산이나 이익 증가와 비교하면 훨씬 낮은 증가세다. 각종 경상 비용을 안정적으로 관리하면서, 인력 구조 개편을 통해 인건비를 줄인 데 따른 것이다.

미국경제지 포브스와 독일 여론조사기관 스태티스타가 협력해 조사한 '2024년 세계 최고의 직장' 조사 결과 KB 금융그룹은 세계 11위를 차지했다.

이런 실적을 기반으로 윤 회장은 재임 기간 내내 한국 금융계 보기 드문 성공한 CEO로 주목받았다. 2023년 3월 한국경제신문이 100명의 금융 담당 애널리스트, 기자, 기업 재무 담당자 100명을 대상으로 한 설문에서 국내 금융계 최고경영자 1위로 선정됐고, 다산금융상 개인부문을 유례없이 2회 수상했다. 담대하게 전체 숲을 조망하는 전략과 함께 나무 하나하나를 살피며 끈덕지게 실행하고 구현하는 디테일까지 갖췄다는 평가를 받았다.

다만 은행의 많은 이익에 대해서는 평가가 엇갈린다. 기업 활동의 결과로서 당연하다는 시선도 있지만, 예대 금리 차이를 이용한 약탈적인 이익이란 비판도 분명 존재한다. 이에 따라 일정 수준을

담대하고 끈덕지게

넘는 은행의 초과이익을 세금으로 징수해야 한다는 '횡재세' 등의 주장도 나온다. 이는 비단 한국만의 현상은 아니다. 외국에도 은행의 이익을 자본 시장 탐욕의 결과로 보는 비판이 많다. 글로벌 금융위기 당시 미국 월스트리트에선 1% 대 99% 운동이 벌어지기도 했다. 이와 관련 윤 회장의 대응은 사회적 책임의 충분한 이수였다. 탄소중립 달성을 위한 'KB Net Zero S.T.A.R.'를 추진하고, 'KB Diversity 2027' 전략을 수립해 계층 포용과 양성평등을 추구했다. 그 결과 KB는 '다우존스 지속가능경영지수(DJSI)'에서 7년 연속 월드지수에 편입됐고, '한국ESG기준원 ESG평가'에서 3년 연속 전 부문 A+등급을 획득했다.

다만 글로벌 진출은 스스로 아쉬운 부분이라고 평가한다. KB의 글로벌 은행 도전은 현재 진행형이며, 절대적인 시간이 필요한 일이다. 윤 회장은 퇴임 기자회견에서 '시간이 좀 더 있었다면'이란 언급을 한 게 논란이 된 바 있는데, 이는 한 번 더 연임을 하고 싶다는 '자리'에 대한 욕심이 아니라, 글로벌화에서 원했던 성과를 내지 못한 데 대한 아쉬움의 표현이었다고 한다. 글로벌 은행으로 도약하려면 장기적 시각이 필요하다는 속내가 담겼던 것이다.

또 기업금융과 자본시장 부문도 목표로 했던 것보다 진도가 더뎠다고 아쉬워했다. 채권 트레이딩 등 분야에서 좀 더 실력을 키웠어야 했다는 게 윤 회장의 아쉬움이다.

일부 아쉬움에도 불구하고 윤 회장의 9년이 성공적이었다는 데 이론은 없다. 그는 김정태 행장 시절 처음 CFO로 국민은행에 합류할 때 가졌던 은행 CEO란 꿈을 결국 실현했고, 계획했던 KB금융

의 모습에 어느 정도 근접한 수준에서 임직원들의 박수를 받으며
은행 문을 나섰다.

2002년 KB에 합류해 2023년 퇴임하기까지 집념의 21년. KB는
윤종규가 최초 꿈꿨던 대로 금융의 삼성전자가 될 수 있을까. 윤 회
장은 퇴임사에서 "경쟁에서의 본질적 승패를 가르는 미세한 차이인
'앵프라맹스(Inframince)'를 만들어 가 달라"고 임직원들에게 당부했
다. 앵프라맹스는 프랑스어로 '눈에 보이지 않는 미세한 차이지만
근본을 바꿀 수 있는 결정적 차이'를 뜻한다. 지속 가능 성장은 그
가 평생 지녀온 경영 철학 중 하나다. 일시적으로 사람들의 심기를
불편하게 하더라도 지속 가능 성장을 위해 필요하다면 행동해야 하
며, 미움받는 용기를 갖고 일하는 게 장기적으로 사랑받는 CEO가
되는 길이라고 생각했다.

윤종규는 이루고자 한 목표가 있다면 달성할 때까지 도전하는 집
념의 생을 살았다. 편한 길보다는 가시밭길을 택해 나아갔다. 그에
게 남은 바람이 있다면 KB도 1등에 대한 집념을 놓치지 않는 것이
다. 그 집념만 유지될 수 있다면 '금융의 삼성전자'는 어쩌면 꿈이
아닐지 모른다.

담대하고 끈덕지게

초판 1쇄 발행 2026년 2월 05일

지은이 | 박유연
펴낸곳 | 원앤원북스
펴낸이 | 오운영
경영총괄 | 박종명
기획편집 | 김형욱 최윤정 이광민
디자인 | 윤지예 이영재
기획마케팅 | 문준영 박미애
디지털콘텐츠 | 안태정
등록번호 | 제2018-000146호(2018년 1월 23일)
주소 | 04091 서울시 마포구 토정로 222 한국출판콘텐츠센터 319호(신수동)
전화 | (02)719-7735   팩스 | (02)719-7736
이메일 | onobooks2018@naver.com   블로그 | blog.naver.com/onobooks2018
값 | 22,000원
ISBN 979-11-7043-721-5 03320